후세 다츠지 평전
조선의 독립운동을 지지한 일본의 양심

한국학총서
항일변호사 평전 ③

후세 다츠지 평전

조선의 독립운동을 지지한 일본의 양심

전병무 지음

역사
공간

책머리에

   처음 후세 다츠지란 인물을 처음 알게 된 것은 박사학위논문을 쓸 무렵으로 기억한다. 일본인으로 조선의 독립운동과 민중운동을 지원했다는 사실에 놀랐으며 참 독특한 인물이라고 생각했다. 마침 일본 도쿄 출장을 다녀올 기회가 생겼다. 후세의 묘가 도쿄에 있다는 정보만 갖고, 함께 출장한 동료 연구자에게 시간을 내어 가보자고 권유했다. 인터넷 검색을 통해 위치를 확인하고 그와 함께 후세의 묘를 찾아 나섰다.
   비가 내리는 오후 도쿄 도시마구(豊島區) 소재 상재사라는 절에 이르렀다. 절 뒤편의 묘역에서 후세의 묘를 찾았으나, 후세 일족의 묘라는 작은 묘비만 단출하게 서 있었다. 약간 실망을 했고, 날씨 탓인지 묘역은 더욱 을씨년스러웠다. 묘역을 한 바퀴 돌고 나가려는데, 다른 곳에서 서 있는 묘비석 중 하나가 눈에 들어왔다. 다행인지 불행인지 후세의 묘비석이었다. 그의 묘비명인 '살아야 한다면 민중과 함께, 죽어야 한다면 민중을 위해'라는 문장이 필자의 가슴에 아로새겨졌다. 어쩌면 이 인물과 사랑에 빠질 수도 있다는 생각이 들었는데, 어리석게도 자질이 부족한 필자에게는 버거운 상대였음을 몰랐기 때문이다. 아무튼 이후 시간을 할애하여 후세와 관련 연구 논저들을 읽어나가며, 언젠가는 이 인물에 대한 글을 쓰고 싶었다.

　그런 가운데 한국학중앙연구원에서 한국학총서 사업의 일환으로 인물평전 분야를 모집한다는 것을 알았다. 동료 연구자들과 함께 의논하여 "일제강점기 항일변호사 평전"이라는 주제로 지원하기로 결정했다. 처음 이 평전 시리즈를 기획할 때 고민이 있었다. 항일변호사라는 범주에 일본인 변호사를 포함시킬 수 있는가 하는 문제였다. '항일변호사'란 민족해방운동을 전개하다가 체포되어 재판을 받던 항일운동가들의 무료변론을 도맡아 식민지 법정에서 조선 독립을 변호하며 끝까지 변절하지도 않은 변호사라고 생각한다. 이 관점에서 볼 때, 후세는 의열단 김시현 사건, 조선공산당 사건의 경우, 조선을 직접 방문하여 무료변론에 참여했고, 김지섭 사건, 박열 부부 사건의 경우, 일본 국내에서 최선의 변론을 했을 뿐만 아니라 피고인과 가족들의 후원에도 헌신했다. 이러한 공로를 인정받아 일본인으로는 최초로 2004년 대한민국 건국훈장 애족장을 받은 유일한 인물로 충분히 자격이 있다고 판단했다.

사실 후세 다츠지에 관해서는 국내외에서 상당한 연구성과가 축적되었다. 그런데 상대적으로 후세의 조선과 관련된 활동에 대해서는 미흡한 부분이 많다는 인상을 받았다. 후세는 총 4번에 걸쳐 직접 조선을 방문하여 다양한 활동을 전개하였다. 제1차 조선 방문(1923년 7월 30일~8월 12일)에서는, 북성회의 초청 하기순회 강연회 연사로 방문하여 서울 및 광주·대구·진주·마산 등에서 식민통치 비판 강연, 의열단원 김시현 등 변호, 김해 형평사분사 창립 축하 및 강연 등의 활동을 했다. 제2차 조선방문(1926년 3월 4일~11일)에서는, 전남 나주군 궁삼면의 동양척식주식회사 토지수탈 사건 조사 활동을 전개했고, 대구·광주·이리·전주·서울 등에서 식민통치 비판 강연회를 계획했으나 당국의 금지로 모두 취소당했다. 제3차 조선방문(1927년 10월 8일~16일)에서는, 조선공산당 사건의 재판에서 조선인 변호사와 연대한 법정투쟁 및 고문경찰관 독직죄 등으로 고소했고, '언론집회폭압대연설회'의 개최 및 연사 참여를 계획했으나 당국의 금지로 취소, 대구형무소의 진우연맹사건 수감자 위문면회 등의 활동을 했다. 제4차 조선방문(1927년 11월 19일~21일)에서는, 조선공산당 사건의 최후 변론에 참여했다.

따라서 이 글은 후세 다츠지의 조선과 관련된 활동을 중심으로 한국인의 시각에서 그의 생애를 검토하고자 했다. 즉 후세 다츠지의 전 생애를 다루고 있지만, 주요 내용은 후세의 조선 관련 활동에 포인트를 두었다. 기존의 연구를 섭렵하고 최대한 조선 관련 자료를 수집하여 분석하면서, 후세의 조선과 관련된 활동을 복원 및 해석하려고 애썼다. 다만 필자의 의도대로 만족할 만한 성과를 거두었는지는 의문이다.

  이 책을 완성하는 데에는 한인섭, 김창록, 후세 간지(布施柑治), 모리 토다시(森正), 오이시 스스무(大石進) 등 여러 선생의 논저에서 많은 도움을 받았다. 특히 기존의 연구성과와 관련 자료를 집대성하여 방대한 분량으로 출판한 모리 토다시 선생의 저서 『평전 포시진치』(2014, 일본경제평론사)는 이 책의 길잡이가 되었음을 밝힌다.

  3년 동안 항일변호사 평전 집필 사업에 함께 참여해 서로에게 격려와 위로를 보내며 고생한 김도형, 변은진, 이승일 등 동료 선후배 분들에게 감사드린다. 항상 공부한다는 이유로 가장의 역할을 다하지 못한 남편이지만 믿음으로 지켜준 아내 서경숙과 사랑하는 딸 하영에게 고마움을 전한다.

2022년 1월 강릉에서
전병무

차례

책머리에   4

1 ─── 근대 자유민권운동의 격랑 속에서

미야기현 농가에서 태어나다   13
농촌 지식인 아버지, 여장부 어머니   21
소학교와 한학 공부   25
농촌 청년의 고민, 가자 도쿄로   29

2 ─── 철학 지망생에서 법률가로

신학교와 메이지법률학교   35
사법관시보 임명과 사직   44
청년변호사의 출현   50
인권변호사의 길로 나가다   54

3 ─── '민중변호사' 선언, 그리고 민중과 함께

자기혁명의 고백과 민중변호사 선언   67
조선의 독립운동에 경의를 표함   72
재일조선인과의 우정·연대와 식민지 조선인식   81
첫 조선 방문과 인권옹호활동   93
관동대지진과 조선인 학살에 분노   121

4 ─── 조선의 독립과 조선인의
　　　 인권을 위해 투쟁하다

운명의 승리자 박열을 만나다　　　　　　　　　135
일본 황궁에 폭탄을 던진 김지섭의 변호　　　　173
나주 궁삼면의 농민 혈서에 감동하다　　　　　　206
조선 최대의 사상사건 '조선공산당사건'을 변호하다　222

5 ─── 재일조선인의 인권옹호 투쟁과
　　　 변호사 자격 박탈

제국의 수도에서 조선인을 위한 인권옹호　　　　265
재일조선인의 사상사건에 대한 변호　　　　　　289
변호사 자격 박탈, 형무소에 갇히다　　　　　　　303

6 ─── 해방 이후,
　　　 재일한국인의 동지이자 벗으로 살다

신생독립국 조선을 위해 헌법초안을 만들다　　　313
재일한국인의 권리획득운동과 연대　　　　　　326
조선의 벗이자 동지, 후세 영원히 잠들다　　　　341

연보　　　　　　　　　　　　　　　　　　　　348
참고문헌　　　　　　　　　　　　　　　　　　352
사진출처　　　　　　　　　　　　　　　　　　357
찾아보기　　　　　　　　　　　　　　　　　　359

1

근대 자유민권운동의 격랑 속에서

미야기현 농가에서 태어나다

후세 다츠지[布施辰治]¹는 1880년 11월 13일² 일본 미야기현 오시카군 에비타촌 아자미나미큐린 1번지의 농가에서 후세 에지로[布施榮治郎]와 기에[きえ] 사이에 둘째 아들로 출생하였다. 그가 태어난 곳은 현재의 미야기현 이시노마키시 에비타로, 시의 서부 지역이다. 미야기현은 혼슈 동북부에 있는 아오모리현, 이와테현, 미야기현, 아키타현, 야마가타현, 후쿠시마현 등 6현과 함께 일본 도호쿠[東北]지방에 속한다.

1   후세 다츠지에 대한 연구는 최근에 들어와 일본과 국내에서 많은 성과를 내고 있다. 평전류 가운데 대표적인 것으로는, 후세 간지 지음, 황선희 옮김, 2011, 『나는 양심을 믿는다–조선인을 변호한 일본인 후세 다쓰지의 삶』, 현암사(일본어판 布施柑治, 1963 ,『ある辯護士の生涯』, 岩波書店); 大石進, 2010, 『辯護士 布施辰治』, 西田書店; 森正, 2014, 『評傳 布施辰治』, 日本經濟評論社 등이 있다. 앞의 책들은 본 글을 작성하는 데 근간이 되었음을 밝혀 둔다.
2   자신의 출생일을 음력 10월 10일(양력 11월 13일)로 알고 있던 후세는 첫째 딸의 출생신고서를 제출할 때 비로소 호적부에 기재된 출생일이 11월 14일임을 알았다고 한다. 하지만 자신이 알고 있던 출생일과 같은 날에 인생의 기념일이 두 번이나 겹치자 이를 인연으로 여기고 11월 13일을 출생일로 기록했다고 한다. 인생의 기념일이란 판검사 자격을 인정받은 날이 1902년 11월 13일이었고, 변호사명부에 변호사로 등록된 날이 1903년 11월 13일이었다(中村正也, 2010, 「布施辰治年譜」, 『布施辰治研究』, 日本經濟評論社, 299쪽; 森正, 2014, 『評傳 布施辰治』, 日本經濟評論社, 44~46쪽). 필자 역시 후세의 뜻에 따라 출생일을 11월 13일로 표기하였다.

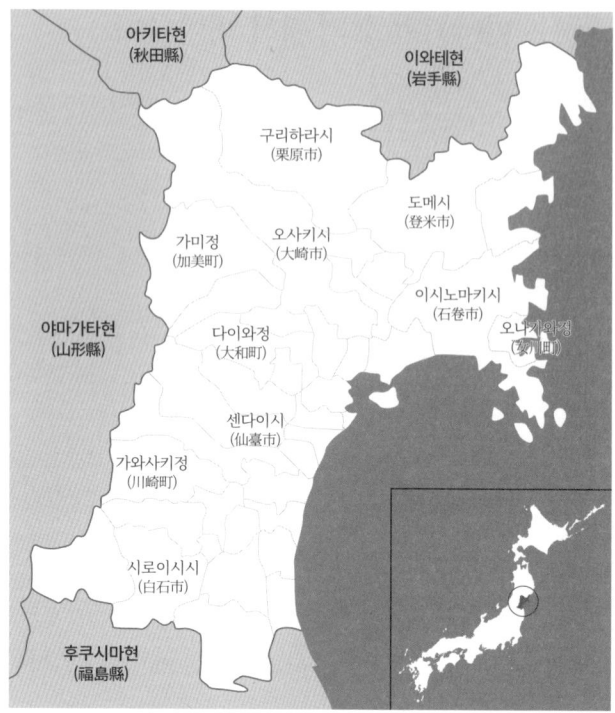

미야기현 지도

    2011년 3월 후쿠시마현 앞바다에서 대규모 지진과 함께 쓰나미가 발생하여 일본 사회가 큰 피해를 입었다. 이 자연재해를 후쿠시마현이 속한 도호쿠지방에서 일어났다고 하여, 일본에서는 도호쿠 대지진 혹은 동일본 대지진이라고 부른다. 후쿠시마현의 바로 위쪽 태평양 연안에 위치한 미야기현 이시노마키시도 이 재난을 피해갈 수 없었다.[3]

3   필자는 2017년 일본 출장의 기회를 이용하여 布施辰治의 생가 및 유적지 등을 확인하기 위해 이시노마키시를 방문한 적이 있다. 시간과 준비 부족이 큰 원인이겠지만, 동일본 대지진의 피해를 받은 것인지 생가는 확인할 수 없었다. 다만 布施辰治의 出生地碑와 아케보노미나미공원에 있는 布施辰治의 顯彰碑 만을 촬영할

이시노마키 지역은 이와테현 중부의 기타가미산지[北上山地]에서 발원한 기타가미강이 멀리 흐르고 흘러서 미야기현 센다이만[仙台灣]에 닿으며 만들어낸 곳이다. 도호쿠지방은 겨울이 길고 눈이 많이 내려 매우 추운 지역이다. 하지만 이시노마키는 태평양 연안에 위치하여 추운 도호쿠지방의 기후보다는 상대적으로 온난하고 눈도 적게 내리는 편이다. 특히 에비타촌의 기후는 대체로 온난하고 강수량이 풍부하여 논농사를 위주로 하는 일본의 전통적 농업에 적당한 곳이었다.

이시노마키 지역이 본격적으로 개발된 것은 일본 중세 즉 에도시대(1603~1867년) 초기이다.[4] 당시 해운(海運)과 내륙수운을 연결하는 기타가미강의 하천 개수 공사를 대규모로 진행하였다. 그 결과 이시노마키는 1,000석을 실을 수 있는 배가 왕래하는 동일본 유수의 상업항구로 변모하였다. 센다이, 이치노세키, 모리오카, 하치노헤의 제번(諸藩)에서 생산한 쌀을 멀리 에도까지 연결하는 문물교류의 거점 항구로 발전하였던 것이다. 이러한 변화 속에서 에비타촌도 농산물 공급지로 개발되었다.[5] 주변 개발과 함께 이시노마키는 전국적으로 중요한 무역항 및 유통거점이 되었으며, 근대에 들어오면서 상업항구와 어업항구로 더욱 번영하였다.

이시노마키항은 기타가미강을 중심으로 주변 도시와 농촌의 물자를 집산하고 유통하는 중심지였을 뿐 아니라 타지방의 사람들

    수 있었다. 나중에 준비를 철저히 하여 후세 관련 유적지와 자료가 다수 소장되어 있다는 이시노마키문화센타 등을 방문할 계획이었다. 그러나 필자의 게으름과 코로나19의 영향으로 실행하지 못했다.
4   森正, 2014, 『評傳 布施辰治』, 日本經濟評論社; 후세 간지 지음, 황선희 옮김, 2011, 『나는 양심을 믿는다』, 현암사, 27쪽.
5   阿部裕樹, 2010, 「布施辰治と郷里·蛇田村」, 『布施辰治研究』, 日本經濟評論社, 220쪽.

기타가미강과 이시노마키 시가지의 현재 모습

과 문화를 교류하는 장소이기도 하였다. 이는 이시노마키 사람들을 개방적으로 만들었고, 또 다른 사람들과 교류의 기회가 많아지면서 다른 문화에 유연하게 대응하는 개방성과 포용력을 만들어냈다.[6] 이렇게 새로운 문화를 적극적으로 수용할 수 있는 개방적 자세는 근대 이행기에 더욱 빛을 발휘하였다.

그 가운데 주목할 만한 것은 기독교의 전래와 수용이다. 이시노마키에는 1880년부터 1887년 사이에 3개 교파의 교회가 설립되었다. 1880년대 설립된 것은 동방정교회계(東方正敎會系)의 이시노마키 하리스토스 정교회(Khristos),[7] 프로테스탄트계의 이시노마키 산성정교회(山城町敎會)와 이시노마키 영광교회이다. 이들 교회의 설립과 활동은 지역사회와 지역인의 근대화에 공헌하였

[6] 石卷市史編纂委員會, 1989, 『石卷の歷史』 4권, 石卷市, 737쪽.
[7] Khristos는 그리스 정교회에서 '크리스트'를 가리키는 용어이다.

다. 가장 먼저 세워진 하리스토스 정교회는 후세가 태어나던 해인 1880년에 설립되었다. 증언에 따르면 훗날 후세가 이 교회에 출입했다고도 한다. 이시노마키 지역의 인문지리적 환경과 역사문화는 후세의 인격과 사상 형성에 상당한 영향을 미쳤을 것이다.

그렇다면 후세가 태어난 후세 집안, 즉 후세가[布施家]는 언제부터 이시노마키시 에비타에 정착하였고, 어떠한 역사를 가지고 있을까. 이러한 배경을 알아보는 과정 역시 후세라는 인물을 이해하는 데 중요한 요소일 것이다.

우선 후세가의 집안 내력부터 살펴보자. 현재 이시노마키시 에비타 지나카조네[字中埣] 소재 천태종 계열의 동운사(東雲寺)에는 후세 집안의 내력을 알려주는 「포시가누대지묘(布施家累代之墓)」라는 묘비가 있다.[8] 동운사는 후세 집안의 조상 묘와 위패를 모신 절이다. 이 묘비는 1929년 봄, 사망한 후세 다츠지의 친형이자 제6대 당주(當主)인 후세 도키치[布施東吉]의 석탑묘비를 건립하면서 세운 것이다. 묘비에 따르면 후세가는 문화연간(文化年間, 1804~1818년)에 북상하반(北上河畔) 애탕산하(愛宕山下) 소향(沼向)의 후세가에서 분가하였다.[9]

평민 후세 후지소우[布施藤藏]가 카사마츠[笠松][10]에서 일가를 창립한 후 대대로 농업에 종사하였다. 이후 후세 다츠지 부친까지의 계보는 다음과 같다.

---

8   布施辰治撰, 1929,「布施家累代之墓」, 石卷市 東雲寺 所在 ; 후세 간지 지음, 황선희 옮김, 2011,『나는 양심을 믿는다』, 현암사, 28-29쪽.
9   森正, 2014,『評傳 布施辰治』, 日本經濟評論社, 49쪽.
10 후세가[布施家] 앞에는 커다란 삿갓을 넓게 펼친 것 같은 소나무가 있었기 때문에, 근처 일대는 속칭 카사마츠[笠松]이라 불렸다. 후세가는 그곳의 모퉁이에 위치하고 있어서, '모퉁이의 집'이라고 불리고 있었다(森正, 2014,『評傳 布施辰治』, 日本經濟評論社, 44쪽).

후세 다츠지의 생가

제1대 후세 후지소우(1823년 졸) → 제2대 후세 후지우치(1837년 졸) → 제3대 후세 후지요시(1871년 졸) → 제4대 후세 쥬사부로(1863년 졸) → 제5대 후세 에지로(1900년 졸)

선조 가운데 후세가와 후세 다츠지에게 영향을 끼친 인물은 증조부 후지요시이다. 그는 지역에서 '인협(仁俠)'한 사람으로 알려졌다. 강한 의협심으로 마을 원근에 그의 발걸음이 닿지 않는 곳이 없을 정도로 마을의 대소사를 앞장서 해결하였다. 그는 농사꾼이지만 이 지역 무사(武士)보다 뛰어나 에도시대 대기근이 일어났을 때는 센다이번[仙台藩]의 영주를 찾아가 마을의 세금을 다른 마을보다 줄여달라고 요청하기도 했다고 한다.[11] 이처럼 인품과 지도력을 겸비한 그의 집에는 친척, 친구는 물론 마을 사람들의

---

11 후세 간지 지음, 황선희 옮김, 2011, 『나는 양심을 믿는다』, 현암사, 28-29쪽.

왕래가 끊이지 않았다. 지력, 담력, 결단력, 통솔력 등을 갖춘 그의 존재는 후세가를 마을에서 눈에 띄는 집안으로 만들었다. 그래서 마을 사람들은 후세가 인물 중 3대 당주 후지요시를 인상 깊게 기억하고 있었고, 그의 영향력은 후세 다츠지의 유년시절까지 이어져 외지인의 발길이 계속되었다고 한다.

후세 다츠지의 출생지 기념비

후지요시는 50세 이전에 대외활동을 그만두었다. 그런데 4대 당주 쥬사부로가 외동딸 기에만 남기고 28세의 일기로 먼저 세상을 뜨고 말았다. 후지요시는 손녀딸 기에가 자라기를 기다렸다가 같은 마을에서 데릴사위를 들여 5대 당주로 삼았다. 그가 바로 후세의 아버지 에지로이다. 당시 마을의 젊은이 중에서는 수재로 평판이 높았다. 그때가 대략 1860년대 말경이었다. 나이든 후지요시가 판단하기에 에지로는 일등 신랑감이었다. 에지로도 그 기대에 부응하기 위해 무논 일구는 방법을 여러모로 모색하고, 농사 관련 책을 구입하는 등 열심히 노력하였다. 이렇듯 후세가는 에비타촌에서 대대로 농사를 지으며 마을의 영향력 있는 집안으로 자리잡고 있었다.

앞서 언급했듯이 무역항과 어항으로 번영하던 이시노마키에는 내륙농촌의 농산물과 연안어촌의 해산물은 물론 일용품 등 다양한 상품을 파는 상점들이 즐비하였다. 이는 이시노마키를 중심으로 농촌⇔이시노마키정[石卷町]⇔어촌으로 연결되는 상호 보완적 지역경제구조가 형성되었음을 의미한다.[12] 이러한 구조에서 살아남기 위해서는 쌀 이외의 뭔가 특별한 농작물이 요구되었다. 이에 에비타촌은 토마토나 시금치 등과 같은 야채류를 재배하였다. 이시노마키정까지 걸어서 갈 수 있던 에비타촌 농민들은 농작물의 신선도와 운반의 편리성을 고려하여 특산물로 야채 재배를 선택했던 것이다. 이를 잘 보여주듯 이 지역 향토지에서는 에비타촌을 일컬어 "전체적으로 부유하거나 윤택하지는 않았지만 논밭의 비율이 7 대 3으로, 거기서 가꾼 채소를 이시노마키 시장에 팔아 매일 끼니를 마련할 수 있어 생활하는 데 부족함은 없다. 오히려 하층민이 살아가기에는 적합한 땅이다"[13]라고 서술하고 있다.

에비타촌은 야채 재배를 중심으로 한 밭농사의 발달로 인해 '풍부함'이 있었고, 후세 집안 역시 '풍부함' 속에서 '중농' 수준을 유지할 수 있었다. 낙후된 도호쿠지방의 농촌에서 태어났지만, 이러한 후세가의 경제력은 훗날 후세가 도쿄[東京]로 유학할 수 있는 기반이 되었을 것이다.

---

12 阿部裕樹, 2010, 「布施辰治と郷里·蛇田村」『布施辰治研究』, 日本經濟評論社, 232쪽.
13 후세 간지 지음, 황선희 옮김, 2011, 『나는 양심을 믿는다』, 현암사, 28쪽.

농촌 지식인 아버지, 여장부 어머니

　후세는 아버지 후세 에지로와 어머니 기에 사이에 다섯째이자 둘째 아들로 태어났다. 바로 위가 그의 형인 장남 도키치이고, 나머지는 모두 누님들이었다. 아버지 후세 에지로는 후세가의 가문을 잇기 위해 데릴사위로 들어왔다. 그는 자신의 처지를 비관하였는데, 당주라는 현실에 묶여 넓은 세상에서 자기 뜻을 펼치지 못하는 것을 못내 아쉬워했다. 데릴사위인 만큼 남들보다 더 근면하고 검소하기를 기대하는 주변 사람들의 시선 또한 부담스러웠다. 게다가 마음도 약해서 이러한 환경을 견디기 어려운 성격이었다.[14] 결국 아버지는 30세를 전후하여 모든 일은 부인에게 일임한 채 술과 독서로 자신을 달랬다. 즉 후지요시가 뇌출혈로 몇 년 동안 병상에 있다가 세상을 뜨자, 농사와 가정사를 모두 부인에게 맡기고 두 아들의 양육에만 전념하였다.
　아버지는 어린 후세가 담긴 아기 바구니를 곁에 두고 장남 도키치에게 아이를 돌보게 한 뒤 자신은 술을 데우거나 책을 읽었

14　후세 간지 지음, 황선희 옮김, 2011, 『나는 양심을 믿는다』, 현암사, 29쪽.

다나카 쇼조[田中正造]

다. 그러다 손님이라도 찾아오면 술을 권하며 두 아들을 자랑했다. 이런 아버지에 대해 친척이나 마을사람들은 30대 중반의 농가 당주가 농사를 돌보지 않는다고 비난했다.

사실 아버지는 젊었을 때부터 머리가 좋고 책 읽기를 즐겨했다고 한다. 그는 역사, 소설은 물론 소크라테스 등 동서양의 철학서적을 탐독하였다. 특히 후쿠자와 유기치[福澤諭吉]을 좋아했다. 후쿠자와의 『서양여행안내』를 읽고 이국을 향한 호기심에 자극받아 그에게 관심을 갖기 시작했다. 『학문의 권유』를 읽고는 전제정치를 반대하는 명쾌한 논리에 감탄하였다. 이후 후쿠자와가 환갑을 맞이하여 '후쿠오[福翁]'라는 호를 지었다는 소식을 듣고, 자신은 '스이오[醉翁]'라는 호를 붙이고 흡족해하였다. 폭넓은 독서를 바탕으로 해서 당시의 주요한 정치·사회문제 등에도 많은 관심을 표명했다. 그 만큼 학문을 좋아했기 때문에 도쿄에서 멀리 떨어진 궁박한 농촌지역에서 독학을 통해 당시의 흐름을 읽을 수 있었던 것이다. 이런 그를 동네사람들은 '마을에서 제일가는 만물박사'라고 불렀다.

아버지가 독서를 통해 얻은 지식의 원천은 바로 한학(漢學)이었다.[15] 이는 당시 출신계층이나 지역의 차이를 넘어 모든 지식인들에게 공통적으로 나타나는 특징이다. 아버지는 이를 통해 후쿠자와 유기치 등 당시 저명지식인의 책들을 독해하고 메이지유신 이

---

15 森正, 2014, 『評傳 布施辰治』, 日本經濟評論社, 57쪽.

후 복잡하고 급격한 정치, 경제, 사회의 동향을 이해할 수 있었다. 그래서 당시 중앙 정계에서 전개되었던 자유민권운동을 지지했고, 자유민권운동가인 다나카 쇼조[田中正造]의 지사적 행동을 흠모하였다. 그리고 아버지가 배웠던 유교학파는 에도 후기부터 성행했던 양명학이었다. 양명학은 도덕적 실천을 중시하였다. 남에게 보여주기 위한 업적 위주의 학문이 아니라 자기의 뜻을 세워 인격을 완성하는 학문이었다. 때문에 부친은 평소 후세에게 '돈과 권력' 혹은 '입신출세'를 경계하라고 강조하였다.

그러는 사이에 아버지는 친척과 마을 사람들로부터 점차 소외되었다. 일하지 않는 농민인 아버지가 들려주는 학문과 세상이야기는 술안주로는 적당했지만, 친척과 마을사람에게는 특별한 의미가 없었다. 그의 말 상대는 자라나는 두 아들뿐이었다. 두 아들을 친구처럼 대하며 말벗 삼아 세상 돌아가는 이야기를 해주면서 복잡한 심정을 달랬다. 학문을 좋아했던 부친은 유교를 기반으로 한 자유민권사상을 지닌 고독한 농촌 지식인이었다.[16]

그는 어린 후세와 이야기할 때도 다양한 주제를 화제로 올렸다. 가장 활발하게 대화한 시기는 후세가 소학교에 입학할 무렵까지였다. 예컨대 "돈만 밝히고 성공에 집착하는 입신출세는 악덕함의 산물이야. 이런 걸 좇는 것은 참으로 저속한 일이지, 도쿄에는 후쿠자와라는 대단한 사람이 있단다. 너도 언젠가는 그 사람을 무릎 꿇릴 만큼 훌륭한 사람이 될 게야" 등이었다. 후세로서는 이해하기 힘든 말들이었지만, 자연스럽게 부친의 말을 흉내내기도 하였다.

이와는 반대로 어머니 기에는 증조부 후지요시의 굳은 기질을

---

16   森正, 2014, 『評傳 布施辰治』, 日本經濟評論社, 56-59쪽.

빼다 박았다. 웬만한 남자보다 씩씩했던 어머니는 강인한 정신력과 추진력을 모두 갖춘 여장부였다. 어머니는 일하지 않는 남편을 대신하여 농사는 물론 출산, 육아, 가사, 부업 등 모든 일을 도맡아 해결하였다. 하루는 어머니가 농사일을 마치고 흙투성이로 집안에 들어오는 것을 보고, 마침 집에 있던 친척들이 아버지에게 핀잔을 주었다. 그러나 어머니는 남편의 편을 들었다. 마을 사람들이 집안의 대소사로 아버지를 찾아오면, 이들을 맞이하고 응대하는 일도 모두 어머니가 담당하였다. 훗날 후세가 도쿄로 올라가 공부하겠다고 할 때, 그의 아버지는 반대했지만 어머니는 적극적으로 후세를 지지했다.

아이들이 자라면서 후세 집안은 경제적으로 더욱 어려워졌다. 어머니는 재배한 야채를 멜대[天秤棒]에 담아 매고서 이시노마키까지 걸어가 행상을 하였다. 그래도 돌아올 때는 당시에는 귀했던 찐 고구마를 사와 자녀들에게 나누어 주기도 하였다. 마음 씀씀이와 정이 깊었다. 가사, 재봉이 뛰어나 모두가 좋아했다. 혹이 있었기 때문에 '혹 아줌마'로 유명하였다.

부모님의 인격은 후세의 인격과 사상 형성에 상당한 영향을 주었다. 특히 부친 에지로의 영향을 절대적이었다.

소학교와 한학 공부

1887년 7세인 후세는 소학교에 입학할 나이였으나, 그의 부친은 체력이 약하다고 판단하여 입학을 미루었다. 그 대신에 형 도키치가 1학년 때 쓰던 교과서로 아버지에게 배웠다. 다음 해 후세는 4년제인 에비타의 진조[尋常]소학교 판교분교(板橋分校)에 입학하였다.[17] 전 학년이 모두 한 교실에 모여서 한 선생님에게 배웠다. 후세는 이미 1학년 과정을 공부하고 학교에 들어왔기 때문에 2학년 수업을 들었다. 2년째 되던 해에는 월반해서 3학년이 되었다. 당시 선생님이 촌장을 겸임하게 되면서 종종 수업에 빠지곤 하였다. 그럴 때면 자신을 대신해서 후세에게 교실을 맡겼다. 이 일을 계기로 후세는 매사에 자신감이 넘쳤고, 친구들 사이에서도 항상 대장 역할을 하였다. 4학년부터는 본교로 다녔다. 이 학교는 집에서 도로를 따라 이시노마키쪽으로 3킬로미터 정도 떨어진 동운사 옆에 있었다. 본교에 다닐 때도 학교 뒤에 있는 묘지에서 개구쟁이들과 뛰노는 등 즐거운 학교생활을 보냈다. 1891년 진조소

---

[17] 후세 간지 지음, 황선희 옮김, 2011, 『나는 양심을 믿는다』, 현암사, 35-36쪽.

학교를 졸업하였다.

그의 부모는 졸업한 후세를 상급학교인 이시노마키 진조고등소학교에 보내지 않았다. 통학 거리가 먼 고등소학교에 보내려면 그곳에 사는 지인에게 맡겨야 하는데, 혹여나 그 집 가족과 어울리는 사이에 세간의 영리주의나 입신출세주의에 물들까 걱정했던 것이다. 물론 학비 등 돈도 문제였다. 고민 끝에 집 부근에 있는 우리의 서당격인 한학숙(漢學塾)에 입학시켰다. 이 학교는 당시 양명학에 통달한 곤노 겐노조[今野賢之丞]가 세운 곳이었다. 후세는 이곳에서 『논어』 등 유교경전과 교훈적인 내용이 담긴 설화집, 그리고 편지 쓰는 방법을 알려 주는 책, 개화 농업을 소개한 책 등 실용적인 책을 읽었다.

특히 유교경전을 통해 배운 묵자(墨子)의 겸애사상(兼愛思想)은 후세에게 지대한 영향을 미쳤다.[18] 19세기 일본에서 한학의 최신 성과는 묵자의 재발견이었다. 완전히 잊힌 묵자가 2,000년의 공백을 넘어서 재평가가 이루어진 것은, 청(淸) 말의 격동기에 서양문명을 적극적으로 받아들이려는 움직임이 중국에 널리 퍼지고 있었기 때문이다. 묵자의 사상은 기독교의 사상과 흡사하였고, 또한 기독교의 가르침은 묵자의 가르침과 매우 비슷했다. 후세가 묵자를 접하고 '겸애'에 눈을 뜬 것은 개화의 시대에 한학을 배운 자로서 당연한 흐름이었다. 겸애란 자신을 사랑하는 동시에 이웃사람을 사랑하고, 자신의 집을 사랑하는 동시에 이웃집을 사랑하며, 자신의 나라를 사랑하는 동시에 다른 나라를 사랑하라는 것으로 귀결된다. 그리고 묵자는 '묵수(墨守)'라는 말이 보여주듯이 사

---

[18] 大石進, 2010, 『辯護士 布施辰治』, 西田書店, 17-18쪽.

랑하는 자를 지키기 위해 싸워야한
다고 하였다. 후세는 자신과 이웃
을 동일하게 사랑해야한다는 겸애
주의에서 인간의 평등성을 발견하
였던 것이다.

훗날 그는 '사회정책으로서의 겸
애주의'라는 표현을 자주 사용하였
다. 또한 "주위 사람에게 양심적으
로 대하면 인간의 양심은 자연스레

묵자

성장하고, 마을이나 지역과 관련된 큰 문제에도 양심적으로 대처
하게 된다."는 곤노의 가르침을 가슴에 새겼다. 나아가 유교의 학
습을 통하여 조선과 중국을 오랜 역사와 우수한 문화를 지닌 국가
로, 일본이 배워야 할 문화국가로 인식하였다. 유교의 배움은 유교
적 소양이 높았던 조선에로의 경의를 낳게 되었고, 묵자를 통해 이
웃나라에 대한 친화의 마음을 갖게 되었던 것이다. 묵자는 뒤에 그
리스도교 수용에도 영향을 미쳤다. 한편 후세는 형과 함께 집으로
초빙된 전문가에게 수학과 주산을 배웠다. 이는 당시 교육환경으
로서는 혜택받은 것이었다. 후세는 1년 정도 한학숙을 다닌 후 모
친과 함께 본격적으로 농업에 종사하였다.

후세는 15세 무렵 청일전쟁 파병 후 귀환한 병사로부터 조선
의 농민군을 추격해서 학살했다며 득의양양하게 자랑하는 소리를
들었다. 청일전쟁에서 일본이 싸웠던 상대는 청나라만이 아니었
다. 바로 갑오농민전쟁의 주역인 조선의 일반 농민이었던 것이다.
후세는 용서하기 힘든 분노와 조선인에 대한 동정심을 갖게 되었

다.[19] 조선을 오랜 역사와 우수한 문화를 지닌 국가로 인식했던 그에게, 이런 분노와 동정심은 어쩌면 당연한 일이었다.

19　大石進, 2010, 『辯護士 布施辰治』, 西田書店, 16쪽.

농촌 청년의 고민, 가자 도쿄로

　후세는 한학숙을 그만 둔 후 모친과 형을 도와 농사에 열중하면서도 독서를 게을리하지 않았다. 부친이 소장한 역사, 문학, 철학 등의 서적과 각종 잡지 등을 탐독하였다. 특히 오츠키 다카시[大月隆]가 쓴 『소크라테스』(1894)를 감명 깊게 읽었다. 이 책은, 청일전쟁을 앞두고 일본 사회에 널리 퍼진 영리주의를 공격하기 위해 소크라테스의 정의감을 칭송하는 간략한 전기였다. 그리고 후세는 메이지시대 대표적인 소년잡지 『소년세계』, 『중학세계』 등을 구독하였다. 이를 통하여 시대의 다양한 정보를 접하고, 새로운 시대 흐름을 파악하고자 하였다. 그런 그를 부친은 흐뭇한 눈으로 바라보며 대견해했지만, 후세의 지적 갈증을 충족시킬 수는 없었다.
　당시 일본 사회는 개화와 근대화를 표방하는 '부국강병론(富國強兵論)'이 대두되고 있었다. 이 논리는 제국주의의 침략논리로 변질되어 청일전쟁으로 이어졌다. 청일전쟁은 일본 국민의 압도적인 지지를 받은 동시에 조선인과 중국인을 멸시하는 풍조를 널리 전파시켰다. 이런 분위기는 궁박한 농촌인 에비타촌의 젊은이들에게도 영향을 미쳤다. 마을 친구들은 부국강병론의 신봉자가 되었고, 이를 위해 상경하여 입신출세를 해야 한다고 주장했다.

하지만 후세의 생각은 달랐다. 평소 아버지의 영향과 한학 공부 등을 통하여 돈과 권력, 입신출세를 경계하였기 때문이다. 그래서 마을 친구들을 입신출세를 위해서 혹은 게으름을 피우기 위해서 호시탐탐 상경할 기회를 엿보고, 입으로만 나라에 충성한다고 하는 위선자라고 공격하였다. 이에 대해 친구들은 '말은 쉽지, 결국 너도 상경해서 출세하고 싶은 거 아냐'라고 비난했다. 이를 계기로 친구들로부터 점차 고립되었고, 후세의 고민도 점점 깊어 갔다. 소년 후세는 '사색하는 청년'으로 성장하고 있었다.

그 무렵 마을에는 후세에게 결정적인 영향을 끼친 인물이 등장하였다. 마을에서 개업한 서양의학을 배운 의사 아베 다츠고로[安倍辰五郞]이다. 마을에 있던 한의원이 문을 닫자, 부친의 알선으로 에비타촌 출신이자 친척뻘인 아베가 병원을 열었다. 아베가 양복을 차려 입고 말에 올라타 옆 마을로 왕진하는 모습은 마을 젊은이들의 선망 그 자체였다. 아베는 농한기가 되면 사람들을 모아 강연회를 열었다. 자신이 배운 신사상과 학문에 대해서 고향 사람들에게 알려주고 싶었기 때문이다. 이 자리에서 아베는 자연과학과 기독교 이야기를 들려주었다. 후세는 이 강연회에 단골로 참석하여 지적 갈증을 해소하고, 여러 가지 새로운 정보도 들었다. 예컨대 아베가 "러시아 정교회는 홋카이도와 센다이에서 남쪽으로 내려오는 길을 따라 일본에 들어왔어. 이시노마키에 있는 교회는 작지만 몇 년 전에 도쿄의 니콜라이당(Nikolai堂)[20]은 진짜 화려하고 웅대하지. 외국 그림엽서하고 정말 똑같단다."라고 말했을 때는 당장 도쿄에 가고 싶었다.

후세는 아베를 자주 찾아가, 대화하면서 자신의 고민을 상담하곤 했다. 아베 역시 마을 청년들에게 퍼진 입신출세주의에 대해 잘 알고 있었다. 아베는 강연회를 거듭할수록 다음과 같은 말을 강조하면서 자기 뜻을 우회적으로 표현했다. "20세기 대사업은 부와 지위를 추구하는 것이 아니야. 서로 대립하는 기독교와 진화론을 아우르는 수준 높은 '철학'을 발견하는 것"이라고 말하였다. 후세는 이 말을 듣고 고민의 돌파구를 찾은 것 같았다. '20세기 대사업은 수준 높은 철학을 발견하는 것'을 화두로 삼아 고민을 거듭한 도쿄행에 대한 자신의 논리를 세웠다. 이에 '그래. 내가 도쿄로 가는 이유는 출세하기 위해서가 아니라 청빈한 삶에 만족하면서 철학을 배우기 위해서이다. 농사일보다 독하게 철학을 공부하는 모습을 보인다면 누구든지 내가 농사를 싫어해서 상경한 것이 아니라고 알 것이다'라고 결론지었다. 이것이 '양심에 따라 고향을 떠나는' 후세의 논리였다.

이렇게 원리 원칙적 사고, 즉 철학적인 사고를 중시하는 그의 인격과 사상 형성에 가장 큰 영향을 미친 것은 유교를 기반으로 한 부친의 자유민권사상이었다. 그 다음으로 한학자 곤노 겐노조의 유교=양명학사상, 아베 다츠고로의 자연과학사상(진화론)과 그리스도교사상이 근본이 되었을 것이다.

대의명분이 생긴 후세는 가족에게 자신 생각을 밝혔다. 형과 모친은 찬성했으나 부친은 학비를 보내주기 어렵고 도쿄에서 고학하려면 쉽지 않을 거라며 반대하였다. 부친은 후세의 도쿄행

---

20 니콜라이는 러시아로부터 정교의 전도를 위해 일본에 왔다가 일본에서 생을 마감한 사도 성 니콜라이(1836~1912)를 말한다. '니콜라이당'은 니콜라이가 건립한 교회라는 의미로 붙여진 명칭이다.

을 허락하기까지 대놓고 심술을 부렸다. 후세는 열심히 공부할 것이고, 주색잡기는 멀리하겠다며 진심을 담아 설득했다. 마침내 1899년 4월 봄, 만 18세의 후세는 '세상을 구하는 철학'을 공부하기 위해 도쿄로 출발하였다.

2

철학 지망생에서 법률가로

신학교와 메이지법률학교

 도호쿠의 농촌청년 후세를 실은 기차가 도쿄 우에노역[上野驛]에 도착하였다. 봇짐을 짊어진 '촌놈' 후세의 눈에 비친 수도 도쿄의 모습은 경이로움 그 자체였을 것이다. 당시 도쿄는 빠른 속도로 근대화의 길을 걷고 있었다. 서양풍의 뛰어난 건물, 위생적인 수도와 전기 그리고 가스등, 시가지를 활주하는 전차, 진기하고 다양한 상품 등은 진보하는 문명도시의 얼굴이었다. 반면 밤낮없이 연기를 내뿜는 거대한 공장 굴뚝 아래 피곤에 찌든 노동자, 강변 따라 늘어진 판자촌, 하루하루 품을 팔고 살아가는 날품팔이 등의 빈곤층은 자본주의화가 낳은 소외의 얼굴이었다. 게다가 사회주의사상, 기독교사상 등 다양한 사상이 유입되어 혼란스럽게 보일 정도의 세기 말 도쿄는 빛과 그림자를 지닌 야누스와도 같은 존재이었다.

 후세는 우여곡절 끝에 교바시[京橋] 부근 도쿄 아사히신문사 직속 배달원이 되었다. 근처에 배달원 합숙소가 있어 숙식을 해결하면서 다양한 사람들을 만났다. 후세의 도호쿠 사투리를 놀리는 사람이 있었지만, 무교회주의 종교 사상가 우치무라 간조[內村鑑

1902년경 청년 후세

三] 신봉자를 비롯하여 성공회 교회나 러시아 정교회 니콜라이당에 다니는 청년 등 독실한 기독교 신자도 알게 되었다. 고향에서 이미 기독교적 사상을 접한 후세는 가벼운 마음으로 여러 교회를 다녀 보기도 했다. 그러나 도쿄 생활은 녹녹치 않았다. 배달원의 수입만으로는 입에 풀칠하기도 버거웠다. 1개월이 지날 무렵 고향에 있는 친척으로부터 편지 한 통이 도착했다. 그 내용은 '정치가의 뜻을 품고 명망 있는 학교에 들어가면 학비를 보내주겠다.'는 것이다.

후세는 친척의 제안대로 도쿄전문학교(현 와세다대학) 법과에 편입시험을 보고 입학하였다. 하지만 1개월 만에 자퇴하였다. 철학하겠다고 도쿄에 올라온 마당에 법학으로 진로를 바꾼 것이 마음에 걸렸다. 게다가 교바시에서 학교까지 걸어서 통학하기는 체력적으로 부담이 컸다. 학비는 끊겼지만 여러 교회를 출입하며 지식욕을 채웠다. 또한 틈틈이 근대화하는 도시의 어두운 현실을 다룬 소설이나 막 싹트기 시작한 사회주의계열의 신문사설을 애독하였다. 이를 통해 공창제도 폐지론, 보통선거운동 등에 깊이 공감하였다.

자신의 진로에 대해 고민하던 후세는 간다[神田] 소재 니콜라이당을 방문했다.[1] 일하며 공부하는 학복(學僕)이 될 수 있는지를 문의하기 위해서였다. 후세가 니콜라이당에 들어가고자 한 이유는

---

1 森正, 2014, 『評傳 布施辰治』, 日本經濟評論社, 96쪽.

현재의 도쿄 니콜라이 성당

무엇보다 숙식과 학비 등 전반적인 생활을 보장받고 본과를 졸업하기까지 7년간 공부할 수 있었기 때문이다. 다른 하나는 고향이 시노마키의 니콜라이당교회와의 인연일 것이다. 고향에서 양의(洋醫) 아버게 들었던 도쿄의 니콜라이당은 화려하고 웅대하다라는 말, 어쩌면 소년이 꿈꿨던 소망을 이룰 수 있다는 생각이었을지도 모른다. 1899년 6월 말경 세례를 받고 니콜라이당 하리스토스 정교회의 부속 신학교 학부이 되었다. 좋아하는 공부를 실컷 하면서 독자적인 '철학'을 깨우치려는 인생 계획의 첫발을 내딛게 되었다.

8월 말에 실시한 신학교 정식 입학시험을 치른 후 교장은 후세에게 학생대표로 기도를 부탁하였다. 이때 후세는 과연 자신이 자격이 있는 사람인지 되돌아보았다. 지적 욕망으로 세례를 받고 안정된 교육환경에 마음을 빼앗긴 자신의 속물적 내면을 발견했기 때문이었다. 이런 자신이 순박한 신자들 앞에서 대표기도를 한다는 것은 양심이 허락하지 않았다. 그래서 교장에게 대표기도를 할 수 없다고 거절했다. 신학교 교장은 성서의 해석과 설교에 뛰어났지만, '능변과 비굴'이 공존하는 뿌리에서부터 세속적인 인물이었다. 결국 서로의 입장 차이만을 확인한 후세는 적당한 타협을 거절하고 양심에 따라 신학교 입학을 포기하고 말았다. 후세가 도쿄에서 최초로 경험한 커다란 시련이었다.

후세는 1899년 9월 메이지법률학교[明治法律學校](현 메이지대학)에 입학하였다. 이 학교본과 졸업생은 문관고등시험, 판검사 등용시험, 변호사시험의 수험자격을 인정받았다. 전문학교인 이 학교에 입학하기 위해서는 중등학교 졸업자여야 했지만, 당시까지만 해도 교육제도가 아직 정착되지 못한 상태여서 몇몇 변칙이 허용되었다. 즉 중학교와 동등 수준의 입학시험에 합격할 경우 입학이 허용되었다. 후세는 진조[尋常]소학교 졸업자였지만, 동등 수준의 입학시험에 합격하여 입학할 수 있게 되었다.

후세는 왜 다시 법학도의 길을 선택했을까. 평생을 좌우하는 인생진로를 바꾼다는 것은 쉬운 일이 아닐 것이다. 약 반년 동안 도쿄에서 생활한 후세는 대학에 진학하여 졸업하면 수입이 적더라도 시간적으로 여유가 있는 직업을 구할 수 있을 것으로 생각했다.[2] 게다가 법률은 도덕이자 사회생활의 원리이니 이를 배우는 것은 곧 자신이 하려는 철학연구의 일부라고 판단하였다. 도쿄의 생활체험으로 주민의 생활 실태를 알아가면서 현실의 법률기능에 의문을 품고 법의 본질을 배우는 것으로 세상을 구하고자 하였던 것이다. 이는 철학으로 세상을 구하고자 하는 것과 같은 의미이기

---

2   후세 간지 지음, 황선희 옮김, 2011, 『나는 양심을 믿는다』, 현암사, 49-50쪽.

〈표 1〉 메이지법률학교 재학시절의 교과과목

학년	교과과목
1	법학통론, 법례(法例), 민법, 형법, 형사소송법, 경제학, 로마법, 토론회
2	헌법, 민법, 상법, 재판소구성법, 민사소송법, 형법, 행정법, 증거법, 법리(法理), 토론회
3	국적법, 민법, 상법, 민사소송법, 국제공법, 국제사법, 재정학, 의률의판(擬律擬判), 소송연습, 토론회

때문이었다.

메이지법률학교는 1881년 1월 프랑스에서 법학을 공부한 키시모토 다츠오[岸本辰雄] 등이 도쿄에 창립한 사립법률학교이다.[3]

교과목에 나타난 특징을 보면 제1학년 과목으로 법학통론을 설치하고, 로마법·법리학·재정학 등을 신설하였으며, 소송연습과 토론회 등을 두었다는 점이다.[4] 당시 일본의 사립법률학교는 프랑스법계와 영미법계가 경쟁하고 있던 시기여서, 프랑스법계 중심의 교과로 편성된 것은 자연스러운 현상이다.

이 학교는 판사검사등용시험, 변호사시험 등 국가시험에서 두각을 나타내고 있었다. 1897년까지 사립법률학교의 졸업생으로 변호사가 된 인원수를 보면 제1위가 메이지법률학교로 190명, 제2위가 도쿄법학원(현 주오대학)로 143명, 이하 와후츠[和佛]법률학교(현 호세이대학) 66명, 센슈[專修]학교(현 센슈학교) 26명, 도쿄전문학교 24명 등이다. 사법관료인 판사·검사에 임관된 통계를 보면, 1위는 도쿄법학원 134명, 제2위는 메이지법률학교 126명,

---

3   村上一博, 2007, 『日本近代法學の搖籃と明治法律學校』, 日本經濟評論社 참조.
4   長沼秀明, 2010, 「人權辯護士たち在學當時の明治法律學校」, 『布施辰治研究』, 日本經濟評論社.

3위는 와후츠법률학교 48명 등이다.[5]

후세가 입학할 무렵 메이지법률학교를 포함한 사립법률학교는 변화를 맞이하고 있었다. 학생은 사족(士族) 출신보다 평민 출신이 많아졌고, 또 도쿄 출신보다 지방 출신이 늘어났다. 이러한 현상은 교육내용도 변화시켰다. 이른바 '법기술'에 의한 입신출세를 위한 청년의 교육에서 정치청년·실업청년을 양성하는 법학교육으로 변화하고 있었다.[6] 일본에서는 시민법학으로의 변화도 제국주의로 나가는 국가적 현실과 '학문의 독립'이라는 건학이념의 이상 사이에서 동요하고 있었다. 하지만 메이지법률학교는 교장 키시모토 다츠오의 개혁 지향으로 자유민권파의 아성으로 불렸다. 즉 인권을 중시하는 법학교육을 지키기 위해 사회현실과 씨름하고 있었던 것이다.

학교 강의는 오후 1시부터 시작하여 밤늦게까지 진행되었다. 국가시험을 준비하는 학생 대부분은 지방 출신에다가 고학생들로 낮에는 일을 해야만 했기 때문이다. 후세가 이 학교를 다닐 때는 간다구[神田區] 스루가다이[駿河台] 나미코가초[南甲賀町](현 니혼대학 부지)에 있었는데, 전차가 다니지 않아 대부분의 학생들은 걸어서 통학하였다. 강의 시간에 맞추기 위해서 고학생들은 일을 마치기 무섭게 달려와야 했다. 이런 현실적인 이유로 고학생들은 중도에 학업을 포기하는 경우도 많았다.

후세 역시 열심히 일하고 열심히 공부하였다. 신문과 우유 배달, 인쇄소 직공, 낫토 판매, 서생(書生; 타인의 집에서 가사를 도우면서 공부하는 사람) 등 여러 가지 일을 닥치는 대로 했다. 그는 대

---

5 山泉進·村上一博 編, 2010, 『布施辰治研究』, 日本經濟評論社.
6 天野郁夫, 2007, 『受驗の社會史』(增補版), 平凡社, 183-185쪽.

당시 메이지법률학교 모습

학시절 고학을 하면서 『진치재경비공장(辰治在京費控帳)』이라는 가계부를 작성했다. 1학년 중반부터 2학년 중반까지의 기록을 보면, 수입액 181엔 12전 5리이고 지출액은 163엔 62전이다.[7] 이 가운데 자신이 일하여 번 돈은 79엔 6전이다. 1월 8엔 92전, 2월 6엔 10전, 3월 10엔 3전 등으로 달마다 일정하지 않았다. 당시 일용노동자의 임금이 37전 정도이고, 소학교 교원의 초임 월급은 10~13엔 정도였다. 고학생으로 공부에만 전념할 수 없었던 상황을 보여준다.

가계부에 의하면, 후세는 재학 시절 방학을 이용하여 모두 세 번 고향 에비타촌으로 내려갔다. 두 번째 귀향은 부친이 돌아가

[7] 中村正也, 2010, 「『辰治在京費控帳』からみた明治法律學校の布施辰治」, 『布施辰治研究』, 日本經濟評論社, 202쪽. 수입과 지출의 구체적인 액수와 항목은 다음과 같다. 수입은, 고향집 등에서 보내온 돈 75엔 5전 5리, 귀가시의 전별금 26엔 61전, 스스로 번 돈 79엔 6전 등 합계 181엔 12전 5리이다. 지출은, 수업료 1엔 50전, 우편요금 35전, 학회 가입비 1엔 50전, 이발료, 도서 구입, 진찰료 6회 1엔 80전, 약값 2회 2엔 28전 등 합계 163엔 62전이다.

셨다는 소식을 듣고 내려간 것이다. 아버지 '스이오[醉翁]'는 술에 취해 눈길에 쓰러진 채 돌아가셨다. 후세의 인격과 사상 형성에 절대적인 영향을 끼쳤던 부친은 그렇게 허망하게 삶을 마감했다. 1900년 12월 23일의 일이다. 후세는 깊은 슬픔 속에 장례를 마치고, 가족들을 위로하다가 1901년 1월 5일 올라왔다.

재학 시절 후세는 도서실을 자주 이용하였고, 독서에 빠져서 교실에 가지 않는 날도 자주 있었다. 그가 애독했던 책들은, 요코야마 겐노스케[橫山源之助]의 『일본의 하층사회(日本之下層社會)』, 고토쿠 슈스이[幸德秋水]의 『이십세기의 괴물제국주의(二十世紀之怪物帝國主義)』, 아베 이소[安部磯雄]의 『사회문제석법(社會問題釋法)』 등과 같은 사회문제에 관한 서적이 주류를 이루었다. 도쿄의 생활체험 속에서 만났던 사회적 약자에 대한 고민 때문이었을 것이다. 사회문제에 관심을 집중하던 무렵 후세는 아시오동산[足尾銅山]의 광독사건(鑛毒事件)[8]을 여론에 호소하는 다나카 쇼조[田中正造]의 모습을 보았다. 다나카는 아시오동산의 폐쇄를 주장하며 중의원 의원직을 사퇴하였다. 이어 일본 천황에게 동산의 폐쇄를 호소하는 이른바 '직소(直訴)'사건을 일으켰다. 이런 지사적 풍모에서 후세는 소크라테스 같은 면모를 발견하였다. 다나카가 펼치는 도치기현[栃木縣] 야나카촌[谷中村] 구제운동이 심각한 곤란을 겪자, 후세는 학업을 포기하고 달려가고 싶었다. 특히 공해를 방치하는 국가와 후루카와[古河] 재벌의 유착이 청년 후세를 분노하게 하였다.

후세는 재학 중에 아시아의 유학생과 많은 교류를 나누었다.

---

8 아시오동산의 광독사건이란 19세기 후반 아시오동산의 개발에 의해 발생한 유독가스와 유독수로 인하여 도치기현과 군마현의 도양뢰천(渡良瀨川) 주변에서 심각한 피해를 준 일본 최초의 공해사건이다. 현재까지도 그 영향이 남아 있을 정도이다.

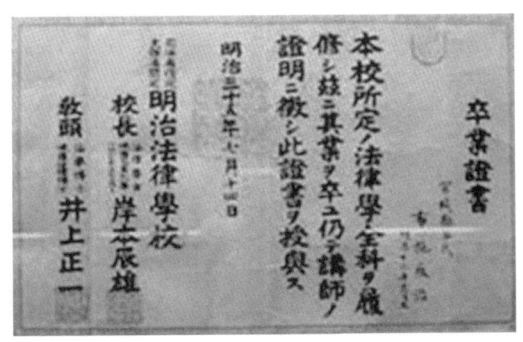

후세의 대학졸업증서

조선인과의 첫 만남도 그때 이루어졌다. 1902년 7월 메이지법률학교의 「생도 현별표(縣別表)」에 의하면, 당시 전체 학생 1,796명 가운데 유학생은 대만인 1명, 청국인 1명, 조선인 6명 합계 8명이었다. 후세가 유학생들에게 관심을 보인 이유는 그들 역시 자신의 입신출세보다 조국을 염려하는 사람들이었기 때문이었다. 훗날 후세가 대만과 조선으로 건너가 변호활동을 전개하는 데에는 대학시절의 인간적 유대가 크게 작용했을 것이다.[9]

1902년 7월 후세는 메이지법률학교를 졸업하였다. 1학년부터 3학년까지의 성적표를 보면, 형사소송법과 의률이 100점, 형법(2) 95점, 경제 90점이었고, 법례 민법총칙, 공법, 사법, 재정법이 60점이었다. 후세의 성적 순위는 1학년 11등, 2학년 76등, 3학년 38등이다.[10] 전체 인원수가 없어 자세한 것은 알 수 없지만, 전체에서 중위권에 속했던 것 같다. 후세의 관심이 학교의 교과보다도 오히려 사회적 문제에 있었음을 알 수 있다.

9 이규수, 2003, 「후세 다츠지의 한국인식」, 『한국근현대사연구』 25, 412쪽.
10 明治大學百年史編纂委員會, 1992, 『明治大學百年史』 제3권 通史編 1, 409쪽.

사법관시보 임명과 사직

후세는 2학년 후반 무렵 혼다 츠네토라[本田桓虎] 변호사 집에서 서생(書生)으로 일하면서부터 판사검사등용시험을 의식했던 것 같다. 법률사무소에서 일하면 실무도 배울 수 있었기 때문이다. 또한 경제적 이득도 적지 않았다. 판사검사등용시험에 대한 본격적인 준비는 3학년 후반부터 시작하였다. 후세는 철학 연구를 편히 하기 위해서라도 이 시험을 봐야겠다고 결심했다. 더욱이 아시오동산의 광독사건에 대한 국가의 대응을 보면서 인권과 사회적 정의를 위해 국가권력을 행사하는 사법관이 되기로 마음 먹었던 것이다. 이런 자신의 의지를 전하며 혼다에게 도움을 청하자, 혼다는 학교 졸업 후 몇 달 동안 우에노 도서관에서 시험 준비에 전념할 수 있도록 허락했다. 이에 후세는 우에노 도서관에서 매일 10시간 반씩 시험공부에 매달렸다.

여기서 일본의 사법제도 및 사법관 임용에 대한 규정 등을 간략히 살펴보자. 1868년 메이지유신으로 출범한 메이지 정부 초기에는 행정과 사법기구가 분리되지 못한 채 혼용되는 등 일본의 근대 사법제도가 정비되지 못하였다. 그러다가 1889년 2월 11일

「대일본제국헌법」이 공포되고, 뒤이어 1890년 11월 1일에 법률 제6호 「재판소구성법(裁判所構成法)」이 시행됨으로써 일본의 근대 사법제도가 확립되었다.[11] 이어 1891년 5월 15일에 사법성령(司法省令) 제3호로 「판사검사등용시험규칙(判事檢事登用試驗規則)」이 제정되면서 사법관 임용에 대한 원칙이 정해졌다. 이를 바탕으로 일본 근대 사법관 제도가 마련되었다.[12]

우선 「대일본제국헌법」에서 사법권은 천황의 이름으로 법률에 따라 재판소가 행하고, 재판소의 구성은 법률로 정하도록 하였다. 재판관은 법률에 정하는 자격을 갖춘 자를 임명하고, 형법의 선고 또는 징계의 처분 외에는 파면하지 않도록 했다. 이로써 명목상 천황의 이름으로 재판을 하지만, 법률에 의해 구성된 재판소가 행정기구와는 별개의 기구로서 헌법에 명기되었다.

「재판소구성법」에서는, 판사 또는 검사로 임명되기 위해 2회의 경쟁시험을 요하며, 제1회 시험에 급제한 자는 제2회 시험을 치르기 전에 시보로서 재판소 및 검사국에서 3년간[13] 실무수습을 하도록 했다. 하지만 3년 이상 제국대학 법과교수 혹은 변호사였던 자는 시험을 거치지 않고 판사 또는 검사에 임용될 수 있었다. 제국대학 법과 졸업생은 제1회 시험을 거치지 않고 시보에 임명될 수 있도록 특혜를 부여했다. 그리고 「판사검사등용시험규칙」에서는, 제1회 시험의 응시자격을 ① 제1 및 제3 고등중학에서 법과를 졸업한 자, ② 문부대신의 인가를 거친 학칙에 의해 법률학을 교

---

11 일본 근대 사법제도의 역사에 대한 개괄적인 설명은 다음의 책을 참조. 新井勉 等, 2011, 『ブリッジブック近代日本司法制度史』, 信山社.
12 김창록, 2004, 「일본의 사법시험제도」, 『서울대학교 법학』 45-4.
13 1908년 3월 12일 법률 제10호로 「재판소구성법」이 개정되어 "1년 6월 이상"으로 바뀌었다.

수하는 사립학교의 졸업증서를 가지는 자, ③ 외국의 대학교 또는 그와 동등한 학교에서 법률학을 이수하여 졸업증서를 가지는 자에 한정했다.

1905년 4월 25일에 사법성령 제13호로 「판사검사등용시험규칙」이 개정되어 위의 응시자격은 ① 관립 및 전문학교령에 의한 공립 또는 사립학교에서 3학년 법률학과를 이수하고 졸업증서를 가지는 자, ② 사법대신이 지정한 공립 또는 사립의 학교에서 3학년 이상 법률학과를 이수하고 졸업증서를 가지는 자, ③ 사법대신이 상당하다고 인정한 외국의 대학교 또는 그와 동등한 학교에서 법률학과를 이수하고 졸업증서를 가지는 자로 더욱 강화되었다.

「판사검사등용시험규칙」에 의하면[14], 시험을 주관하는 기관으로 '판사검사등용시험위원회'를 두고, 위원장 및 위원은 대심원, 공소원의 판사·검사, 사법성 고등관 중에서 시험 실시 때마다 사법대신이 임명하도록 했다. 제1회 시험은 필기시험과 구술시험을 실시하여 수험자의 학식을 시험하는 것을 목적으로 하였다. 시험은 사법성에서 실시하였다. 필기시험 과목으로는 민법, 상법, 형법, 민사소송법, 형사소송법 등을 보았다. 필기시험에 합격한 자에 한하여 구술시험을 볼 수 있었다. 구술시험은 민법, 상법, 형법, 민사소송법, 형사소송법 중 적어도 3개 과목을 선택하여 질문하도록 하였다. 제1회 시험에 합격하면 사법관시보로서 구(區)재판소, 지방재판소, 검사국 등에서 1명 혹은 수명의 판사 또는 검사에 부속하여 1년 6개월간 사무를 수습했다.

제2회 시험은 수험자가 실무에 숙련되었는지 여부를 시험하는

---

[14] 三阪佳弘, 2014, 『近代日本の司法省と裁判官』, 大阪大學出版會, 228-239쪽.

것이 주된 목적이었다. 시험은 필기와 구술 두 종류로 공소원에서 시행하였다. 필기시험에서는 제시된 2건 이상의 소송기록에 관해 사실 및 이유를 상시(詳示)한 판결안을 답안으로서 제출하도록 했다. 그리고 구술시험에서는 민법, 상법, 형법, 민사소송법, 형사소송법 중 적어도 3개 과목에 대해 시험기일 3일 전에 부여한 소송기록에 관해 문제를 내어 답하도록 했다.

후세는 이러한 시험과정을 거쳐 1902년 11월에 어렵기로 소문난 '판사검사등용시험'에 단 한 번에 합격하여 주위를 놀라게 하였다. 전체 응시자 1,094명 중 138명이 합격했는데, 5등이라는 우수한 성적으로 합격하였다. 대학 동기들 사이에서 영웅으로 대접받았고, 그 덕분에 술을 마시지 않겠다는 맹세도 깨지고 말았다.

후세는 1902년 12월 사법관시보로서 도치기현[栃木縣]의 우츠노미야[宇都宮]지방재판소 및 검사국, 우츠노미야구(區)재판소 및 검사국에 부임하였다.[15] 최초의 부임지는 출신지와 가까운 곳에 배치하는 것이 관례였다. 그런데 우츠노미야는 아시오동산의 광독피해지인 야나카촌과 가까운 곳이었다. 우연 치고는 너무도 기묘한 일이었다. 후세는 마음속으로 다나카 쇼조의 제자가 되어 국가를 바른 길로 이끌기 위해 내부로부터, 즉 사법부를 바로잡겠다고 다짐했다. 후세는 사법관시보로서 판사와 검사로부터 사무수습을 배우며 자주 충돌했을 것이다. 점심시간에는 재판소 정원에서 우편으로 배달되던 『만조보(萬朝報)』에 실린 러일비전론(露日非戰論)을 소리 내어 읽기도 하였다. 정치문제로 대화를 나눌 때면 사람들에게 항상 대담하고 거칠다는 평을 들었다.[16]

---

15 森正, 2014, 『評傳 布施辰治』, 日本經濟評論社, 120쪽.
16 후세 간지 지음, 황선희 옮김, 2011, 『나는 양심을 믿는다』, 현암사, 54쪽.

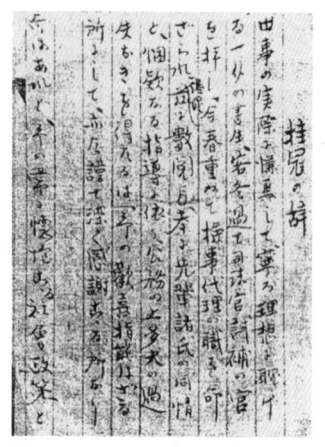

사직의 글[挂冠の辭] 원고

1903년 4월 우츠노미야구재판소 검사대리에 임명되어 검사국에 배속되었다. 국가권력의 행사에 직접 관여하는 직무에 취임한 것이다. 그런데 국법을 지켜야할 관부에서 그는 불기소 처분을 연발하였다. 예컨대 하루는 아시오동산의 광부가 회사 측 경호원을 때려서 우츠노미야 경찰서에 송치되었다. 후세는 죄가 성립되지 않는다고 주장해 석방시켰다. 이런 일이 자주 일어나자 상사와의 관계는 점점 불편해졌다.

그러던 어느 날 상부에서 살인미수사건의 기소장을 작성하라는 지시를 받았다. 사건의 내용은, 생활고에 시달리던 여자가 어린 자식 셋과 함께 동반자살을 시도하다가 마음을 고쳐먹고 자수한 사건이었다. 그런데 상부에서는 모친을 살인미수로 기소하라는 것이었다. 후세는 도저히 용납할 수 없었고, 상부에 대해 반발하였다. 후세가 검사대리로서 불기소처분을 연발한 배경에는 범죄용의자의 양심에 대한 신뢰가 있었기 때문이다. 또한 살인미수 사건의 무죄를 주장한 배경에는 피고의 양심이 표현된 참회·속죄의식을 중시한 사상이 있었던 것이다. 이는 메이지헌법체제가 갖는 특유의 형식적 법치주의와는 기본적으로 다른 사상이었다.

결국 후세는 "여인의 등에 채찍을 휘두르는 일은 잔인하다. 참으로 잔인하다."는 내용의 「사직의 글」을 지방 신문에 발표하여 재판소의 태도를 공개적으로 비판한 후 사법관의 길을 버렸다. 그는 「사직의 글」에서 "나를 언제나 감싸는 사회정책으로서의 겸애주의"라는 표현을 쓰며, 곤노 한학숙에서 배운 삶의 태도를 견지했다. 국가와 국민 사이에서 젊은 사법관시보가 홀로 고민하고 마지막으로 내린 해답은 재야의 길이었다. 모든 지위와 행복을 버리고 자신만의 길을 가겠다는 다짐이었다. 1903년 8월 21일 사법관시보를 사직하였다.

청년변호사의 출현

　　검사대리를 그만둔 후세는 도쿄로 올라왔다. 친구들과 어울려 국제정세와 진로에 대해 토론도 하고, 대학동창회에 참석하여 술도 마시고, 좋아하는 철학책도 읽는 등 바쁘게 지냈다. 하지만 마음 한구석에는 떨칠 수 없는 고민이 있었다. 국가권력과 국법의 가혹하고 비정한 본질을 보고서도 힘없고 나약한 피고를 구하지 못한 '참회'와 '원죄의식'이 자라고 있었기 때문이다.

　　이런저런 고민을 하던 중 대학시절 의리파로 소문난 선배 이시야마 신이치로[石山愼一郎] 변호사로부터 연락이 왔다. 선배가 거처하던 숙소 도후쿠칸[東北館]으로 찾아가자 선배는 후세에게 향후 계획을 물었다. 막연한 희망사항으로 외교관이 되고 싶다고 대답했다. 실력 있는 외교관은 최근 러일관계와 같은 험악한 외교관계를 바로잡고, 전쟁의 비극에서 인류를 구해낼 수 있다고 생각했다. 이 말을 들은 선배는 자신이 학자금을 내겠다고 했다.

　　후세는 그 돈으로 도쿄의 사립영어학교인 국민영학회(國民英學會)에 입학하였다. 통학한 지 한 달도 채 안된 어느 날 선배가 사기혐의로 구속되었다는 신문기사를 보고 놀랐다. 이에 후세는 학

교를 그만두고 1903년 11월 13일 도
쿄에서 변호사등록을 하였다. 선배 이
시야마가 예심에서 면소(免訴)로 석방
될 때까지 약 1년 동안 옥바라지를 하
였다. 그러는 사이 선배가 준 학자금도
바닥나 변호사사무소의 개설을 모색하
였다. 그때 재학 시절부터 알고 지내던
'못된 친구'들이 접근했다. 이들은 대학
을 졸업했지만 각종 국가시험에 떨어
져 일종의 법률브로커로 살아가던 자들이었다.

1904년경 후세 다츠지

1904년 2월 10일 이들의 도움으로 도쿄의 고이시가와[小石川] 소재 한 건물을 빌려 변호사사무소를 열었다. 개업 축하 술자리가 한창인 사무실 앞에서는 호외를 외치는 소리가 끊이지 않았다. 아이러니컬하게도 이날이 바로 러일전쟁의 선전포고일이었다. 사무실을 열었지만 수입은 신통치 않았다. 이 사무소에서는 민사사건만 맡았는데 연이어 패소하였다. 후세가 소송 준비에 서툰 점도 있었지만, '못된 친구'들이 가져온 사건들은 그의 신념과 맞지 않았던 것이다. 결국 동년 7월 31일 출입했던 상인과 관계자를 모아 놓고 사무소의 해산식을 가졌다. 겨우 6개월 만에 근처 술집과 음식점에 잔뜩 외상값만 남겼던 것이다. 다시 혼고[本鄕]에 사무실을 열었으나, 역시 실패하였다. 혈기왕성한 청년 후세의 방황과 불안의 시기였다.

변호사사무실 폐쇄 이후 후세는 잔무 정리와 외상값 청산으로 골치 아픈 나날을 보내고 있었다. 그러던 중 톨스토이의 '러일비전론'에 읽고 큰 감명을 받았다. 1904년 8월 7일자 『평민신문』에 실

말년의 톨스토이

린「톨스토이옹(翁)의 일로전쟁론(日露戰爭論)」이었다. 러시아의 문호 톨스토이가 러일전쟁을 비판하며 전 세계를 향해 회개하라고 외치며 쓴 장문의 글이다. 전 세계는 물론 일본 사회에서도 큰 반향을 불러일으켰다. 원래 톨스토이가 영국 신문에 영문으로 기고한 것을, 사회주의자 고토쿠 슈스이[幸德秋水]와 사카이 토시히코[界利彦]가 번역하여 실은 것이다.[17] 『평민신문』을 발행한 평민사(平民社)도 이들이 세운 것이다. 전쟁을 반대하는 톨스토이의 사상은 묵자의 겸애주의와도 일맥상통하는 것으로 후세의 평화사상의 바탕이 되었다.

1905년 초에 도쿄 요츠야[四谷]에 다시 변호사사무실을 열었다. 그 사이 후세는 중국 진출을 계획했다. 대학 때부터 친구로 지내던 중국인 유학생들을 위해 중국으로 건너가 쑨원[孫文]의 혁명운동을 돕고 싶었다. 소년시절부터 품었던 중국과 조선의 문화에 대한 존경심도 작용했으리라. 1904년 늦은 가을, 유학생 동지들이 여비를 모아주었다. 외무성에서도 여행허가서가 나왔다. 그러나 연일 이어진 송별회에서의 폭음으로 대야 한가득 피를 토하고 쓰러지고 말았다. 그런 그를 곁에서 정성껏 간호하는 여자가 있었다. 미래 대단한 변호사가 되리라고 믿고 헌신하던 그녀의 이름은 히라사와 미츠코[平澤光子]였다.

그녀는 선배 이시야마 신이치로가 유숙하던 도후쿠칸의 주인

---

17 森正, 2014, 『評傳 布施辰治』, 日本經濟評論社, 152쪽.

히라사와 야스타로[平澤億太郎]의 둘째 딸이었다. 야무진 이 처녀는 선배가 감옥에 있을 때 아픈 후세 대신 면회를 가기도 하였다. 결국 아버지의 반대를 무릅쓰고, 유곽을 운영하던 주인에게 돈을 빌려 요츠야에 후세의 변호사사무실을 열었던 것이다. 이들은 3월경 사실상의 혼인을 하였다. 공식적인 혼인신고일은 1906년 12월이다. 이런 차이는 히라사와가[平澤家]

**후세 부인
히라사와 미츠코**

가 믿었던 일연정종교(日蓮正宗敎)와 관련이 있다. 후술하겠지만 후세가 죽은 후 그의 유해가 도쿄의 한 일연정종교 사찰에 모셔진 이유이다. 아무튼 미츠코는 '못된 친구'들의 사무소 출입을 절대 허용하지 않았다. 아내로서 집안일은 물론 법률사무소 매니저로서 의뢰인과 수임료 계약까지 도맡았다. 이런 부인의 도움으로 변호사사무소는 어느 정도 궤도에 오를 수 있었다.

인권변호사의 길로 나가다

　후세가 미츠코와 결혼한 후 변호사 사무실의 운영은 점차 안정되었다. 이 무렵 후세에게 많은 도움과 교훈을 준 인물이 있다. 이치가야형무소[市谷刑務所]의 전옥(典獄, 지금의 형무소장) 후지사와 마사히로[藤澤正啓]이다. 평소 피의자 또는 피고인을 대하는 변호사의 태도에 불신을 품고 있던 그는 후세가 이시야마 신이치로를 정성껏 옥바라지를 하는 것을 눈여겨보았다. 하루는 후지사와가 후세를 전옥실로 불렀다. 후세에게 전과자라고 가족도 무시하는 미결수를 변호할 마음이 있는지 물었다. 후세는 할 수 있다고 대답했다. 이후 사건을 맡을 때마다 성실한 자세로 임하자, 후지사와와의 신뢰는 깊어갔다. 후지사와는 미결수가 변호사 선정을 망설이면 무조건 후세를 추천하였다. 그는 후세에게 살인용의자 피고까지도 만족시키는 것이 진정한 변론이고, 피고의 입장을 이해한 변론을 한다면 유죄판결을 받고 복역하더라도 희망을 잃지 않는다고 충고하였다.
　이 시기 후세는 전과가 있거나 빈곤한 피고들을 변호하거나 혹은 남들이 수임하기 꺼려하는 살인사건 피고를 변호하는 변호사로서 사명과 정열을 불태우고 있었다. 특히 범죄의 동기를 해명할 필요성을 강조하는 한편 범죄사실의 유무 해명에는 그다지 관심을 두지 않는 변론이었다. 이후 후세는 독특한 형사사건 변호사로 이름을 알렸다.

후세가 처음으로 맡은 사회문제 사건은 도쿄시 전차 운임 인상 반대 시민대회의 주모자인 사회주의자 야마구치 요시죠[山口義三]의 변호였다. 1906년 3월 일본사회당의 주도로 전차 운임 인상 반대 시민대회가 열렸다. 일본사회당은 동년 2월 일본 최초로 설립된 합법적인 사회주의정당이다. 이들은 '전차운임인상 반대, 3전(錢) 균일 만세' 등의 구호를 외치며 데모 행진을 감행하였다. 행진을 저지하자, 투석 등으로 전차를 파괴하고 전철회사 및 도쿄시청 등을 훼손시켰다. 이 사건으로 야마구치를 비롯한 19인이 흉도중취죄(兇徒衆聚罪), 선동죄 등으로 기소되었다. 후세는 변호인단의 일원으로 참가하여, 흉도중취죄의 적용에 대해 관헌이 국민의 양심과 인격을 모욕한 일이라고 검사와 논쟁을 벌이며 열렬히 변호하였다. 이를 계기로 선배 변호사들에게 후세라는 이름을 각인시켰다.

1910년에는 메이지천황의 암살을 계획한 사회주의자 고토쿠 슈스이[幸德秋水] 등의 이른바 대역사건에서 간노 스가[管野スガ] 변호를 자청했다. 하지만 주임변호사로부터 법정 발언으로 문제를 일으킬 가능성이 있다고 거절당하였다. 변호인단으로는 참여할 수 없었지만, 비공개로 진행된 재판에 특별방청을 허락받아 방청할 수는 있었다. 고토쿠는 예심 조서의 날조를 지적하는 진술로 사건의 근간을 뒤흔들어 놓았다. 또한 국가권력에 맞선 꿋꿋한 태도는 지사적 풍모를 느끼게 하였다. 이러한 그의 지사적 풍모와

1911년 신축한 양식풍의 후세 법률사무소

정교한 논리는 후세에게 깊은 감명을 주었다. 이후 후세는 사회주의자들과 교류하며 친분을 쌓았다.

이 시기 후세는 인도주의 관점에서 농민·노동자·도시하층민을 중심으로 한 민중 혹은 사회적 경제적 약자의 인간성을 존중하고 지키고자 하였다. 후세의 시선이 약자에게 향한 것은 그 자신이 농민 계층의 출신이었기 때문이기도 하다. 도쿄에 올라온 후 사회적 약자들과 접촉하며 시야는 크게 확대되어 갔고, 이는 사회과학적인 문제에 대한 관심으로 이어졌다. 여기에는 그리스도교 각파의 사회운동과 사회주의운동에 대한 깊은 공감이 깔려 있었다.

1911년 후세는 도쿄 요츠야구[四谷區] 아라키쵸[荒木町]에서 손꼽힐 만한 서양식풍의 훌륭한 사무소를 새로 건축하였다. 또한 가문 문장[家紋]을 새겨 넣은 전용인력거도 마련하였다. 후세는 형사사건 변호사로 이름을 떨쳤지만 대부분 경제적 약자를 변호했기 때문에 수입은 한정되었다. 하지만 민사사건도 많이 다루었고 그 방면에서도 유능함을 발휘하였다. 경제적 이득이 있는 사건만을 찾아 가져온 부인의 수완이기도 하였다. 부인은 이밖에도 임대업 및 부동산 매매를 통한 차익실현, 후세 고향의 논밭 구매 등 경제적 관리능력을 발휘하였다. 후세의 변호철학에서 본다면 자신의 뜻과는 다른 사건도 취급하며 꽤 재산을 모은 것 같다.

하지만 부인의 경제관리능력과 후세의 변호철학은 자주 충돌하여 부부갈등도 끊이지 않았다. 아무튼 향후 후세가 사회운동에 참여할 수 있었던 경제적 배경에는 부인의 능력이 있었음을 부정하기 어렵다.

한편 후세는 톨스토이의 「러일비전론」을 읽고 큰 감명을 받은 이후 10년 동안 톨스토이가 만년에 집필한 철학서와 종교서를 탐독하였다. 톨스토이의 국가·종교·사회권력에 대한 비판, 인류를 구제하는 방법, 올바른 생활태도에 대한 사고방식까지 마음 깊이 흡수했다. 그가 톨스토이에 심취한 데는 또 다른 이유가 있었다. 바로 톨스토이가 말하는 인류를 구제하는 방법이 농민이 꿈꾸는 세상과 흡사했기 때문이다. 후세는 농민 출신이고 이전까지 쌓은 교양 때문에 양심에 따른 자연스러운 행동을 가장 이상적으로 여겨왔다. 이 점에서 톨스토이의 진단과 처방은 그 이상을 충족시켰던 것이다. 그는 톨스토이의 인류애적인 휴머니즘에 깊이 공감하며 가장 충실한 제자가 되기를 자처했다. 1910년대 초에 서재에 걸어둔 톨스토이의 사진 앞에 기도하면서 "약하고 옳은 자를 위해 저를 굳세게 해주십시오."라고 했을 정도였다고 한다.[18] 또

---

18 후세 간지 지음, 황선희 옮김, 2011, 『나는 양심을 믿는다』, 현암사, 77쪽.

1944년에 치안유지법 위반으로 투옥되어 병사한 셋째 아들 모리오[杜生]의 이름도 톨스토이의 존칭 표기인 토오오[杜翁]에서 딴 것이었다.

후세는 변호사라는 직업이 재판이라는 연극의 등장인물로 권력의 악행에 협력하는 것은 아닌지 고민했다. 그리고 변호사로서 권력에 협력하지 말고 권력을 공격하자고 결심했다. 톨스토이의 사상에 따라 형사사건은 '사람을 심판하지 마라', '사형을 폐지하라', 민사사건은 '타인과 다투지 마라'를 신조로 삼았다. 이어 톨스토이의 휴머니즘 입장에서 사회문제에 적극적인 관심을 나타내기 시작하였다.

그런 가운데 일본 사회는 다이쇼 데모크라시(Democracy)라는 새로운 전환기를 맞이한다. 다이쇼 데모크라시란 대략 1911년부터 1925년까지 일본 내의 정치, 문화, 사회면에 나타난 민주주의적 경향 혹은 운동을 총칭하는 개념이다. 즉 정치면에서 정당정치 체제의 확립, 경제면에서 국가통제로부터의 자본의 자립화, 학술면에서 '대학자치'로 대표되는 아카데미즘의 확립, 문화면에서 출판·저널리즘의 비약적 발전 등을 내용으로 한다. 특히 정치면에서 보면, 정당내각제의 확립과정과 무산정당(無産政黨)의 형성과정으로 이해할 수 있다. 이에 따라 보통선거와 언론·집회·결사의 자유를 요구하는 목소리가 높아졌고, 노동자의 단결과 파업권을 쟁취하려는 운동이 벌어졌다.

이 시기의 후세는 인권변호사로서는 물론 사회운동가로서도 사회 전면에서 활동하였다. 1910년대 후세가 변호했던 대표적인 2건의 살인사건은 그의 사상 형성과 사회운동에 많은 영향을 미쳤다. 첫 번째 사건은 1915년 4월에 발생한 이른바 '하루 살인사

『일본변호사총람(1911년)』에 실린 후세

건[鈴ヶ森お春殺し]'이다. 사건의 내용은 중세의 한 사형장 터에서 젊은 여자 하루(ハル)가 엽기적으로 살해되었는데, 그녀의 애인 고모리 소스케[小守壯輔]가 살인 용의자로 체포되었다. 그는 경찰 조사과정에서 범행 일체를 자백하였다. 살인혐의로 기소되어 예심재판을 거쳐 제1심 재판이 열렸다. 그런데 1심 재판에서 자신의 혐의를 부인하며 경찰의 고문으로 허위자백을 했다고 주장했다. 일대 파란을 일으키며 재판정에 세상의 이목이 집중되었다. 고모리의 호소를 들은 후세는 그의 양심을 믿고 경찰의 고문 관행을 집요하게 파고들었다. 후세는 경찰의 인권유린, 검사와 예심판사의 직무 태만 등을 비판하며 인권 옹호를 주장하였다. 결국 재판과정에서 진범이 잡혀 고모리는 무죄판결을 받고 3년 5개월 만에 석방되었다. 이 사건을 계기로 후세는 수사의 과학화, 재판에서 정의를 실현하기 위해 배심제도를 실현하는 등 사법기관의

2. 철학 지망생에서 법률가로   59

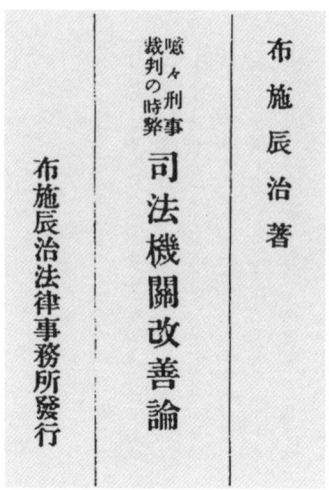

후세의 『사법기관개선론』

개선과 개혁을 외쳤다. 이를 정리하여 『사법기관개선론(司法機關改善論)』(1917년)을 출판하였다.

두 번째 사건은 1917년 7월 강간·방화·살인 등의 죄목으로 기소된 시마쿠라 기헤[島倉儀平] 사건이다. 시마쿠라는 일본 범죄사에 남을 지능적인 흉악범으로 여겨진다. 그는 예심재판 2회부터 자신의 자백은 경찰의 고문에 의한 것이라며 일체 혐의를 부인하고 무죄를 주장하였다. 사건을 의뢰받은 후세는 앞의 고모리 소스케의 경우와 마찬가지로 양심을 믿었다. 그런데 시마쿠라는 법정에서 변호인의 의견을 듣지 않고 독자적으로 행동하거나, 간혹 상식 밖의 행동을 하였다. 더욱이 자신의 뜻대로 후세가 따라오지 않자, 변호인을 해임하겠다고 고함친 적도 있다. 이때 후세는 생명에 대한 사람의 집착이 얼마나 강한지 절실히 느꼈다. 그런 그가 돌연 재판 진행 중에 감옥에서 이해할 수 없는 자살을 선택하였다. 1924년 6월의 일이다. 후세 역시 시마쿠라의 무죄 주장에 의문을 가졌다. 하지만 피고인이 납득할 수 없는 사형판결은 용서할 수 없었다. 또한 유·무죄를 떠나 경찰서의 고문은 절대로 용납되어서는 안 된다는 신념으로 8년 동안 피고와 함께 법정투쟁을 전개하였던 것이다. 특히 변호사 자신이 피고가 된 듯 합법적인 수단이 있는 한 진범일지라도 인도주의적 요구로 피고가 사형되지 않도록 지켜야 한다는 결론에 이르렀다. 이 같은 생각은 이후 후세의 독자적인 사형폐지론으로 이어졌다. '피고 스스로 인정할 수 없는 판결은 도덕적인 효과가 없다. 사람은 누구나 사형을 인정할 수 없으므로 사형은 폐지해야 한다.'는 논리다.

후세는 사회적 약자를 변호하며 축적한 경험을 통해 사회개혁을 주장하는 한편 직접 사회운동에 참여하기도 하였다. 대표적인 것이 보통선거 요구운동이다. 일본은 1889년에 헌법과 함께 중의원 의원선거법을 공포하였다. 그런데 연 15엔 이상 국세를 납부하는 조건을 단 제한선거였다. 이후 일본에서는 보통선거를 요구하는 운동이 줄기차게 일어났다. 1900년 10엔, 1919년 3엔으로 납부조건을 낮추었고, 1925년 만 25세 이상의 남자에게 선거권을 주었다. 그리고 패전 후인 1945년 만 20세 이상의 남녀에게 선거권을 주었다.

후세는 1917년 4월의 중의원 총선거 전인 2월부터 보통선거운동을 시작했다. 그는 특권에 만족하고 아무런 행동도 하지 않으면서 선거권을 행사하는 것을 도저히 양심상 허락할 수 없었다. 고향 미야기현의 6곳, 이어서 도쿄의 약 30곳에서 3~5시간 동안 혼자서 연설하였다. 그는 "여러분 이상적인 정치를 깨달으십시오! 양심이 이끄는 대로 다양한 방법을 동원해 정부와 사회에 보통선거를 요구하십시오."라고 외쳤다. 이때 정치·행정사무에 군주와 의회가 함께 참여하는 「군민동치(君民同治)의 이상과 보통선거」라는 팸플릿도 자비를 들여 수 만부 발행했다. 1920년 중의원 총선거 때도 보통선거를 요구하는 단독 연설회를 도쿄 곳곳에서 열었다.

1918년경 후세 다츠지

1918년 8월 일본 전국에서 쌀값 폭등을 배경으로 민중 봉기가 발생하였다. 동년 8월 2일 데라우치[寺內] 내각은 국제 간섭국인 러시아 정권을 타도하기 위해 시베리아에 일본군 출병을 선언했다. 다음날 도야마현[富山縣]에서는 높은 쌀값에 반대하는 데모가 일어났고, 이것이 전국 주요 도시로 퍼져 대규모로 발전했다. 이를 이른바 '쌀소동'이라고 한다. 그 배경은 근본적으로 일본 자본주의의 급속한 발전을 지적할 수 있겠다. 쌀 수요는 급증했으나 농촌의 인구 유출로 생산량은 오히려 줄었다. 또 제1차 세계대전의 영향으로 쌀의 수입량이 감소한 것도 쌀값 폭등의 원인이 되었다. 이 사건 이후 일본은 쌀 가격의 안정을 위해 식민지 조선에서의 토지개량사업과 산미증식계획을 추진하였던 것이다.

1918년 8월 3일부터 9월 17일까지 쌀소동에 참가한 사람은 1,000만 명이 넘었다. 이 사건으로 기소된 사람도 전국적으로 7,000여 명에 달했다. 죄명은 소요죄 외에도 강도·방화 등이었다. 각지의 재판소는 그해 가을부터 피고를 한 번에 수십 명씩 법정에 세워 공판을 진행했다. 이에 대응하여 일본변호사협회 차원에서 진상조사가 시작되었다. 이들의 조사 결과에 의해 불법검속, 불법구인, 구타, 능욕 기타불법 행위가 밝혀졌다. 이에 따라 후세도 바빠졌는데 이듬해 7월 도쿄공소원에서 펼친 변론을 들어보자.

사법 관헌은 국민 사상에 투쟁을 좋아하는 성향이 있다며 생활고를 구실로 너도나도 줏대 없이 우르르 따르는 마음이 쌀소동을 일으켰다고 합니다. 그러나 생활고는 구실이 아니라 근본적이고도 분명한 원인입니다. 부의 불평등한 분배가 생활고를 겪게 했고, 이를 해결하려는 피고들의 심리는 결코 부화뇌동한 것이 아닙니다.

이처럼 후세는 쌀소동의 본질을 적확하게 설파하며 피고들의 무죄를 주장했던 것이다. 이후 쌀소동의 배경, 사건경과 및 법률문제, 자신의 변론 내용 등을 정리하여 『살기 위해서』(1919년)을 출판하였다. 그리고 도쿄 일간지에 쌀 가격 문제에 대한 시민대회 광고를 게재하여 소요의 원인제공자란 혐의로 기소된 미야다케 가이코츠[宮武外骨]를 변호하였다.[19] 그는 익살, 해학과 풍자정신의 권위자로 모든 권력을 비판했던 일본근현대사에 있어서 다시없는 반권력(反權力) 저널리스트였다. 반권력을 지향했던 점에서 후세와 뜻이 통했기 때문에 이후 두터운 친분을 쌓았다.

이외에도 후세는 증가하고 있던 사상사건 즉 사회주의자 및 무정부주의자의 재판에 변호인으로 자주 모습을 드러냈다. 대표적인 사례가 1919년 무정부주의자 오스기 사카에[大杉榮] 사건의 변호이다. 오스기가 본인을 집요하게 감시하며 미행하는 순사를 구타하여 상해를 입힌 사건이었다. 오스기의 법정투쟁은 크게 두 가지였다. 첫째 사실심리 과정에서의 진술태도이다. 그의 법정태도는 반드시 필요한 것 이외에 쓸데없는 말을 절대로 하지 않았다. 예컨대 검사의 질문에 '그렇다', '아니다', '그런 일을 한 적 없다' 등등의 어투로 아주 간단히 대답할 뿐이다. 강요된 재판형식

---

[19] 森正, 2014, 『評傳 布施辰治』, 日本經濟評論社, 311-313쪽.

아나키스트 오스기 사카에

의 탄압에 반발하는 것 이외는 어떤 말도 하지 않으므로 재판을 거부하는 것이었다. 둘째 법정에서의 피고 불기립(不起立)투쟁이다. 통상 관존민비적(官尊民卑的)인 예의로 아무리 대단한 피고라도 검사의 논고 중 기립하여 경의를 표하는 것이 법정관습이었다. 그러나 그는 이러한 법정관습을 파괴해 가야한다고 주장하고 검사가 기소사실을 진술할 때 기립하지 않았다. 형사법정에서의 피고는 소추(訴追)한 검사=국가와 동등하다는 것이 오스기의 신념이었다. 후세로서는 생각하지 못했던 무정부주의자 오스기의 사상과 행동은 그를 아프게 감동시켰다.

3

'민중변호사' 선언, 그리고 민중과 함께

자기혁명의 고백과 민중변호사 선언

1920년 40세가 된 후세는 그간의 변호사 활동을 통해 적지 않은 부와 영예를 누리고 있었다. 1918년에는 형사사건 190건, 민사사건 26건을 취급했고, 1919년에는 형사 192건, 민사 27건을 수임했다. 판결을 받지 않고 취하된 사건까지 합하면 1년 동안 다룬 사건 수가 무려 250건을 상회한다.[1] 그야말로 인도주의 인권변호사로 명성을 높였고, 사회운동가로도 활동 영역을 확대하고 있었다. 그런 그가 1920년 5월 '자기혁명'을 선언하였다. 후세는 지인과 보도기관에 미리 예고 서한을 보낸 다음, 자신이 개인잡지로 발행한 『법정으로부터 사회로』 창간호에 「법정으로부터 사회로, 자기혁명의 고백」을 발표하였다. 첫 부분을 요약해서 소개하면 다음과 같다.

인간은 누구라도 어떤 삶을 살아가는 것이 좋은 지에 대해 정직한 자신의 목소리를 들어야만 한다. 이것은 양심의 목소리다. 나는 그 목

1　『法庭より社會へ』1-1, 14쪽.

『법정으로부터 사회로』
창간호

소리에 따라 엄숙하게 '자기혁명'을 선언한다. 사회운동의 급격한 조류를 느끼지 않을 수 없다. 종래의 나는 '법정의 전사(戰士)라고 말할 수 있는 변호사'였다. 하지만 이제부터는 '사회운동에 투졸(鬪卒)한 변호사'로서 살아갈 것을 민중의 한사람으로서 민중의 권위를 위해 선언한다. 나는 중요한 활동의 장소를 법정에서 사회로 옮기겠다.[2]

여기서 그는 지금까지 자신의 생활이 부끄러워해야 할 겁 많고 나약한 생활이었다고 고백했다. 그리고 앞으로는 자신의 생활, 나아가 모든 사람의 생활을 적극적이고 자유로운 "자기체현"의 생활로 만들어, 인류 공통의 행복을 보장하는 이상국 건설의 기지를 만들어내지 않으면 안 된다고 다짐했다. 그리고 자유 신념의 이상에 부합하지 않는 현실의 개조에 충실하고자 하는 이상가, 진리를 배신하는 자와의 싸움을 거절하지 않는 진리의 구가자가 될 것을 선언했다.

후세가 지향하는 변호사상은, 결코 부호의 번견(番犬)이나 귀족의 버팀목이 아니라, 일반 민중의 사회경제적 실상을 대변하는 직업인이었다. 즉 사람들이 호소하는 것을 듣고, 사람들이 말하는 사상을 이해하며, 사람들이 호소하는 사실을 이해하겠다고 했다.

2 『法庭より社會へ』創刊號, 1920년 5월.

그리고 사람들이 구하려는 목적을 이해하는 힘, 사실의 경위를 따져 원인을 명확하게 이해하는 힘, 자신이 말하려는 사상, 자신이 호소하려는 사실, 자신이 구하고자 하는 목적을 다른 사람이 이해할 수 있도록 힘을 갖추겠다고 했다. 그래서 후세는, 엄숙한 생활과 축재를 죄악으로 보는 신념에 따라 생활에 필요한 자금과 그때그때의 사회운동에 필요한 수입 이상을 구하지 않겠다고 했다. 나아가 제도의 결함을 개조하는 사회운동을 위해 변호사의 전선을 확장하여 법정의 전사(戰士)로부터 사회운동의 투졸(鬪卒)이 될 것을 선언하였다.

도쿄에서의 사건 수임은 사회적 의의가 있는 특별한 사건, 즉 ① 관헌의 전횡과 자의 때문에 눈물짓는 원죄자(冤罪者)의 사건, ② 부호의 포학 때문에 고통 받는 약자의 사건, ③ 진리의 주장에 간섭하는 언론범죄자 사건, ④ 무산계급의 사회운동을 압박하는 소요, 치안경찰법 위반 등의 사건 등으로 한정하겠다고 했다. 또한 무료 변론 상담에 응하며 시사 강연을 계속하여 시국 비판을 위해 노력하겠다고 다짐했다. 또한 '조선인과 대만인의 이익을 위해 투쟁하는 사건'도 맡겠다고 하였다.

이어서 후세는, 위와 같은 자기혁명은, 실로 미친 사람이 하는 짓으로 보일지도 모르지만, "진리는 최후의 승리자로서 반드시 실현된다는 믿음과 그 진리의 실증을 위해 노력하는 희생의 신념에 따라, 신 앞에서 수행하는 영웅전(英雄戰)의 선전포고다"라는 단언으로 자신의 고백을 마쳤다. 주목되는 점은 후세가 처음으로 일본 내의 사회문제만이 아니라 조선인의 이익을 위해 투쟁하는 사건에도 직접 나서겠다고 선언한 것이다. 일본인은 물론 조선인과 대만인을 향한 선언이었다. 일반적으로 일본인 운동가와 사상가의 민주주의적 성향을 가늠하는 기준의 하나로 식민지문제와 피압박민족에 대한 인식을 들 수 있다. 이 점에서도 후세는 선각자였다.

신앙고백에 가까운 후세의 '자기혁명'에는 자신의 이상을 과감하게 실천하기 위해 일상생활의 세세한 부분까지 챙기면서 자신의 역량을 최대한 집중시키고자 하는 '영웅'의 모습이 발견된다. 식민지 조선을 위한 그의 활동은 바로 그 집중된 역량이 발휘된 하나의 장이었던 것이다.[3]

자기혁명을 선언한 후세는 이후 노동자와 소작인, 빈곤한 차지차가인(借地借家人)과 부락민(部落民) 그리고 식민지의 민중 등 학대받는 이들을 위해 노동운동, 농민운동, 무산정당운동, 형평운동 등 왕성한 활동을 전개하였다. 1921년 고베의 미쓰비시조선소와 가와사키조선소의 쟁의를 지원하게 된 것을 계기로 야마자키게사야[山崎今朝彌]와 함께 자유법조단[4]을 창립하여 조직적인 변호활동에 나섰다. 지금도 자유법조단은 선배들의 전통을 이어 일본 내의 진보적 변호사단체로 활동하고 있다.[5]

후세는 또 약자를 위한 무료 법률 상담과 사회시사 강연회를 지속적으로 실시했다. 그리고 사법제도 혁신을 위한 판결과 변론 등을 공개하기 위해 『법정으로부터 사회로』, 『생활운동』, 『법률전선』 등의 잡지를 10여 년에 걸쳐 사비로 간행했다. 잡지 발간과 더불어 개인 저작 활동에도 힘을 쏟았다. 후세는 이들 잡지를 중

---

[3] 김창록, 2015, 「후세 다쯔지(布施辰治)의 법사상」, 『法學研究』 26-1, 충남대 법학연구소, 54-56쪽.
[4] 自由法曹團編, 1976, 『自由法曹團物語』, 日本評論社.
[5] 자유법조단은 현재도 인권문제, 환경문제 등 다양한 분야에서 민간단체로 활동하고 있다. 자유법조단(JLAF) 홈페이지(http://www.jlaf.jp/index.html) 참조.

현재의 일본 자유법조단 홈페이지

심으로 약 30여 권의 저작과 700여 편의 논문을 집필하였다. 그는 기독교적인 휴머니즘에 바탕한 인도주의적 변호사에서 반권력과 계급의식이 더해진 사회주의적 변호사로 변화하였던 것이다.

후세가 자기혁명을 선언한 이후로 도쿄에 거주하는 조선인과 대만인이 자주 사무소를 찾았다. 이들이 들려주는 이야기를 들으며 일상생활에서 관헌의 간섭과 집주인의 차별대우에 분개하는 일이 많았다. 톨스토이가 대지주인 사실을 부끄러워했듯이 후세는 자신이 일본인이라는 사실이 부끄러웠다. 이러한 태도는 민중을 국가·사회적 권력과 대립하는 존재로 인식하여, 향후 식민지배에 고통 받는 조선민중에게도 시선을 확대할 수 있었던 것이다.

조선의 독립운동에 경의를 표함

후세가 조선에 본격적으로 관심을 나타낸 것은 3·1운동을 전후한 시기로 보인다. 그가 조선인과 관련하여 첫 번째 맡은 사건이 2·8독립선언 사건이다.

1919년 2월 8일 도쿄는 음산한 날이었다. 추운 날씨가 아직 가시지 않아서 도쿄에서는 보기 드물게 눈이 내리고 있었다. 오후 1경부터 간다[神田]의 도쿄조선기독교청년회관으로 조선인 유학생들이 모여들기 시작하였다. 미리 연락받은 유학생대회에 참석하기 위해서였다. 오후 2시 유학생 600여 명의 환호 속에 조선청년독립단은 「독립선언문」과 「결의문」을 낭독하였다. 이들은 「결의문」을 통해 '한일병합'의 불법성을 성토하고 우리 민족의 독립을 주장하였다. 또한 윌슨의 '민족자결주의'가 우리 민족에게도 적용되기를 원했으며, 이 모든 요구가 받아들이지 않을 경우 "일본에 대하여 영원의 혈전"을 벌이겠다고 경고하였다.[6] 이어서 독립 실행의 방법을 토의하려 하였으나 관할 니시간다 경찰서장의

---

6 국사편찬위원회, 1988, 『한민족독립운동사 3-3·1운동』.

2·8독립선언 주도자들

해산 명령으로 강제 해산되고, 조선청년독립단 실행위원 등 25명이 체포되었다.

이로써 조선기독교청년회관에서 일어난 2·8독립선언운동은 끝났다. 그러나 동년 2월 12일 유학생 100여 명이 히비야공원에 모여 이달(李達)을 회장으로 추대하고 「독립선언문」을 재차 발표하였다. 이 과정에서 이달 등 13명이 붙잡히고 집회는 해산 당하였다. 또한 동년 2월 23일에는 변희용(卞熙鎔)·장인환(張仁煥) 등 5명이 조선청년독립단 민족대회촉진부 취지서를 인쇄하여 히비야공원에 배포하고 시위운동을 벌이다 체포되었다.

그런데 니시간다 경찰서에 체포된 28명 중 조선청년독립단 실행위원 최팔용(崔八鏞)·서춘(徐椿)·김도연(金度演)·김철수(金喆壽)·백관수(白寬洙)·윤창석(尹昌錫)·송계백(宋繼白)·김상덕(金尙德)·이종근(李琮根) 등 9명은 기소되어 모두 요츠야형무소[四谷區刑務所]로 이송되었다. 여기서 약 6개월 동안 미결수로 고통을 받았다.

1919년 2월 15일 오전 11시 반 동경지방재판소 형사부 제2호 법정에서 이들에 대한 제1심 재판이 개정되었다.[7] 이른 아침부터 3백여 명의 조선인 청년학생들이 재판정으로 몰려들었다. 방청석은 이미 만원이었고, 서 있는 사람들로 법정은 대단히 혼잡하였다. 다야마[田山] 재판장은, 각 피고들에게 국헌을 문란케 하는 인쇄물을 일본어, 영어 등으로 인쇄하여 중의원 및 귀족원, 기타 다른 나라 학생에게 배포함으로써 출판법 제26조를 위반한 증거가 충분하다고 인정하고 다음과 같이 유죄 판결을 하였다. 최팔용·서춘 금고 각 1년, 김도연·김철수·백관수·윤창석 각 금고 9개월, 송계백·김상덕·이종근 금고 각 7개월을 선고하였다.

한편 조선기독교청년회 총무 백남훈(白南薰)은 청년학생들이 체포되어 구속되자, 학생들과 대책을 숙의하는 한편 변호사 비용과 옥바라지 등을 위해 2,800여 원을 모금하였다.[8] 특히 1심 판결 뒤 피고인 유학생들은 형식적인 재판으로 자신의 목숨을 건 독립운동이 어둠 속에 묻힐 것을 우려하였고, 이에 백남훈은 저명한 변호사를 구하기 위해 노력하였다. 그리하여 대역사건(大逆事件) 등의 변호를 맡아 국가권력과 대결한 경험이 있고, 현역 중의원 의원이기도 한 하나이 다쿠조[花井卓藏], 우자와 소메이[鵜澤總明] 등에게 변호를 의뢰하였다.[9] 또한 사회주의적 변호사로 알려진 후세에게도 변호를 의뢰했을 것이다.[10]

7 『時事新報』, 1919년 2월 16일, 「不穩なる決議及び宣言」(森正, 2014, 『評傳 布施辰治』, 日本經濟評論社, 337쪽 재인용).
8 慶尙北道警察部, 1934, 『高等警察要史』, 154-155쪽.
9 水野直樹, 1983, 「辯護士 布施辰治と朝鮮」, 『季刊 三千里』 34호, 30쪽.
10 피고인이었던 김도연은 당시 상황을 다음과 같이 회고하였다. "이렇게 재판이 진행되는 동안 우리 학생들의 태도에 동정을 했음인지 그렇지 않으면 우리들의 떳떳한 태도에 감명을 받았는지는 몰라도 일본 법조계에서도 저명한 화정탁장(花井

당시 후세는 "이미 다른 변호사가 변호해서 1심에서 유죄 선고를 받았기 때문에, 우리에게 부탁하러 왔습니다"라고 회고하였다. 이어 2심 재판의 변론 과정을 다음과 같이 회고하였다.

> 하나이 씨는 피고를 동정했지만, 국헌 문란이기 때문에 국법을 인정한 방법으로 재판이 행해져야 한다고 말하고 – 유죄를 인정한 상태에서 – 집행 유예를 주장한 것입니다. 그것에 대해서 저는 (중략) 반격을 가한 것입니다. 우자와 씨는 조선이 합병된 것은 일본의 몸체에 행랑을 붙인 것과 같다. 행랑이 없어진다고 해서 일본의 국체가 파괴될 일은 없다는 의견이었습니다. 그래서 나는 "대체 조선을 뭐라고 생각하는가?"라고 말했지요.[11]

하나이 다쿠조의 변론은 일본의 조선 지배를 전제로 유학생의 행위를 '국헌 문란'에 해당하는 것으로 죄를 인정하고, 송구하지만 정상 참작을 바라는 것이었다. 또 우자와 소메이의 변론은 일본을 안채로 조선을 행랑으로 비유해 조선을 왜소화함으로써 청년들의 행위가 '국헌 문란'에 해당하지 않는다는 것이었다. 이런 대가들의 변론은 변호사의 입장에서 피고의 이익 즉 형을 가볍게

卓藏), 제택청명(鵜澤總明), 포시진치(布施辰治), 금정가행(今井嘉幸) 씨 등 일본인 변호사들까지 무료변론에 임하여 무죄를 주장하는가하면 관대한 처분이 있기를 주장했었다. 변호사들의 주장은 '학생들의 신분으로 자기 나라의 독립을 부르짖은 것이 어찌하여 일본 법률의 내란죄에 해당되겠느냐'하는 것이었으며 '민족자결의 사조가 팽창함에 비추어 학생들의 주장은 정당한 것이니 죄 할 수없는 것이 아니냐'고 열변을 토하자 담당판사들도 우리들에 내란죄를 적용하지 못하고 '출판법 위반'이라는 죄명만 해당시켜서 최팔용·백관수·윤창석 씨와 나에게는 9개월의 금고형을 언도했으며 나머지는 7개월의 실형을 언도하였다"(金度演, 2004, 『나의 人生白書: 常山回顧錄』(增補版), 常山回顧錄出版同志會, 81–82쪽).

11   布施辰治記念會, 1954, 『布施辰治對話抄集』, 10쪽.

하기 위한 변론이었다. 일반적 상황에서 보면 변호사의 태도를 비난해야할 것은 아니었다.[12] 하지만 이는 조선에 긍지를 가진 청년들의 생각에 반하는 변론이었다. 또한 하나이와 우자와는 '한국병합'을 합법으로 하는 일선융화론자(日鮮融和論者)였을 가능성도 있다.

이에 비해 후세는 2·8독립선언을 마음으로부터 지지하여 독립운동을 정의로운 것으로 변론했을 것이다. 부당한 식민지배에 저항하는 피고들의 숭고한 뜻을 이해하지 않는 것은 반인도적인 처사라고 판단했기 때문이다. 청년들의 생각에 맞춘 후세의 변론은 스스로를 피고인과 일체화한 것이었다고 말할 수 있다. 후세가 관여한 2심과 3심에 의한 이익은 큰 것이 아니었다. 결과적으로 가장 무거운 형인 금고 1년을 받은 최팔용과 서춘이 9개월로 감형된 것뿐이었다. 하지만 여기서 중요한 것은 조선 민족의 존엄에 동감하는 변호의 논리와 피고인들이 납득할 때까지 싸우겠다는 자세였다. 후세는 무료 변론으로 그 싸움에 참가함으로써 조선 청년들의 신뢰를 얻었다. 이것을 계기로 이후 조선인 관련 사건 변호와 각종 구원운동에 적극적으로 참여했다.

이 재판의 전체 일정을 보면, 2월 8일 검속 → 2월 10일 기소(예심 생략) → 2월 15일 1심 판결 → 3월 21일 2심 판결 → 6월 26일 3심 판결 등이다. 검속에서 대심원 판결까지 불과 5개월밖에 걸리지 않았다.[13] 얼마나 형식적이고 급하게 진행되었는가를 알 수 있다. 이렇게 형식적으로 진행 된 이유는, 첫째 일본 내의

---

12 오이시 스스무 등, 2010, 『조선을 위해 일생을 바친 후세 다츠지』, 지식여행, 31-32쪽(일본어판, 大石進 等, 2008, 『布施辰治と朝鮮』, 高麗博物館).
13 大石進, 2010, 『辯護士 布施辰治』, 西田書店, 116쪽.

도쿄 YMCA회관과 2·8조선독립선언 기념비

독립운동 확산을 저지하고, 둘째 식민지지배의 오점이 일본인에게 알려지기를 꺼렸기 때문이었다. 판결 이후 피고인 유학생들은 이치가야형무소[市谷刑務所]로 이송되었다.[14] 미결수 시절에는 허용되던 사식이 일체 허용되지 않았고, 감방의 환경도 열악하였다. 불행하게도 송계백은 폐렴에 걸려 복역 중 사망하였다.[15]

2·8독립운동사건을 변호할 무렵 후세는 「조선독립운동에 경의를 표한다」라는 글로 검찰의 조사를 받았다. 후세 최초의 필화사건이었다. 현물이 현존하지 않아서 글의 내용이나 정확한 발표 시기를 알 수가 없다. 최근 연구에 따르면, 후세가 조선인 이동재(李東宰)의 의뢰를 받아 『신조선(新朝鮮)』에 게재한 것으로 추정

---

14 金度演, 2004, 『나의 人生白書 : 常山回顧錄』(增補版), 常山回顧錄出版同志會, 82쪽
15 9인 중 송계백은 1920년에 복역 중이던 사망하였고, 최팔용과 서춘은 각각 1922년과 1944년에 서울에서 사망하였으며, 백관수와 김상덕은 1950년 한국전쟁 중 납북되었다.

법복을 입은 후세

하고 있다.¹⁶ 이동재는 본명이 이달(李達)이다.¹⁷ 앞서 언급한 2·8독립선언이 끝난 2월 12일 유학생 100여 명이 다시 히비야공원에 모여 회장으로 추대한 이달이 바로 그 인물이다. 후세는 이동재의 의뢰를 받고 문제의 글을 집필하였다고 했다.

이동재는 일본 도쿄에서 사회주의계열의 동양청년동지회를 조직하고 기관지인 『동아시론(東亞時論)』의 발행인이 되었다. 이 잡지는 몇 번이나 발행 금지 처분을 받으면서 『혁신시보(革新時報)』, 『신조선』으로 지명을 바꿔 속간하였고, 이동재가 발행인 혹은 주간을 담당하였다. 『동아시론』과 『혁신시보』는 일본 무정부주의자와 사회주의자의 글을 게재하면서, 그들의 이념을 선전하였다. 예컨대 『동아시론』 제2권 제1호에 후세가 변호했던 무정부주의자 오스기 사카에의 「정복의 사실」이란 글을 게재하였다.¹⁸ 이동재는 1919년 8월 오스기의 공판에 참관하여 후세의 전투적인 변론을 들은 적이 있다.¹⁹ 또한 후세가 변호했던 미야다케 가이코츠[宮武外骨]와도 긴밀한 관계를 유지했다. 이런 그를 일본 내무성에서는 요시찰(要視察) 갑호(甲號)로 지정하여, 항상 감시하였다.

이동재는 사회주의자 계열의 변호사로 알려진 후세를 방문하

16 森正, 2014, 『評傳 布施辰治』, 日本經濟評論社, 340-341쪽.
17 2021년 대한민국 정부는 이달에게 건국훈장 애족장을 추서하였다.
18 이호룡, 2015, 『한국의 아나키즘』, 지식산업사.
19 本木至, 1984, 『評傳 宮武外骨』, 社會思想社, 428쪽.

여 조선독립운동에 관한 글을 부탁했던 것으로 보인다. 그렇다면 『신조선』의 발행 시기가 문제가 된다. 『신조선』 창간호는 1919년 11월에 발행되었다.[20] 현재 『신조선』 창간호 이외는 발견되지 않고 있다. 따라서 후세의 글은 『신조선』 창간호에는 없으므로, 1919년 11월 이후라고 생각된다. 이동재가 후세에게 글을 요청한 이유는 3·1운동 이후 조선 독립운동에 대한 일본 지식인들의 지지를 확산시키려는 의도로 판단된다. 3·1운동 탄압 후의 독립운동을 재건하기 위해서는 꼭 필요한 일이었을 것이다. 이에 대해 후세는 「조선의 독립운동에 경의를 표한다」의 '경의'라는 표현으로 조선 민족에 대한 경외의 마음을 담아 이동재의 요청에 응했다.

이후 이동재와 후세는 계속 인간적 유대를 가진 것으로 보인다. 먼저 『신조선』에 후세의 책 『살기 위해서』를 광고, 선전하였다. 또 1926년 3월 후세가 전남 나주 궁삼면(宮三面) 토지문제를 조사하기 위해 조선으로 올 때, 선발대로 이른바 불온문서를 가지고 입국하다가 일본에서 단속된 바 있다. 당시 신문 기사에서 '이동재는 후세 일파의 좌경분자'라고 표현하고 있다.[21]

후세와 조선인의 신뢰 관계는 2·8독립운동사건에서의 변호, 이동재의 요청에 부응한 「조선의 독립운동에 경의를 표한다」라는 글을 통해 확실해졌다. 이는 둘 사이의 우정과 연대가 시작되었음을 의미한다. 1920년 9월 후세는 다음과 같은 「조선의 모 피고에게」라는 답장에서 조선 방문을 통한 변호 의지를 표명하였다.

---

20   森正, 2014, 『評傳 布施辰治』, 日本經濟評論社, 340쪽.
21   『釜山日報』, 1926년 3월 9일, 「鮮人が攜行した不穩文書押收, 携へた李東宰は布施一派の左傾分子」. 다만 이 기사에 따르면 이중재는 『新運動』의 主幹이었다.

편지 잘 받아보았습니다. 구형은 제령 위반으로 6년, 신문지법 위반으로 1년과 벌금 150원인데, 검사의 논고가 너무 준엄하다고 생각합니다. 하지만 준엄한 논고를 내린 검사가 과연 사건의 진상을 파악하고 있는 것일까요? 저는 당신을 위해서나 재판소를 위해 검사가 정말 조선 문제를 아주 크고 복잡하며 세계적이고 인도적인 문제로 파악하고 있는지 염려됩니다. 따라서 갈 수만 있다면 꼭 한번 그쪽 법정에 서서 변호하고 싶습니다. 한편으로는 당신을 위해서이고 다른 한편으로는 재판소를 위해서입니다. 조선 문제를 엄정하게 비판하고 싶습니다.[22]

편지의 수신자는 불명확하지만, 아마도 3·1운동 관련으로 재판에 회부된 독립운동가로 추정된다. 후세는 조선 독립운동가의 변호는 물론이고 조선총독부의 재판소에 대해 조선 문제에 대한 엄정한 자기입장을 전하고 싶어 했다.

---

22 『法庭より社會へ』1-4, 1920년 9월(이규수, 2003, 「후세 다츠지의 한국인식」, 『한국근현대사연구』25, 415-416쪽).

재일조선인과의 우정·연대와 식민지 조선인식

후세는 '자기혁명의 고백'을 발표한 전후로 재일조선인들과 교류하며 조선독립운동을 공감하고 직간접적으로 지원하였다. 그 가운데 주목되는 인물은 박열(朴烈, 본명 박준식)과 김약수(金若水, 본명 김두전·김두희)이다. 우선 박열은 일본 천황을 암살하려고 했다는 이른바 대역사건에 연루되어 일본 법정에서 사형 판결을 받았다. 이때 그를 변호한 사람이 후세이다. 두 번째 김약수는 후세의 첫 조선 방문을 주도한 북성회(北星會) 간부이다. 박열과 후세에 대한 서술은 다음 장에 자세히 검토하기로 한다. 여기서는 북성회의 성립 전후로 김약수를 중심으로 한 재일조선인의 사회운동과 후세의 관련 활동 등을 살펴보겠다.

김약수는 1918년 김원봉(金元鳳) 등과 중국으로 망명하여 처음에는 무장투쟁을 통한 조선 독립의 길을 모색하였다.[23] 3·1운동 이후 귀국하여 1920년 4월 조선노동공제회의 창립에 주도적으로

---

23 김약수와 함께 북풍회에서 활동했던 김병로는, 그에 대해 "진정한 공산주의자"가 아니었다고 회고하였다.(김학준, 1988, 『가인 김병로평전』, 민음사, 108쪽)

서대문형무소에 수감된
김약수

참여한 후, 본격적인 사회주의운동을 전개하였다.[24] 1920년 12월경 일본 도쿄로 건너와 니혼대학 전문부 사회과에서 2년간 수학하였다. 이때 김약수는 코스모구락부와 효민회(曉民會) 등에 참가하여, 일본 사회주의의 선구자 사카이 토시히고[界利彦], 다카츠 마사미치[高津正道], 야마카와 히토시[山川均] 등과 교류하며 밀접한 관계를 맺었다.

김약수는 도쿄에서 박열 등과 조선고학생동우회(朝鮮苦學生同友會)를 조직하고, 이를 모체로 1921년 11월 사상단체 흑도회(黑濤會)를 조직하였다. 회원은 일부 유학생 출신을 제외하면 노동과 학업을 병행하는 고학생이거나 자유노동자(막노동자), 무직자가 주류를 이루었다. 또 회원의 다양한 성향으로 인해 조직적 활동보

---

[24] 이하 김약수의 사회주의운동에 대해서는 다음의 논문을 참조하였다. 전명혁, 1997,「1920년대 전반기 까엔당과 북풍회의 성립과 활동」,『성대사림』12.13합집; 박철하, 1998,「북풍파 공산주의 그룹의 형성」,『역사와 현실』28. 위 논문은 북풍회의 성립과 관련하여 비밀조직 '까엔당'과 김약수의 국내 및 일본 활동을 구체적으로 서술하고 있다. 북성회의 성립까지 그 내용을 요약하면 다음과 같다. 1920년 4월 결성된 조선노동공제회 내부에 김약수는 비밀조직 '마르크스주의 서클'(김약수·鄭雲海·鄭泰信 등 7인)을 결성하였다. 이들은 1921년 봄 김약수 등 주력을 일본으로 보냈다. 일본 사회주의들과 광범위한 교류를 통해 그들의 사상, 조직, 활동 방법 등을 습득하려는 목적의식적 의도였다. 1921년 5월 도쿄에서 조선 사회주의자들만의 '재일본조선인공산단체'를 조직하였다. 이어 대중시보사를 조직하고『대중시보』를 발행하여, 조선노동자와 청년들에게 사회주의의 보급에 힘썼다. 동년 가을경 이 단체는 마르크스주의 학습단계에서 조선혁명과 사회주의운동을 구체적으로 실현하기 위한 비합법 단체인 '꼼그룹'('공산주의 비밀결사')으로 재조직하였다. 1922년 12월 '꼼그룹'의 대표 김약수가 일본공산당의 추천으로 코민테른집행위원회 극동부 꼬르뷰[高麗局]의 성원이 되었다. 1923년 1월 '꼼그룹'은 일본에서 북성회라는 합법적 사상단체를 조직하였다.

니가타현 시나노가와 수력발전소 조선인학살 현장
(『동아일보』, 1991. 4. 1.)

다는 개별적 활동이 많았다.[25] 1922년 2월 『조선일보』에 회원 박열·김사국(金思國)·정태성(鄭泰成) 등 12명과 함께 이른바 '동우회선언'을 발표하였다. 이 선언문은 최초로 "계급투쟁"을 공개적으로 선언한 것으로, 조선 사회에 큰 반향을 불러일으켰다. 이런 상황 속에서 1922년 7월 일본 니가타현에서 조선인 노동자 학살 사건이 발생하였다.

니가타현 시나노가와[信濃川] 신에츠[信越]수력발전소 댐건설 현장에서 약 600명의 조선인 노동자가 열악한 환경에서 가혹한 노동을 강요당하고 있었다.[26] 당시 일본에 거주하는 조선인의 약

---

25   김명섭, 2001, 「1920년대 초기 재일 조선인의 사상단체 - 흑도회·흑우회·북성회를 중심으로」, 『한일민족문제연구』 창간호, 참조.
26   佐藤泰治, 1985, 「新潟縣 中津川 朝鮮人虐殺事件」 『在日朝鮮人史硏究』 15.

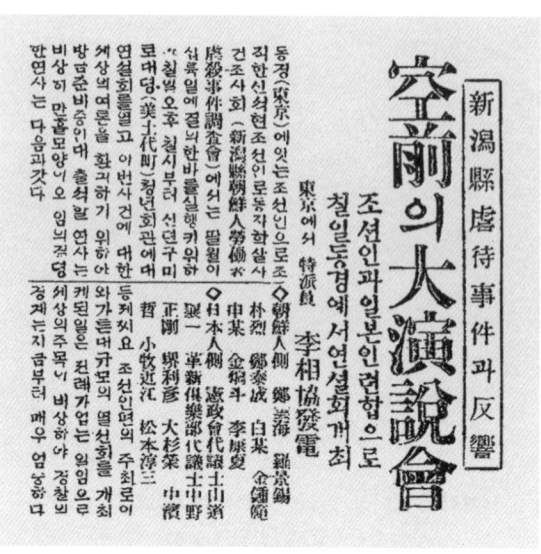

니가타현 조선인학살사건 보고대회
(『동아일보』, 1922. 9. 9.)

75%는 노동자들로, 대부분은 무학력자이었다.[27] 이들은 농촌 출신으로 기술이 없었기 때문에 공장노동자로서는 취직이 곤란하였다. 게다가 교육정도가 낮고 일본 사정에 어두우며 일본어를 잘하는 자가 적어서 대부분 자유노동에 종사하고 있었다. 따라서 조선인 노동자는 일본사회의 가장 밑바닥에서 민족적 차별과 계급적 착취를 받아야만 했다. 그런데 댐 공사가 진행되던 중 강물에 시체가 여러 번 떠내려 왔다. 이를 조사해 보니, 일본인 감독이 조선인을 학살하고 시체를 콘크리트 쳐서 강물에 던져 버리는 등 만행을 저지른 사건이었다.

27　慶尙北道警察部, 1934, 『高等警察要史』, 143-144쪽.

흑도회 회원들은 김약수·박열·백무(白武) 등으로 실행위원 20명을 선출하고, 다카츠 마사미치·고마키 오오미[小牧近江] 등의 협력을 얻어 '니가타현 조선인노동자문제 조사회'를 조직하였다. 조선에서도 청년사회단체들이 주축이 되어 '니가타현 조선인학살사건 조사회'를 조직하고 나경석(羅景錫)을 조사위원으로 파견하였다. 이 두 단체는 현지 방문 및 진상조사를 통해 조선인학살문제를 사회 이슈화시켰다. 나경석은 귀국하여 보고대회를 열었고, 실행위원들은 김약수의 명의로 『조선일보』에 조사경위를 제출하였으나 발매 중지되고 말았다.

그러자 이들은 일본 내무성에 항의서를 제출하고, 동년 9월 도쿄 간다[神田]의 기독교청년회관에서 진상보고회를 개최하였다.[28] 이 학살규탄연설회는 조선인과 일본인 약 1,000명이 참석하여 그 관심과 열기가 대단하였다. 조선과 일본의 사상단체가 연대하여 추진한 첫 대중투쟁이었기 때문이다. 김약수의 사회로 시작된 이 대회에는 정운해(鄭雲海)의 개회사, 박열·나경석의 조사보고 등이 있은 후 연사들의 연설로 이어졌다. 연사로는 김형두(金炯斗)·김종범(金鍾範)·변희용(卞熙瑢)·백무·다카츠 마사미치 등이 등단하여 조선인노동자에 대한 일본자본가들의 민족적인 차별과 학대를 규탄하였다. 이런 상황에 놀라 일본 경찰은 불온하다는 이유로 대회를 강제로 해산시켰다. 사태는 급기야 시위대와 경찰이 충돌하여 관련자 8명이 연행되었다.

한편 니가타현 학살사건의 조사과정에서 흑도회원 간의 마찰이 일어났다. 김약수·백무 등은 일본지역에 산재한 조선인노동

---

28 『동아일보』, 1922년 9월 9일, 「革命歌裏에 해산, 동경에 열린 신석사건연설회」.

『척후대』광고
(『조선일보』, 1924. 7. 31.)

자들의 상황을 상세히 조사할 조사회를 결성하고자 주장하였다. 반면 박열은 사회제도에 대한 근본적인 파괴를 주장하였다.[29] 결국 흑도회는 동년 11월 내부의 사상적 대립으로 인하여 무정부주의자 박열계의 흑우회와 사회주의자 김약수계의 북성회로 갈라지게 되었다.[30]

흑우회는 기관지 『후테이센징[太い鮮人]』, 『현사회(現社會)』 등을 발간하여 민족적 무정부주의를 선전하였다. 또 박열은 흑우회 활동과는 별도로 1923년 4월 비밀결사 불령사(不逞社)를 조직하

29 金一勉, 1973, 『朴烈』, 合同出版, 69-76쪽.
30 朴慶植, 1981, 「在日思想團體 北星會, 一月會について」, 『在日朝鮮人 私の靑春』, 三一書房, 참조.

여 테러적 수단에 의한 조선독립을 달성하고자 하였다. 북성회는 기관지 『척후대(斥候隊)』를 발간하고, '조선의 무산계급과 일본의 무산계급 사이의 연대를 통한 사상적 결합'을 강조하였다. 일본공산당 간부들을 초대해서 노동운동의 지도자 양성을 위한 강좌를 진행하였다. 북성회의 중심인물은 변희용·김종범·백무·정태신(鄭泰信, 鄭又影)·송봉우(宋奉瑀)·안광천(安光泉) 등이었다.

북성회는 '일본재류 조선인노동자상황 조사회'를 조직하여 일본의 조선노동자 상태조사와 그들의 대우개선을 위한 운동을 전개하였다. 이러한 활동을 기반으로 동년 11월 도쿄조선노동동맹회[東京朝鮮勞動同盟會]를 조직하고,[31] 기관지 신문으로 『노동동맹(勞動同盟)』을 창간, 발행했다. 이 단체의 법률고문으로 후세가 참여하였던 것이다.[32] 아마도 후세는 이 조선인노동자 학살사건을 안타까워했을 것이고, 이에 조선인노동자 조합이 결성되자 적극적으로 참여했을 것으로 판단된다. 또한 동년 『후테이센징』 제2호에 '프롤레타리아의 친구, 변호사계의 반역자 후세 다츠지'라는 광고를 게재하였다.[33] 후세의 법률고문 참가와 광고 게재는, 자기혁명의 고백의 실천방안으로 내세웠던 조선인의 이익을 위해 투쟁하는 사건에 스스로 참여하기 위한 우정과 연대의 상징이었다.

그리고 북성회의 김종범·김약수는 오사카에 내려가서 송장복(宋章福)·지건홍(池健弘) 등과 협의하여 동년 12월에 오사카조선

---

[31] 후술하겠지만 이후에도 후세는 조선인 노동단체와 밀접한 관계를 맺는다. 1925년 백무 등이 일본노동총동맹과 제휴를 통해, 새로운 조선인 노동자단체인 재일본조선노동총동맹을 조직하기 위한 협의와 활동을 진행하였다. 이때도 후세는 도쿄조선노동동맹회 고문변호사의 자격으로 참여하였다.

[32] 森正, 2014, 『評傳 布施辰治』, 日本經濟評論社, 417–418쪽.

[33] 이규수, 2003, 「후세 다츠지(布施辰治)의 한국인식」, 『한국근현대사연구』 25, 423쪽.

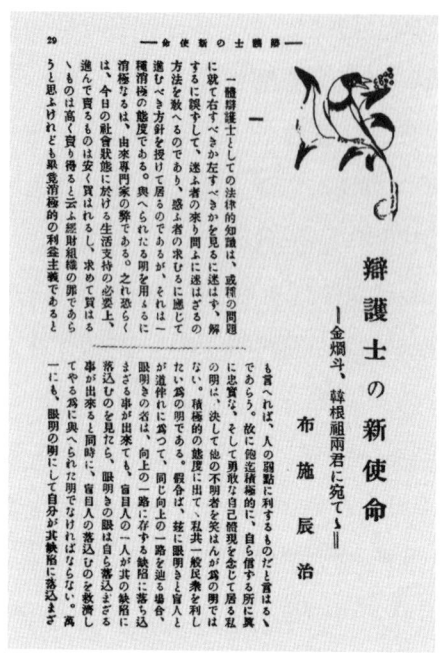

변호사의 신사명
(『아세아공론』 12월호, 1922)

노동동맹회를 결성하였다.[34] 이때 오사카 출신으로 도쿄에서 활동 중이던 사회주의자 기타하라 다츠오[北原龍雄]의 도움을 받았을 것으로 추정된다. 기타하라는 일본공산당원으로 도쿄와 오사카에서 발행된 사상잡지 『전진하라(進め)』의 편집자였다.[35] 기타하라는 후술하겠지만 후세가 첫 번째 조선을 방문할 때 동행한 인물이다. 김약수·기타하라·후세의 유대관계는 잡지 『전진하라(進

---

34 정혜경, 1998, 「1920년대 일본지역 조선인노동동맹회 연구」, 『한국민족운동사연구』 18, 참조.
35 福家崇洋, 2005, 「情熱に生きる悲哀 — 北原龍雄と『新理想主義』の普通選擧請願運動について」, 『文明構造論』 1, 참조.

め)』을 통해 추정할 수 있다. 김약수는 이 잡지에 투고하여 '일본의 무산계급이 부르주아지계급과 완전히 결별하는 것이 중요하다'고 역설하였다. 후세 역시 이 잡지에 투고하기도 하고 설문조사에 회답하기도 하였다. 따라서 북성회 간부 김약수가 사회주의 사상을 조선에 확대, 보급하기 위하여 강연단을 조직할 때, 이러한 인간적 관계가 있었기 때문에 두 사람에게 동참을 요청할 수 있었을 것이다.

한편 1922년에는 조선인 변호사 김형두[36]와 한근조(韓根祖)에게 보내는 형식의 글을 『아세아공론(亞細亞公論)』[37]에 발표하였다. 『아세아공론』 12월호에 「변호사의 신사명(新使命)」이라는 제목의 부제에 김형두·한근조 군에게 보냄으로 된 글이다.[38] 『아세아공론』은 1922년 5월 조선인 청년 유태경(柳泰慶)이 "인류주의(人類主義), 정의인도(正義人道)"를 내걸고 도쿄에서 창간한 월간 잡지이다.[39]

김형두는 1918년 메이지대학을 졸업하고 1920년 일본변호사

---

36 김형두(1892~?)는 경남 마산부 만정(萬頂) 출신으로 일본 메이지대학[明治大學]을 졸업하고 변호사가 되었다. 일본에서 유학하고 귀국할 때는 마산구락부가 주최하는 환영회에 참석하였다. 1923년 7월 마산무산청소년단 고문이 되고, 8월 마산노농동우회의 집행 위원으로서 북성회(北星會) 순회 강연단의 활동을 후원했고, 사상단체 혜성사(彗星社) 결성에 참여하였다. 1923년 9월 국제청년데이를 기념해 '무산자의 사명'이란 제목으로 강연하였다. 1923년 말 모스크바로 가 러시아인에게 일어를 가르치고 노농(勞農)정부의 시정을 시찰하며 각 방면의 과학을 연구한 뒤 1926년 9월 14일에 귀국하였다. 이후 조선혁명자구원회[모쁠]의 책임자가 되었다. 1927년 1월 마산 사회단체연합 신년 간담회에 참가하여 '정우회 선언(政友會宣言)'을 실천에 옮길 실행 위원으로 선임되었다. 1927년 7월 신간회 마산 지회 간사가 되기도 하였다. 1928년 2월 제3차 공산당 사건에 연루되어 일본 경찰의 검거를 피해 국외로 피신하였다(디지털창원문화대전, http://changwon.grandculture.net).
37 裵姶美, 2013, 「雜誌『亞細亞公論』と朝鮮」, 『コリア研究』 4호.
38 布施辰治, 「辯護士の新使命-金炯斗, 韓根祖兩君に宛て」, 『亞細亞公論』 8호, 1922년 12월, 29-31쪽.
39 裵姶美, 2013, 「雜誌『亞細亞公論』と朝鮮」, 『コリア研究』 4호.

시험에 합격하였다.⁴⁰ 그는 평소 후세를 사숙(私淑)하며 유학시절 무상으로 접촉하였다.⁴¹ 또한 그는 앞서 언급한 니카타현 조선인 학살에 대한 규탄연설회에서 연설한 김형두와 동일 인물이다. 김형두는 훗날 후세가 북성회강연단과 함께 조선 전국을 순회강연 할 때 마산에서 단독으로 강연하도록 주선한 인물이다. 한근조는 1921년 메이지대학을 졸업하고 1922년 일본변호사시험에 합격하였다.⁴² 이후 귀국하여 평양에 법률사무소를 차리고 개업하였다.

김형두와 한근조는 후세와 동문으로 선배인 후세의 활동에 대해 잘 알고 있었기 때문에, 평소 교분이 있었을 것으로 추정된다. 이에 후세는 대학 후배이자 신참 변호사인 이들에게 변호사로서의 자세와 사명에 대해 우정 어린 충고를 하고자 했을 것이다. 이 글에서 그는, "나는 제도조직의 결함을 개조하는 사회운동을 위해 변호사의 전선을 확장하여 법정으로부터 사회로의 연쇄(連鎖)을 결부시킬 생각이다. 이것이 나의 주장이고 신념이며 변호사관이다"라고 하였다. 즉 후세는 자기혁명의 고백을 다시 강조하는 동시에 후배인 조선인 변호사에게도 변호사로서의 신사명을 각인시키고자 하였던 것이다. 1923년 5월에는 조선인 불법감금 규탄대연설회를 조선기독청년회에서 자신의 이름으로 주최하였다. 이 일로 조선인 8명이 검속되었다.⁴³

자기혁명의 고백 이후 후세의 조선 인식이 가장 잘 나타난 글은 1923년 4월 잡지 『아카하타[赤旗]』 창간호에 게재된 「무산계

40 조선총독부 법무국, 1936, 「김형두이력서」, 『昭和十一年 辯護士認可ニ關スル書類』.
41 金亨潤, 1973, 『馬山野話』, 泰和出版社, 232쪽.
42 이병용, 1977, 「한국법조인열전(11)-봉곡 한근조 변호사」, 『대한변호사협회지』, 2월호, 56-61쪽.
43 「내외중요일지」, 『개벽』 37호, 1923년 7월호.

급의 입장에서 본 조선해방문제」라는 앙케이트에 대한 회답이다. 일본인 27명의 회답을 실은 『아카하타』는 일본인의 조선 인식을 이해하는 데에 많은 시사점을 준다. 즉 그들은 조선민족의 독립은 무산계급의 해방을 통해 해결될 수 있다고 보았다. 후세의 글에서도 이러한 경향을 엿볼 수 있다. 다음은 그 전문이다.[44]

한일합병은 어떠한 미사여구로 치장하더라도 실제로는 자본주의적 제국주의의 침략이었다. 오늘날 일본 자본주의 아니, 세계 자본주의는 아직 무너지지 않고 더욱 단말마적 폭위를 떨치고 있다. 자본주의적 제국주의로 인해 침략당한 조선 민중이 더욱 착취당하고 억압받는 것은 당연한 귀결일 것이다. 그런데 이른바 민중의 착취와 압박에 죽어가는 것은 조선 민중만이 아니다. 세계의 무산계급이 착취당하고 극도의 압박을 받고 죽어가고 있다. 유독 조선 민중의 착취와 압박이 눈에 띄는 것은 무대가 무대인 점과 미명 아래 병합된 합병이 실은 너무나도 선명하고 참혹한 잔학상을 폭로하고 있기 때문이다.

하지만 조선 민중에 대한 착취와 압박이 특히 눈에 띄는 이유는 그만한 특별한 문제가 포함되어 있기 때문이다. 정말 철저한 무산계급의 문제는 원래 세계적인 것임에 틀림없다. 그런데 이를 구체화하는 도화선이 된 것은 바로 무대와 기회와 사정에 있어서 일반 민중의 눈에 들어왔기 때문이다. 조선 민중의 해방운동은 통절히 우리 일반 무산계급의 마음을 울리고, 또 조선 민중이 철저한 무산계급 해방운동을 전개하는 이유도 바로 여기에 있다. 나는 이러한 의미에서 조선 민중의 해방운동에 특단의 주의와 노력을 바칠 필요가 있다고 믿는다.

---

44 『赤旗』 1923년 4월호(이규수, 2003, 『한국근현대사연구』 25, 416-417쪽, 재인용).

우선 후세는, 일제에 의한 한일강제합병을 자본주의적 제국주의의 침략임을 분명히 하였다. 침략당한 조선 민중이 착취당하고 억압받는 것은 당연한 귀결이라고 하였다. 이러한 현상은 식민지 조선 민중만이 아니라 세계의 무산계급이 당하고 있는 현실의 문제라고 하였다. 즉 그는 조선의 경우는 "무대가 무대인 점"과 "특별한 문제가 포함되어 있다"고 답변하였다. 무산계급 일반의 문제로는 해결할 수 없는 식민지 조선의 독자적인 문제를 간파하면서도, 조선에서의 극심한 착취는 무산계급 해방의 '도화선'이 될 수 있다는 인식을 표명하고 있다.[45]

무산계급 해방운동은 당시 유행하던 이른바 '세계개조'와 관련이 있다. '세계개조'란 러시아혁명 이후의 신사조로써, 지주와 자본가를 타도하여 농민과 노동자가 주체가 되는 새로운 사회를 추구한 사회주의운동을 말한다. 이러한 '세계개조'의 흐름으로 볼 때, 조선 문제는 민족문제와 계급문제가 중첩된 모순의 현장이고, 조선민중이 무산계급 해방운동을 전개하는 이유도 여기에 있다고 판단하였다. 따라서 후세는 조선민중의 해방운동에 특단의 주의와 노력을 바칠 것이라고 강조하였던 것이다.

이러한 후세의 인식과 주장은 당시의 신사조에 성실히 순응하고 있었을 뿐만 아니라, 식민지라는 폭압체계 속에서 조선민족의 이익을 몸소 대변하려는 후세의 강력한 의지를 엿볼 수 있는 대목이다. 그런데 후세는 일본공산당에 정식으로 입당한 적도 없고 사회주의자도 아니었다. 다만 이 시기에 후세의 인생과 사상경향을 볼 때, 계급의식이 가장 고양된 시기였다.[46]

---

[45] 이규수, 2003, 「후세 다츠지(布施辰治)의 한국인식」, 『한국근현대사연구』 25, 417쪽.
[46] 후세 연구의 권위자 森正은 후세의 인생을, 1.救世의 뜻 시기(1880~1902), 2.인도

첫 조선 방문과 인권옹호활동

후세는 1923년 7월 말 처음으로 조선을 방문하였다. 방문 목적은 첫째 조선인 유학생 사상단체인 북성회가 주관하고 동아일보사가 후원한 하기 순회강연회에 참가, 둘째 의열단사건의 변호, 셋째는 김해의 형평사(衡平社) 창립기념대회 참석 등이었다. 그런데 누가 왜 후세의 조선 방문을 추진했는가와 순회강연 일정에 대해서는 약간의 의문이 있다.

첫 번째 문제는, 누가 왜 후세의 조선 방문을 추진했는가 하는 것이다.[47] 이에 대한 해석으로 첫째, 북성회 회원들이 일본 내에

주의 시기(1902~1912), 3.반권력 시기(1912~1922), 4.계급의식 시기(1922~1933), 5.암중모색 시기(1933~1945), 6.부활·신생 시기(1945~1953) 등으로 구분하였다 (2014, 『評傳 布施辰治』, 日本經濟評論社, 참조).

[47] 이와 관련하여 다음의 기사가 참조된다. 『동아일보』, 1923년 7월 24일, 「北星會의 巡廻講演, 일본의 명사를 청하야 나온다」, "東京에 있는 조선인주의자의 모임인 北星會에서는 이번 夏期를 이용하여 일본에 권위 있는 학자를 초빙하여 조선 안에서 순회강연을 열 계획으로 이왕부터 준비가 있어 佐野學, 大山郁夫, 安部磯雄 와세다대학 교수와 변호사 布施辰治 등의 승낙까지 있었던바 요전 주의자 검거사건으로 인하여 佐野學는 행방불명이 되었고, 大山郁夫 교수도 여러 가지로 혐의를 받는 관계로 추진을 할 수 없게 되었으며 安部磯雄교수가 다른 일로 조선에 건너오게 되었으므로 동회에서는 당초의 계획을 변경하여 布施辰治, 北原辰雄 양씨와 일본 부인 한명을 청하기로 하고 동 회원 중에서는 鄭泰信, 金鍾範, 白武, 金若水 등이 28일 동경발 열차로 조선에 올 터 일행은 우선 경성에 들어와 3일간

북성회 순회강연일정
(『동아일보』, 1923. 7. 25.)

서의 후세 다츠지의 활약상을 높이 평가하고 그를 조선에 초청하여 조선 문제를 국제적으로 여론화시키려 했다는 것이다.[48] 둘째는, 2·8독립선언사건의 피고인이었던 학생 혹은 그 친구들로 추정한 설이다.[49] 셋째는, 조선 방문의 핵심 목적인 북성회의 순회강연과 의열단사건의 변호인데, 사상의 차이를 뛰어넘어 재판 행방을 걱정했던 북성회의 누군가가 요청했거나, 동행한 기타하라 다츠오[北原龍雄]가 요청했거나, 후세의 조선 방문을 알았던 조선의 담당변호사가 요청했는지 모르겠다는 설이다. 다만 북성회와 의열단은 사상적 기반이 다르지만 순회강연의 연사와 사건의 변

의 강연을 계속할 예정이다"
48 이규수, 「후세 다츠지(布施辰治)의 한국인식」, 『한국근현대사연구』 25, 418쪽. 다만 북성회가 1923년 봄부터 조선 국내 대중운동에 깊숙이 개입하기 시작했다는 점을 간과한 측면이 있다.(임경석, 1993, 『한국사회주의세력의 형성』, 역사비평사, 339-340쪽)
49 大石進, 2010, 『辯護士 布施辰治』, 西田書店, 122쪽.

호라는 과제에 응할 수 있는 일본인은 후세뿐이라고 판단했을 것으로 보았다.[50]

그런데 기존 연구에서는 북성회의 핵심 김약수 및 이여성과 의열단장 김원봉의 특별한 개인적 관계를 놓치고 있다. 1918년경 경남 동래 출신의 김두전(김약수의 본명), 경남 밀양 출신의 김원봉, 경북 칠곡 출신의 이명건(李命鍵)은 함께 해외로 나가 민족해방운동을 하자고 약속하였다. 이때 김원봉, 김두전, 이명건 세 사람은 산·물·별 등 자연의 이름에 '약(若)' 혹은 '여(如)'를 앞에 붙여 호(號)를 약산(若山), 약수(若水), 여성(如星)으로 정하였다.[51] 즉 산과 같이, 물과 같이, 별과 같이 변함없는 마음으로 민족해방운동에 투신하자는 것이었다. 일설에 의하면, 황상규(黃尙奎)가 세 사람에게 호를 지어주고 의형제를 맺어주었다고 한다. 그것이 사실이라면 대한광복회에서 활동했고, 나중에 의열단 고문이 된 황상규가 후진 양성 차원에서 세 사람을 묶어주었던 것이 분명하다. 황상규는 김원봉의 고모부이고 이명건의 부친과도 가까웠다고 한다.[52] 이후 세 사람은 김약산, 김약수, 이여성으로 더 많이 알려지게 되었다.

의형제를 맺은 세 사람은 1918년 9월경 베이징(北京)의 사관학교 입학을 목표로 함께 중국으로 향하였다. 그러나 사관학교 입학이 여의치 않자 만주 길림으로 가 둔전병(屯田兵)을 육성할 계획을 세우고 실행을 위해 노력하였다. 그러다가 조선에서 3·1운동이 일어났다는 소식을 듣고 의견을 달리하던 김원봉을 두고 김

50 森正, 2014, 『評傳 布施辰治』, 日本經濟評論社, 417쪽.
51 염인호, 1993, 『김원봉연구』, 창작과 비평사, 26쪽.
52 최재성, 2011, 「일제 식민지기 李如星의 민족운동」, 『史林』 39, 수선사학회, 261쪽.

약수와 이여성은 귀국하였다.⁵³ 3·1운동에 참여한 이후 김약수와 이여성은 일본으로 유학하여 함께 북성회를 창립하였다. 이렇듯 이 세람의 관계를 고려할 때 후세의 조선 방문은 북성회의 김약수가 추진한 것으로 이해할 수 있을 것 같다.

김약수는 후세가 서울에 들어오기 전에 도쿄에서 선발대로 먼저 왔다.⁵⁴ 그는 7월 28일 이전 서울에 들어와 각 단체들과 접촉하며 북성회 회원 장병천(張炳天)·송봉우 등과 강연회 준비 및 환영회 인원 선발 등으로 분주하였다. 그런데 7월 28일 오전 동대문경찰서에 의해 조선인 부호에게 금품을 강요했다는 혐의로 장병천 등과 함께 긴급 체포되었던 것이다.⁵⁵ 기존 연구에서는 이 사실을 파악하지 못하여, 후세의 조선 방문과 김약수의 연관성을 놓친 것으로 보인다.

두 번째 문제는, 북성회의 순회강연 일정에 관한 것이다. 후술하겠지만 후세의 강연단은 전조선의 주요 도시를 순회한 것이 아니고, 서울과 그 이남 지방의 주요 도시에서만 강연하였다. 이상하게 서울 이북의 평양과 같은 도시는 빠졌다. 평양 지역민이 반대했을 리는 없기 때문에, 그 실마리를 찾아보기 위해 하기 순회강연회를 후원하던 『동아일보』의 관련 기사를 살펴본다.

① 일정 : 7월 28일 오후 동경역발 30일 밤 경성착, 7월 31일부터 3일간 경성 강연, 8월 4일 평양, 5일 개성, 7일 대구, 8일 마산, 9일 진

---

53 김약수, 「나의 海外 亡命時代」, 『삼천리』 제4권 제1호, 1932년 1월, 32-33쪽.
54 한국역사연구회 편, 「北星會巡廻講演團ニ關スル件」, 『日帝下社會運動史資料叢書』 4권, 高麗書林, 489~492쪽.
55 『동아일보』, 1923년 8월 4일, 「金若水 張炳天 崔鉉 孫永極 등 問題의 네 사람이 東大門署에 檢束」.

주, 10일 김해, 11일 부산, 12일 해산(『동아일보』, 1923. 7. 25.)

② 일정 변경 : 8월 1·2·3일 경성, 8월 4·5일 미정, 6일 대구, 7·8일 진주, 9·10일 김해, 11일 부산(『동아일보』, 1923. 7. 26.)

③ 일정 : 8월 2일 경성, 3일 평양, 4일 광주, 5일 대구, 6·7일 진주, 8·9일 김해, 10일 부산, 11일 해산(『동아일보』, 1923. 8. 1.)

①과 ③의 일정에는 평양이 포함되었는데, ②의 일정에서는 빠졌다. 그 이유는 평양 지역의 폭우로 인한 홍수 때문이었다.[56] 평양 지역에는 7월 23일까지 많은 비가 내려 농작물 피해가 적지 않았고, 침수된 가옥과 파괴된 교량도 많아 양덕(陽德)과 평양간 자동차 통행이 원활하지 못하였다.[57] 평양의 대동강은 17척이나 물이 불어났다가 24일 날이 개어 8척까지 감수되었으나, 25일 오후부터 내리기 시작한 비가 26일 정오까지 계속되면서 대동강은 다시 불어났다. 27일 오후 4시 대동강 수위는 14척 5촌이나 되었다. ③의 일정에 평양을 다시 포함한 것은 순회강연단의 의지로 보이나, 8월 1일부터 다시 내린 폭우로 3일에는 대동강이 범람하여 평양 시가가 침수되었기 때문에,[58] 결국 포기할 밖에 없었다. 이런 이유로 하기 순회강연회는 서울과 남부 지방의 주요 도시에서만 개최되었던 것이다.

후세는 1923년 7월 28일 오후 일행들과 함께 도쿄역에서 열차

[56] 조선총독부관측소 편, 1926, 「大正 12年 大同江の洪水」, 『朝鮮の風水害』, 경성인쇄소.
[57] 『동아일보』, 1923년 7월 30일, 「平壤水害 농작물손해 不少」
[58] 一記者, 「內外日誌. 自7월21일 至8월 13일」『개벽』 제139호, 1923. 9. 1, "3일, 평양을 중심으로 하야 1일부터 暴注하든 猛雨가 本日까지 계속하야 大同江水가 35척 이상에 달하고 전 시가가 침수되야 流失倒壞한 가옥이 7,000여 호에 至하며 人畜의 死傷이 夥多하야 73년來 初有의 慘狀을 呈하다."

3. '민중변호사' 선언, 그리고 민중과 함께

북성회강연단 경성역 도착
(『동아일보』, 1923. 8. 1.)

에 올랐다. 이때 일행으로는 북성회원 김종범, 백무, 정태신 및 일본인 사회주의자 기타하라 다츠오 등이 동행했다. 이들을 태운 열차는 밤새 달려 시모노세키역에 도착했다. 여기서 현해탄을 건너 부산으로 가는 관부연락선으로 갈아탔다. 부산에 도착한 이들은 서울로 가는 특급열차에 올랐고, 마침내 7월 31일 저녁에 경성역에 도착하였다. 이미 경성역에는 청년지식인과 남녀 직공 등 각 단체에서 나온 약 100여 명이 붉은 글씨로 쓴 자신들의 단체 깃발을 내걸고 후세의 일행을 기다리고 있었다.[56] 이들은 후세 일행의 모습이 보이자, 각 단체 깃발을 흔들고 만세를 부르며 열렬히 환영하였다. 근래 서울에서 보기 드문 장면이라 경계하던 일본 경찰도 놀랐다고 한다. 환영 군중은 후세 일행과 함께 깃발을 앞세우고 숙소인 종로의 전동여관(현 공평동 소재)까지 일종의 시위행진을 하였다. 다만 후세는 여러 가지 불편한 점이 있어 파성관(현 충무로 2~3가 소재)에 여장을 풀었다.[60]

후세의 방한은 도착 전부터 하기 순회강연회의 후원자인 『동아일보』에 연일 보도되었다.[61] 이에 청년단체 및 사상단체들은 강연 준비와 후원을 위해 분주하게 움직였다. 우선 후세 일행의 환영회에 대해 협의하였다. 신사상연구회, 토요회, 경성무산청년회, 재경일본인사회주의단, 서울청년회, 노동대회, 무산자동맹회, 조선노동연맹회 등 8개 단체가 모여 환영회에 대해 논의한 끝에 공식 환영회는 8월 1일에 개최하기로 합의하였다.[62] 이어 후세 일행의 강연회를 선전하기 위해 7월 31일과 8월 1일 양일간 서울 시내에 무려 2만 장의 강연전단지를 배포하였다.[63] 이처럼 후세 일행에

---

59 이때 조선 국내 11개 단체 약 60여 명이 환영을 나왔다는 설도 있다.(「北星會巡廻講演會二關スル件(京高第12731號)」, 1923년 8월 1일 ; 전명혁, 1997, 「1920년대 전반기 까엔당과 북풍회의 성립과 활동」, 『成大史林』 12~13호, 323쪽, 재인용).
60 『동아일보』, 1923년 8월 1일, 「赤旗와 萬歲聲中」.
61 『동아일보』, 1923년 7월 24일, 「北星會의 巡廻講演」; 『동아일보』, 1923년 7월 25일, 「北星會巡廻講演日程」; 『동아일보』, 1923년 7월 26일, 「北星會講演日程을 變更」.
62 『동아일보』, 1923년 7월 31일, 「一行을 歡迎코자 여러 단테가 協議」.
63 『동아일보』, 1923년 8월 1일, 「宣傳紙二萬張 시내에 배포한다」.

대한 환영 열기는 뜨거웠다.

후세는 담화를 통해 조선 방문의 목적을 다음과 같이 밝혔다.[64]

내가 이번에 조선에 온 것은 가장 굶주리고 있는 사람이 가장 절실하게 먹을 것을 구하려고 하듯이, 가장 비참한 생활을 하고 있는 조선 사람들을 만나면 인간의 생활이 어떻게 개선되어야 하는가, 그 이상에 대해 깨닫게 되는 것이 많이 있을 거라고 생각했기 때문입니다. 가장 심한 궁지에 빠져 있는 조선에 와서 조선 사람과 만나보는 것은 매우 의미가 깊습니다. 조선의 경치를 구경하려고 온 것이 아니라, 조선인들의 마음을 느껴보려는 것이 제 방문의 주요한 목적입니다.[65]

이어서 그는 부산에서 서울로 올라올 때의 경험을 소개하며 일본인의 언행을 거론하였다.

정거장이나 열차 안에서만 보더라도 일본 사람이 조선 사람에게 대하여 무엇을 부탁한다거나 명령할 때에 보통 '해라'를 쓰는 것이 귀에 거슬렸습니다

일본인끼리는 경의를 쓰면서도 조선 사람에게 그렇게 하지 않는 일에 대한 비판이다. 그 근본 원인은 합병된 조선과 합병한 일본과의 관계가 피차에 한데 뭉쳐진 것이 아니라, 한편은 가져서는 아니 될 자랑거리를 자랑하는 것과 한편은 가져야 할 인격을 부득

[64] 이규수, 2003, 「후세 다츠지(布施辰治)의 한국인식」, 『한국근현대사연구』 25, 418쪽.
[65] 『동아일보』, 1923년 8월 3일, 「表面의 開發은 其實 朝鮮民族의 幸福은 아니라는 것을 늣겼소 : 入京한 布施辰治氏談」.

이 내버리게 되었다는 좋지 못한 관계로서 일어나는 것이라고 하였다.

그리고 조선총독부가 내세우는 '개발'은 조선인의 행복과는 무관하다고 주장하였다. 후세는 부산에서부터 서울로 오는 동안 정거장과 서울의 훌륭한 가옥을 보며 조선은 대단히 발달되었다고 볼 수 있으나 과연 그 가옥은 조선인을 위하여 생기었으며 조선인의 이용에 공(共)하는 것인지 의문이라고 지적하였다. 이어 다수 조선인에게 유익을 끼치지 못한다 하면 조선 계발(啓發)이라고 하는 것은 조선인을 위해서는 차라리 슬퍼할 현상이라고 말하였다.

『동아일보』는 후세의 첫 담화문에 대해 8월 3일 사설을 통해 다음과 같이 평가하였다. "금번 후세가 조선을 보고 발표한 감상담 중에는 극히 작은 부분이지만은 조선인적 감정으로 조선을 바라보고 있다는 것을 발견할 수 있었다"[66]며 후세의 말에 주목했다. 조선인 지식인들은 처음으로 대면하는 후세의 언동을 통해 그의 진정성을 확인한 것이다.

조선 방문 이튿날인 7월 31일 후세는 북성회의 김약수가 체포되었다는 뜻밖의 소식을 들었다. 김약수가 동대문경찰서에 체포, 구금되었다는 것이다. 이에 후세는 조선총독부 경무국장과 동대문경찰서장를 방문하여 김약수의 석방을 강력히 요구하였다. 그러나 이들은 김약수가 협박죄 현행범이라는 이유로 거부하였다.[67] 결국 김약수는 강연단에 참여할 수 없었다.[68] 이러한 김약

---

66 『동아일보』, 1923년 8월 3일, 「新人의 朝鮮印象, 布施辰治氏의 感想談」.
67 『매일신보』, 1923년 8월 4일, 「金若水의 引致內容」.
68 이후 동대문경찰서는 강연단 일정이 끝나가던 8월 10일 김약수를 무혐의로 석방하였다(『동아일보』, 1923년 8월 12일, 「金若水 外 二人氏 無事放免」). 아마도 북성회강연단의 활동을 방해할 목적으로 이루어진 일인 것 같다. 김약수는 동년

천도교회관에 강연하는 후세
(『동아일보』, 1923. 8. 3.)

수의 체포와 강연 일정의 변경 등 우여곡절 끝에 후세를 중심으로 한 강연단은 8월 1일부터 12일까지 서울과 남부 각지에서 강연회를 개최하였다. 강연회는 조선 사회의 뜨거운 관심과 환영 속에서 진행되었다.

첫 강연은 8월 1일 서울에서 열렸다. 당일 개최 장소인 서울 천도교회관에는 폭우가 쏟아지는 가운데도 약 700명의 청중이 모여 들어 대성황을 이루었다.[69] 일본 경찰은 기마(騎馬)순사까지 출동

8월 낙양관사건과 장안여관사건에 관련되어, 1924년 초에야 활동을 재개할 수 있었다.(강민우, 2014, 「김약수의 현실인식과 민족운동」, 서강대 석사학위논문, 24-25쪽).

[69] 『동아일보』, 1923년 8월 3일, 「騎馬巡査까지 出動한 북성회 강연」.

북성회 광주 강연
(『동아일보』, 1923. 8. 11.)

시켜 삼엄한 경계를 펼쳤다. 또한 장내 단상에는 종로경찰서 고등계주임 미와[三輪] 등이 자리를 잡고 감시의 눈을 떼지 않았다. 오후 8시 30분 첫 연사인 김종범의 강연을 시작으로 기타하라까지 진행되었다. 그런데 김종범과 기타하라의 강연은 강의 내용이 불온하다 하여 중지처분을 당하였다. 이어 등단한 후세는 김찬(金燦)의 통역으로 강연을 시작하였다.

지금까지 말했던 연사들이 언론 압박을 당하는 것을 보면 나도 역시 중지처분을 당할지 알 수 없다. 그러나 언론 압박을 당하는 것은 공공의 안녕질서를 문란케 하는 데 있는 것이므로 질서 문란이 아닌 이상에는 압박을 못할 것이다. 뿐만 아니라, 임석경관도 조선 인민의 행복을 위하여 있는 것이므로 내가 조선 민족의 행복을 위해서 말하는 것을 결코 압박하지 못할 것이다. 현재 조선 문제는 조선에 대한 조선 문제가 아니라 세계적 조선 문제이다.

후세의 강연은 임석경관의 몇 차례 주의를 받으며 겨우 마쳤다. 이어 정태신의 강연이 있은 후 강연회는 오후 11시에 끝났다.

『동아일보』는 서울에서의 첫 강연에서 열변을 토하는 후세의 사진을 게재하였다.

> 이번 북성회가 순회강연을 목적하고 후세[布施], 기타하라[北原] 등 일본인 중에 상당한 학적(學的) 근거가 있는 인사를 조선사상계에 소개한 것은 조선사상계가 일보 전진한 것을 의미함이라. 우리는 우리 사회의 사상적 향상을 위하여 강사 제군의 호의와 관계자 제군의 노력을 치하하고 당국자의 취체방침(取締方針)에 대하여 '사상은 사상으로 대할 것이오, 폭력으로 대할 것이 아니다'는 말을 재삼 들어 주의를 촉구한다"[70]

그리고 『동아일보』는 후세의 '인간생활의 개조운동과 조선민족의 사명'이라는 제목의 강연 기록과 김종범, 기타하라, 정태신 등의 강연 기록을 일요판 특집으로 게재하였다.[71]

8월 2일 서울에서 후세 강연단의 두 번째 강연이 개최되었다. 오후 8시 종로 기독교청년회관에서 열렸는데, 연사로는 후세, 김종범, 기타하라, 백무 등이 참가하였다. 이때 후세의 강연 제목은 '약소민족의 비애(悲哀)냐 세계인의 환희(歡喜)냐'이었다.[72]

8월 3일 서울에서 후세는 일본 도쿄차가인조합(東京借家人組合) 주최로 조선노동연맹회가 후원하는 차가인문제 대한 연설회에 연

---

70 『동아일보』, 1923년 8월 2일, 「法律適用과 思想發展, 北星會巡廻講演에 대하여」.
71 『동아일보』, 1923년 8월 5일, 「新人의 主義講演」.
72 『조선일보』, 1923년 8월 2일, 「社會問題 講演의 第二日」.

사로 참여하였다. 오후 8시 서울 장곡천정(長谷川町)공회당에서 정복 경찰 40여 명이 삼엄한 경계 속에서 만원 관중을 대상으로 연설회가 열렸다.[73] 후세는 먼저 북성회 강연단과 함께 서울에서 들어온 후 이틀 동안의 강연을 통해 조선에서는 언론의 자유가 매우 제한적인 점을 지적하였다. 이어서 차가인이 집주인에게 압박받는 현상을 말하고, 일본과 조선의 차가인의 참상과 그 수효를 거론한 후 마지막으로 무산계급인 차가인들은 단결하여 집주인에게 반성을 촉구하라고 열렬히 주장하였다.

서울에서 강연회를 마친 후세의 강연단은 남부 지방으로 향했다. 이때 강연단을 처음부터 후원하던 조선노동연맹회에서는 남부 여행에 이인 변호사의 동생 이호(李浩)[74]를 특파하여 안내하도록 하였다.[75]

8월 4일 후세의 강연단은 전남 광주에 도착하였다.[76] 광주노동공제회의 환영과 후원 아래 오후 8시부터 서광산정(西光山町) 흥

[73] 『조선일보』, 1923년 8월 5일, 「借家人問題演說」.
[74] 이호(李浩, 1903~?). 호는 효부(曉夫). 경북 달성 출신으로, 변호사 이인(李仁)의 동생이다. 대구 수창(壽昌)보통학교, 대구농림학교, 대구고등보통학교에서 공부했다. 1919년 3월 대구고보에서 맹휴를 주도하다가 퇴학당한 후 서울 휘문고보, 경성고등공업학교를 다녔다. 1921년 서울에서 대구유학생 구락부를 결성하고 간부가 되었다. 1922년 10월 경 염군사(焰群社) 결성에 참여하여 주간이 되었다. 1923년 5월 사회주의 사상단체 토요회 결성에 참여했고 8월 무산청년회 발기준비위원으로 선정되었다. 그해 여름경 조선노동연맹회에 가입하여 고무직공파업을 지원하다가 구류 20일 처분을 받았다. 그 무렵 경남 마산으로 내려가 사회주의 사상단체 혜성회(慧星會)를 비롯한 삼남지방 사회운동단체 규합에 주력했다. 1924년 2월 신흥청년동맹 결성에 참여하여 집행위원으로 선출되었고 11월 북풍회 결성에 참여했다. 1925년 4월 조선공산당에 입당했고 8월 조선프롤레타리아예술동맹 결성에 참여했다. 11월 당내에서 북풍회의 파벌행위에 가담했다는 이유로 정권(停權) 처분을 받았다. 1926년 8월 조공 검거사건에 연루되어 검거되었으나 1928년 무죄로 인정되어 석방되었다.(강만길·성대경, 1996, 『한국사회주의운동인명사전』, 창작과 비평사)
[75] 『동아일보』, 1923년 8월 4일, 「北星會講演團, 남선으로 향하였다」.
[76] 『동아일보』, 1923년 8월 11일, 「北星會講演 光州에서 盛況」.

학관(興學館)에서 강연회가 열렸다. 이 강연을 듣기 위해 강연장 내외에는 7,000여 명이나 모였다. 강연 순서와 제목은, 김종범의 '자본주의의 귀결', 기타하라의 '사회진화', 후세의 '조선 문제와 사상대책', 정태신의 '형평사운동' 등이었다. 후세를 비롯한 각 연사가 통쾌한 열변을 토하는 바람에 강연 도중 임석경관의 주의가 몇 차례 있었으나 무사히 마칠 수 있었다. 이후 환영회에 참석하여 약간의 의견을 교환하고 1시 30분에 해산하였다.[77]

8월 5일 후세의 강연단은 오후 5시경 경북 대구에 이르렀다.[78] 대구노동공제회 회원과 대구 유지 수십 명의 환영을 받았다. 일행은 곧바로 대구경찰서로 찾아가 주의를 말하고 고려관으로 이동하였다. 강연회는 당일 오후 8시 엄중한 경찰의 경계 속에 만경관(萬鏡館)에서 열렸다. 정운해(鄭雲海)의 사회로 김종범과 정태신의 인사말이 있은 후 사회문제로 강연이 시작되었다. 일본 아오모리현 시로카와촌의 공산촌(共産村)을 실례로 들어가며 목소리를 높이자, 임석한 대구서장이 중지를 외쳤다. 이어 후세, 기타하라, 백무가 등단하여 열정적인 강연을 하였다. 강연회는 오후 12시가 되어서야 끝이 났다. 다음날 기타하라는 오전 7시 열차로 귀국길에 나섰고, 후세는 오전 11시 열차로 의열단 공판에 참가하기 위해 상경하였다. 나머지 일행은 7일 진주로 향하였다.[79]

---

77 『매일신보』, 1923년 8월 9일, 「社會問題의 大講演」.
78 『동아일보』, 1923년 8월 9일, 「大邱의 北星會講演」.
79 북성회강연단의 진주 강연은 대규모 준비단이 조직되어 성황리에 개최되었다. 진주에서는 1923년 4월에 형평사가 조직되었기 때문에 그 열기는 대단했다고 판단된다. 당시 신문기사에 의하면, 7월 28일 진주노동공제회, 진주청년회, 형평사, 재외유학생친목회 등 4단체가 모여 북성회강연단후원회를 조직하고 다음과 같이 결의하였다고 한다. 1. 연사: 강연단 일행에 맡김. 2. 시일: 8월 7, 8 양일 오후 9시. 3. 장소: 진주청년회관. 4. 입장료: 1인 1회 30전. 5. 접대위원: 張志弼·姜達永·金翼成. 6. 설비위원: 鄭秉昊·趙佑濟·房鎭赫. 7. 사교위원: 朴進璲·姜相鎬·

8월 7일 후세는 의열단사건의 1심 첫 재판이 열린 경성지방법원 제7호 법정에 변호사로 참석하였다.[80] 이날 재판소 앞에는 무더위에도 이른 아침부터 사람들이 구름같이 몰려들었다. 재판을 구경하고자 하는 사람이 너무 많아 방청권을 배부하였다. 방청석에는 피고의 가족은 물론 남녀 방청객 100여 명이 입장하였고, 게다가 의열단원을 체포한 다수의 경기도 경찰부 관계자, 일반 판사와 검사 방청자, 종로경찰서 경계 경관까지 그야말로 입추의 여지가 없었다.[81] 오전 10시 반 재판장 미츠야[三矢]는 재판의 시작을 알렸다.

의열단사건은 이른바 '황옥(黃鈺) 경부(警部) 폭탄사건' 또는 '김시현·황옥 사건'이라고도 불린다. 2016년 개봉된 한국영화 《밀정》의 소재가 된 사건이다. 1923년 초 의열단은 조선총독부 등 일제 관공서와 총독 등 요인을 암살, 파괴할 계획으로 폭탄 반입을 추진하였다. 상하이에서 제조된 폭탄을 중국 단둥현[安東縣]을 거쳐 서울로 수송하기로 하였고, 그 실행을 담당한 사람이 바로 김시현(金始顯)이다. 이때 김시현은 황옥 경부를 포섭하여 동지적 결합을 맺고 함께 폭탄 반입을 수행하였다. 그러나 일본 경찰에 매수된 단원의 밀고로 사전에 발각되어, 서울에 도착한 김시현·황옥을 비롯하여 홍종우(洪鍾祐)·유석현(劉錫鉉) 등 12명이 체포되고 폭탄 18개가 압수당했다. 그런데 재판 과정에서 황옥은 '김시현과 함께 폭탄 반입을 도운 것은 의열단 검거를 위한 단독 비밀 작전'이었다고 주장해 일본경찰과 의열단원들을 경악시켰다.

申鉉壽·李範彧·金義鎭, 8. 회계원: 강상호·金在弘, 9. 임시사무소: 진주노동공제회(『동아일보』, 1923년 8월 3일, 「北星會巡講後援會」).
80 『동아일보』, 1923년 8월 8일, 「義烈團 公判 法庭에 선 金始顯」.
81 『동아일보』, 1923년 8월 8일, 「餘地없는 傍聽席」.

의열단사건 보도
(『동아일보』, 1923. 4. 12.)

이 사건은 폭탄의 규모와 그 대담성 그리고 현직 경찰이 연루된 점 등으로 국내외의 이목을 집중시켰던 사건이다. 조선 내에서도 약 11명의 변호사가 참여한 변호인단이 조직되었다.[82] 사람들

---

82 지금까지 파악된 변호인 명단은 다음과 같다.
    조선인 – 김병로(金炳魯)·허헌(許憲)·이인(李仁)·강세형(姜世馨)·김용무(金用

은 후세의 방문 목적 중 주요한 일이 의열단의 변호라는 것을 알고 있었기 때문에,[83] 그의 변호 활동에 대해 기대하는 바가 컸을 것이다.

후세는 의열단사건 재판정에 참석했다가 다시 진주로 내려간 것으로 보인다. 진주에서 강연단 일행과 합류한 후세는 저녁에 진주좌(晉州座)에서 개최된 강연회에서 첫 번째 연사로 강연하였다.[84] 그러나 논지가 과격하다는 이유로 중지 당하자, 곧바로 서울로 올라온 것 같다.

8월 8일 후세는 다시 의열단 재판에 참석하였다. 당일 오전 9시 경성지방법원 제7호 법정에서 의열단사건이 속개되었다. 피고인에 대한 심리가 끝나자, 후세는 사건을 명백히 하기 위해 경기도 전 경찰부장 시로가미 유키치[白上佑吉], 현 경찰부장 우마노[馬野], 중국 안동현부영사 김우영(金雨英), 총독부판사 백윤화(白允和) 등 사건 관계자를 증인으로 신청하였다.[85] 그 이유에 대해, 사건의 범인을 체포하기 위하여 경찰부장이 일부러 경관을 공산당에 가입시켜 사람들을 엮어서 잡으려고 한 것은 정치도덕 상으로 도저히 용납될 수 없다는 것이다. 그러므로 재판장은 세상의 의혹을 풀고 재판소의 권위를 보이기 위해서라도 신청한 증인을

    茂)·최진(崔鎭)·김태영(金泰泳),
    일본인-후세 다츠지(布施辰治)·원강일(原剛一)·다타하시[高橋武夫].

83 『동아일보』, 1923년 8월 1일, 「布施氏 義烈團 辯護」. 이 기사에 따르면 후세가 일본 육군대장 다나카 기이치[田中義一]를 폭탄으로 처단한 의열단원 김익상(金益相)의 재판에 무료변호를 하였다고 했다.

84 『매일신보』, 1923년 8월 11일, 「北星會의 講演 晉州에서 中止」, "경남 진주좌(晉州座)에서 강연회를 열고 최초로 布施氏이 강연이 있었는데 논지가 과격하다 하여 당국의 중지를 받고 그 외 변사도 대개 중지를 당하고 11시에 해산되었다더라 (晉州特電)"

85 『동아일보』, 1923년 8월 9일, 「譎計로 捕縛함은 政治道德에 違反」.

일일이 법정으로 불러 심문할 수 있도록 해달라고 하였다. 즉 독립운동의 시비를 떠나 일본 경찰의 비도덕적인 함정수사를 강력히 비난한 것으로 이해할 수 있다.

후세가 증인 신청과 신청 이유로 변호 방향을 제시하자, 이인(李仁)·강세형(姜世馨) 등 변호사도 증인 신청을 주장하였다. 강세형은 황옥이 이 사건이 발각되기 전에 김우영에게 "이번에는 큰 성공을 하겠다"고 자긍하였다니, 김우영을 불러 물어달라고 하였다. 나아가 이인은 경찰부 내의 내홍 때문에 한편에서는 시키고 한편에서는 시기하는 일이 있다며 경찰 관련자 전부를 증인으로 신청하였다. 재판장은 잠시 휴정을 선언하고 오후 2시 다시 개정하겠다고 했다. 오후 2시 재판장은 변호인과 피고의 신청한 증인 중 후세가 신청한 김두형(金斗炯)과 피고 황옥이 신청한 형사 김진봉(金鎭鳳) 외는 모두 각하한다는 선언하였다. 이어 다음 공판은 오는 11일 오전 8시에 열기로 하고 폐정하였다.

8월 8일 오후 8시 후세는 서울의 여자고학생상조회와 서울청년회 주최로 종로 기독교청년회관에서 '부인문제와 해방운동'이라는 제목으로 강연하기로 되어 있었다.[86] 그러나 개회 30분 전 종로경찰서의 중지 명령으로 강연이 취소되었다.[87] 중지 이유는 주최 측에서 경찰서의 허가를 받지 않고 선전지를 인쇄, 배부했다는 것이다.

한편 북성회강연단은 8월 8일 경남 하동에서 조선청년당대회, 하동청년회, 하동유학생간친회, 조선일보사 하동지국 후원 하에

---

86 『동아일보』, 1923년 8월 8일, 「婦人問題大講演會」.
87 『동아일보』, 1923년 8월 10일, 「婦人問題講演 突然禁止」.

부인문제 강연금지
(『동아일보』, 1923. 8. 10.)

강연회를 개최하였다.[88] 오후 8시 30분 하동공립보통학교에서 약 1,000여 명이 모인 가운데 하동교육회 이사 조동혁(趙東爀)의 사회로 순서에 따라 연사 백무가 '무산청년의 운동에 대하여'를, 김종범이 '개조운동의 제방면'이라는 주제로 조선 사회문제에 대해 열렬히 강연하였다.

8월 9일 강연단이 갈 수 없었던 경남 마산에서는 후세가 단독으로 강연회에 참석했다.[89] 마산은 원래 강연 예정지가 아니었다. 이를 아쉬워했던 마산노농동우회(馬山勞農同友會)에서는 위원을 선정하여 교섭하였으나, 일정 관계로 성사되지 못하였다. 그런데 후세가 서울에서 의열단사건을 변호하고 마산을 경유하여 진주로 향한다는 이야기를 전해 들었다. 이를 기회로 삼아 동회의 위원 김형두(金炯斗)가 진영읍까지 마중을 나가 교섭한 결과 후세의 승낙을 받았던 것 같다. 마산 출신인 변호사 김형두는 앞서 언급했

88 『조선일보』, 1923년 8월 16일, 「東京北星會講演團」.
89 『동아일보』, 1923년 8월 12일, 「無産者解放은 必然의 理致」.

김형윤의 『마산야화』 표지와 내용

듯이 후세와는 대학동문이고 일본유학시절부터 친분이 있던 사이였다.

이러한 인연으로 후세는 9일 오전 10시 옛 마산역에 도착했다. 역 앞에서는 마산노농동우회, 무산소년단의 양 단체가 각각 깃발을 들고 만세를 부르며 환영하였다. 후세는 환영에 대한 감사를 표하고 김형두의 집에 들러서 휴식을 취하며 이른 점심을 먹었다. 오전 11시 마산구락부회관에서 200여 명의 청중이 자리한 가운데 여해(呂海, 呂炳燮)의 사회로 강연회가 개최되었다. 연단의 우측에는 마산경찰서장 이하 다수 경관이 열석하여 경계가 자못 비상하였다. 후세는 '무산계급운동의 정신'이라는 제목으로 김형두의 통역을 통해 연설을 시작하였다.

후세는 먼저 "무산자해방운동에 종사하는 우리에게는 고락(苦

樂)이 병존하니 부모와 형제를 이별하여야 한다. 그러나 도처에 형제가 있으니 즐거움이 된다. 일본으로부터 조선에 초행인 나에게 마음을 열고 친구와 같은 환영이 있음도 이 원칙일 것이다"라고 화두를 던졌다. 이어 "무산자끼리의 주의상 공명과 실행상 희생"을 역설한 후 "노동자의 생활상태를 실례로 하여 무산자의 해방운동은 필연의 이치"라고 절규하자, 경관석으로부터 주의와 방청석의 박수가 일시에 일어났다. 후세는 말을 바꾸어 "보라, 몇몇 개인의 희락(喜樂)한 연회도 반면(反面)의 기아자(饑餓者)를 보아 무가치하게 되며, 고루거각(高樓巨閣)의 영존자(榮尊者)도 일방(一方)의 표류객(漂流客)을 인하여 죄악인 것이다"라고 외쳤다. 그리고 노동사회에서 재산을 기부한 광주 최석수의 사업을 찬양한 후, 결론으로 "우리는 각자의 기갈(飢渴)보다도 그 이상의 기갈에 빠진 형제에게 구호의 정(情)을 표해야 할 것"을 단언하였다. 강연회는 12시에 폐회하였다. 당시 이 강연회에 참석한 김형윤은 근래 보기 드문 명강연이라고 회고하였다.[90]

마산에서 단독 강연회를 마친 후세는 8월 10일 김해(金海)에 도착하여 강연단 일행과 합류하였다. 김해청년회·김해여자청년회·형평사김해분사의 환영과 후원 아래 사립합성학교(私立合成學校)에서 당일 오후 8시부터 12시까지 강연회가 개최되었다. 후세는 '조선청년에 고함'이라는 제목으로 강연하였다.[91]

---

[90] 끝으로 후세는 다음과 같은 말을 하였다고 한다. "제군! 동방에 여명이 들면 우주의 암흑은 무산(霧散)하는 것과 같이 우리 무산계급의 정신운동도 단결이 이루어지는 날에는 전사회의 비밀정치와 권력계급은 여지없이 분쇄되고 말 것을 확신한다"(金亨潤, 1973, 「布施의 名講演」, 『馬山野話』, 泰和出版社, 231-233쪽).

[91] 『동아일보』, 1923년 8월 18일, 「金海에 北星會講演」. 이때 다른 연사와 강연 제목은 다음과 같다. 백무 '해방의 의의'(중지 당함), 김종범 '사회조직의 변천'(중지 당함).

형평사 전국대회 포스터

다음날 8월 11일 오전 9시, 후세 일행은 형평사 김해분사의 창립기념식에 참가하였다. 주최 측은 아침부터 자동차를 동원하여 악기를 연주하며 축하취지서를 전 시내에 살포하여 분위기를 띄었다.[92] 곧바로 사립합성학교에서 김해분사장(金海分社長) 이옥천(李玉泉)의 사회로 기념식이 시작되었다. 먼저 진주본사위원 강상호의 개회사가 있은 후 동래분사원 김두환의 취지낭독이 있었다. 이어 내빈의 축사가 이어졌는데, 후세를 비롯하여 김해청년회대표 안효구, 강연단의 김종범·정태신, 김해교육회대표 인동철 등의 축하가 있었다. 마지막으로 대구지사장 김경삼의 답사를 끝으로 폐회하였다. 오후에는 다시 사립합성학교에서 강연회가 열렸다. 오후 2시부터 5시까지 진행되었는데, 후세는 '세계대세 상으로 본 조선 문제'라는 제목으로 강연하였다. 하지만 강연 내용이 불온하다고 하여 임석경관에 의해 중지 당했다.[93]

한편 의열단 재판은 8월 11일 오전 9시 경성지방법원 제7호 법정에서 다시 개정되었다.[94] 증인 심문에 이어 히라야마(平山) 검

92 『동아일보』, 1923년 8월 18일, 「衡平金海分社祝賀」.
93 『동아일보』, 1923년 8월 18일, 「金海에 北星會講演」. 이때 다른 연사와 강연 제목은 다음과 같다. 김종범 '농민운동의 의의'(중지 당함), 백무 '무산청년에 고함'(중지 당함), 정태신 '형평사운동에 대하여'(중지 당함).
94 『동아일보』, 1923년 8월 12일, 「義烈團 二回 公判」.

> 衡平金海分社祝賀
> 八月十一日午前九時에金海衡平
> 分社에서는自働車를搭乘하고樂
> 器를울리며祝賀趣旨를傳하고市內
> 에散布한後仍히私立合成學校內
> 에서式을擧行할새分社長李玉泉
> 君의司會下에晉州本社委員姜
> 相鎬君의開會辭가有한後東萊分
> 社員金斗煥君의趣旨說明과來賓
> 中北星會布施辰治金海靑年會
> 代表安孝嗣北星會員金鍾範鄭又
> 朮盛白容金海耶敎會代印東哲
> 金海耶蘇敎牧師李基育等諸君의
> 祝辭가有하얏스며大邱支社長金
> 慶三君의答辭로써閉式하고王陵

형평사 김해분사 창립 축하
(『동아일보』, 1923. 8. 18.)

사의 논고[95]와 구형이 있었다. 이어서 변호인단의 최후 변론이 시작되었다. 김병로(金炳魯)·이인·강세형과 일본인 다카하시[高橋武夫][96] 등 변호인단의 최후 변론은 대체로 '민족적 의식으로 보든지 정의인도(正義人道)에서 보더라도 관대한 처분이 있어야 한다'

95 검사의 논고 요지는, '조선독립운동이 끊이지 않는 것은 심히 유감이다. 조선 사람의 마음에는 그 누구를 물론하고 독립사상이 없는 이가 없을 것이니, 이것은 전혀 한일합병을 오해한 까닭이다. 대정 8년에 일어난 운동[3·1운동]으로만 보아도 조선 사람의 열렬한 마음을 가히 알 것이다. 그러나 당국의 처치로는 엄중히 처치하지 아니할 수 없다. 요사이 독립운동은 차차 직업적으로 변하여간다. 이번 사건은 폭탄 36개와 권총 수개, 다수의 불온문서를 수입해서 총독부를 비롯하여 각 은행, 회사를 파괴하는 것으로써 독립의 목적을 달성코자 한 것이다'라고 하였다. 특히 황옥에 대해서는, '피고의 변명이 범죄 검거의 수단으로 어느 정도까지 그 사건에 참가하였다고 하나 사실은 그렇지 아니하다. 폭탄이 서울에 수입되었는데도 경찰부장에게 보고하지 아니한 일이나 이경희에게 불온문서를 보낸 일이나 또 자기 아우를 보고 이번 사건은 경찰부에 검거될 듯 하다고 하여 중요범죄인을 도주케 하려든 일을 보면 피고가 그 사건에 가담한 것은 의심 없이 분명한 일이다'라고 하였다. 황옥이 주장한 내용을 전혀 인정하지 않았다(『동아일보』, 1923년 8월 12일, 「義烈團 二回 公判」).
96 다카하시는 조선에서 실시된 제1회 조선변호시험에 합격한 인물로 이른바 재조일본인(在朝日本人)이라고 할 수 있다.(『조선총독부관보』 1922년 10월 10일)

고 열렬히 변호하였다.⁹⁷ 일본인 변호사 다카하시는, "피고 중 김시현이나 황옥은 그 범죄사실을 확인할 지라도 국가심리(國家心理)로 보아 죄라 하겠으나 민족심리로 보면 죄가 아니오, 사람의 마땅히 할 일이라. 만약 현재 상태를 전혀 바꾸어 일본사람이 조선사람의 상태에 있다하면 일본사람은 어떻게 생각하겠는가"라고 변론하였다. 조선인 변호인들은 형법적 측면에서, 이들의 거사 계획은 사전에 발각되었으니 미수나 다름없는 것이라고 주장하고, 나아가 이런 사건에 중죄만으로 임해서는 더 큰 사건을 유발할 것이라고 경고하였다.⁹⁸

당일 후세는 경남 김해의 형평사창립기념식과 강연 관계로 참석할 수 없었다. 그래서 이인 변호사에게 "친히 변호하러 가지 못하고 그 변론의 요지를 보냅니다"라는 인사말과 함께 다음의 변론 요지를 전보로 보냈다.⁹⁹

> 독립운동의 시비는 잠깐 그만두고 사실상 독립을 배경으로 한 본 사건의 진상 여하와 판결의 결과 여하는 일반주목의 초점이 될 것이다. 그것은 본건이 조선 민족의 가슴에 깊이 잠긴 독립운동의 사상대책(思想對策)이 교활한 결과 형사대책(刑事對策)에 불과한 '스파이' 연극의 폭로이다. 피고들이 법정에서 어떤 사람으로부터 '불령선인

97 『동아일보』, 1923년 8월 13일, 「義烈團 二回 公判續報」.
98 이인, 1974, 『半世紀의 證言』, 명지대학출판부, 25쪽.
99 후세가 여러 변호사 중 왜 이인에게 변론요지의 전보를 보낸 것일까. 당시 이인은 1923년 5월에 개업한 새내기 변호사로, 이 사건이 그가 맡은 첫 번째 사상사건이었기 때문에 심혈을 기울여 변호 활동을 하였다. 또한 변호인단 중에서 가장 나이가 어렸다(이인, 1974, 앞의 책, 24-26쪽). 아마도 젊은 이인이 변호인단의 실무 담당자였을 것이다. 그래서 후세가 실무 담당자인 이인에게 전보를 보냈을 것으로 추정된다. 다만 이인은 후세와 메이지대학 동문인데도 그의 회고록에는 이 사건과 관련해 후세에 대한 언급이 전혀 없다.

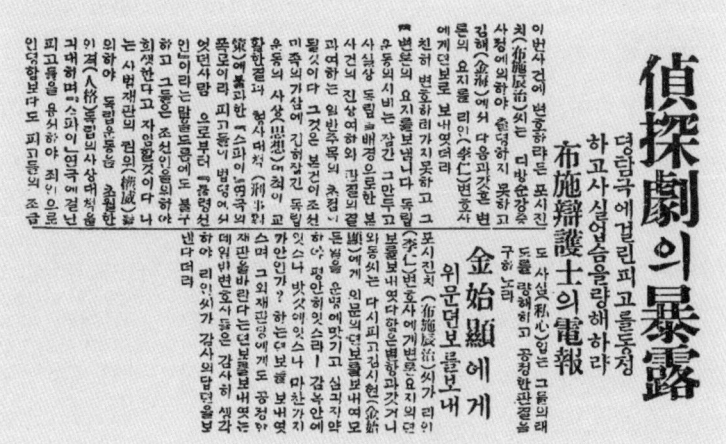

후세의 의열단사건 전보 변론
(『동아일보』, 1923. 8. 12.)

(不逞鮮人)'이라는 말을 들음에도 불구하고, 그들은 조선인을 위하여 희생한다고 자임할 것이다. 나는 사법재판의 권위를 위하여 독립운동을 초월한 인격 독립의 사상대책을 기대하며, '스파이'연극에 걸린 피고들을 용서하여 죄인으로 인정함보다도, 피고들의 조금도 사심 없는 그들의 태도를 양해하고 공정한 판결을 구하노라.[100]

사건의 시비를 가리기 전에 일본 경찰의 '스파이' 연극, 즉 모략을 사용한 독립운동 탄압을 비난하고[101], 조선인을 위해 희생한다는 피고들의 조금도 사심 없는 태도를 고려하여 공정한 판결을 해달라고 주장하였다. 경찰 혹은 국가권력이 스파이를 이용하여 피

100 『동아일보』, 1923년 8월 12일, 「布施辯護士의 電報」.
101 水野直樹, 1983, 「辯護士 布施辰治と朝鮮」, 『季刊 三千里』 34호, 33쪽.

고들을 엮은 것은 후세의 국가관에서는 도저히 용납할 수 없었다. 후세가 생각하는 이상적인 국가는 자유, 평등, 박애의 정신을 보장하는 국가였기 때문이다. 또 인간의 양심에 따라 조금도 사심 없는 태도로 일관한 피고인들을 이해해 줄 것을 요구하였던 것이다.

후세는 따로 김시현에게 "모든 일을 운명에 맡기고 심기자약하여 평안이 있으라. 감옥 안에 있으나 바깥에 있으나 마찬가지 아닌가"라는 위로 전보를 보냈다. 또한 재판장에게도 공정한 재판을 바란다는 전보를 보냈다. 이에 변호인단은 이인에게 변호인단을 대신하여 감사의 답전을 보내도록 하였다.

김해에서 일정을 마친 후세 일행은 부산으로 향했을 것이다. 강연단의 일정이 몇 번 변경되기는 했으나, 부산은 반드시 들어가 있었다.[102] 그리고 후세를 포함하여 일본에서 활동했던 인물들이 많아서 일본으로 돌아가기 위해서도 부산에 와야만 했기 때문이다. 아마도 8월 12일경에 후세 일행은 부산에 도착한 것 같다. 다만 부산에서 강연회를 개최했는지 여부는 자료상 확인되지 않는다. 아무튼 후세 일행은 12일 혹은 13일에 강연단의 해산식을 가졌을 것이다. 그런데 불행한 일이 발생하였다. 강연단의 멤버였던 정태신[103]이 8월 13일 오후 부산 앞바다에서 해수욕을 하던 중

102 『동아일보』, 1923년 7월 24일, 「北星會의 巡廻講演」; 『동아일보』, 1923년 7월 25일, 「北星會巡廻講演日程」; 『동아일보』, 1923년 7월 26일, 「北星會講演日程을 變更」; 『동아일보』, 1923년 8월 1일, 「地方巡廻日程」.

103 정태신(1892-1923)은 1914년 9월 일본에서 '조선인친목회(朝鮮人親睦會) 간사장으로 조선인의 권익향상에 노력하였다. 1920년 서울에서 조선노동공제회(朝鮮勞動共濟會)에 참여하여 강연회의 연사와 노동야학의 강사로 활동하면서 기관지 '공제(共濟)'의 발행에도 참여하였다. 1921년 동경에서 조선인고학생동우회(朝鮮人苦學生同友會)에 가입하고 주간잡지 대중시보(大衆時報)의 발간에 참여하였다. 동년 12월 러시아의 기근문제에 대한 보고서를 동아일보에 두 차례 연재했다. 1922년 7월 김약수(金若水)와 협의하여 상해를 거쳐 모스크바로 가서 코민테른의 편산잠(片山潛)과 면담하였고, 8월 돌아오는 길에 상해에 들러 여운형(呂運亨)

〈표 2〉 후세의 조선 첫 방문 일정 및 활동

일시	장소	활동내용	비고
7월 30일	서울	후세 일행 경성역 도착 및 환영에 대한 감사 인사	오후 6시 30분 경성역 도착 열차
7월 31일	서울	경무국장과 동대문경찰서장을 방문하여 김약수의 석방 요구	현행범이라는 이유로 거부당함
8월 1일	서울 천도교회관	'인간생활의 개조운동과 조선민족의 사명' 강연	오후 8시 30분~11시
8월 2일	서울 기독교청년회관	'약소민족의 비애냐 세계인의 환희냐' 강연	오후 8시~
8월 3일	서울 장곡천 정공회당	차가인문제 연설	오후 8시~10시. 11시 경성역에서 광주로 출발
8월 4일	광주 흥학관	'조선 문제와 사상대책' 강연	오후 8시~12시. 12시~01시 30분 환영 피로연
8월 5일	대구 만경관	강연	오후 8시~12시. 6일 아침 11시 열차로 상경
8월 7일	서울 경성지방법원	의열단사건 변호인으로 참석	오전 10시 반 개정
	진주 진주좌	강연	중지 당함
8월 8일	서울 경성지방법원	의열단사건 변호 활동	오전 9시 개정
	서울 기독교청년회관	'부인문제와 해방운동' 강연	강연금지로 취소. 강연단은 경남 하동에서 강연회 개최.
8월 9일	마산 구락부회관	'무산계급운동의 정신' 강연	단독 강연 오전 10시~12시
8월 10일	김해 사립합성학교	'조선청년에 고함' 강연	오후 8시~12시
8월 11일	김해 사립합성학교	형평사김해분사 창립기념식 축사 '세계대세 상으로 본 조선 문제' 강연	오전 9시 개최. 오후 2시~5시 개최. 강연 중지 당함
	서울 경성지방법원	의열단사건 전보(電報)로 최후 변론	재판 불참
8월 12일	부산	강연단 해산 후 귀국 추정	자료 없음

물에 빠져 익사하고 말았다.[104] 애석한 일이었다.

〈표 2〉에서 확인할 수 있듯이, 후세는 초인적인 일정을 소화하면서도 성실한 자세로 일관하였다. 또한 강연 주제에서도 보듯이 조선독립문제, 무산계급운동 등 핵심적이며 강렬한 강연활동은 조선 사회에 커다란 반향을 불러일으켰다. 조선인 운동가들은 후세가 일본 무산운동의 맹장임을 직접 확인함으로써 앞으로 전개될 법정투쟁에 후세의 지원을 요청할 수 있다는 확신을 가졌을 것이다.

등이 주최하는 국치기념대회(國恥記念大會)에 참석하였고, 대회 직후 교민대회에 참가하여 김구 등과 함께 연설하였다. 동년 10월 러시아 베르흐네우진스크에서 개최된 고려공산당(高麗共産黨) 통합대회에 재동경(在東京)조선인공산주의단체 대표자로 참가하였다. 1923년 1월 동경에서 북성회 결성에 참여했고, 7월말 북성회 국내 순회강연단의 일원으로 귀국했다. 8월 1일 서울 천도교 강당에서 '청년의 역사적 사명'이라는 강연을 시작으로 전국을 순회하며 강연하였다. 정부는 고인의 공훈을 기려 2009년에 건국포장을 추서하였다(국가보훈처, 2010, 『독립유공자공훈록』).

104 『동아일보』, 1923년 8월 15일, 「北星會巡講中 釜山에서 鄭泰信氏 溺死」. 그의 장례식은 8월 19일에 서울에서 열렸는데, 후세가 참석했는지는 확인이 안된다(『조선일보』, 1923년 8월 20일).

관동대지진과 조선인 학살에 분노

후세가 조선에서 강연과 변론 활동을 마치고 귀국한지 얼마 되지 않아 일본에 엄청난 재난이 발생했다. 바로 그 유명한 관동대지진이었다. 대지진은 1923년 9월 1일 오전 11시 58분에 도쿄, 요코하마를 시작으로 주변 각지를 덮쳤다. 그 피해는 1부(府), 8현(縣)에 이르고, 파괴되고 불탄 주택이 68만 호, 사망자 9만 명, 부상자 10만 명, 행방불명자가 4만 3천 명에 달했다. 그러나 일본 정부의 피해 대책이 미진하자 여론이 험악해지고 이에 대한 불만이 곧 민중폭동으로 이어질 기세였다. 이에 정부는 국민들의 불만을 돌리기 위한 돌파구로 무고한 조선인을 이용하고자 하였다. 일제는 대지진 발생 직후 조선인에 대한 유언비어를 퍼뜨려 비인도적인 학살을 단행하였던 것이다. 이로써 무고한 수많은 조선인들이 희생을 당하였다.

조선인에 대한 학살은 대지진이 발생한 다음날부터 시작되었다.[105] 조선인이 폭동을 일으키고 있다. 폭탄을 소지하고, 방화를 하고,

---

105 강덕상, 2005, 『학살의 기억, 관동대지진』, 역사비평사.

관동대지진 조선인 학살

우물에 독극물을 집어던지고 있다는 이상한 소문이 떠돌았다. 이 근거 없는 유언비어는 무고한 조선인을 집단적으로 희생시켰다. 터무니없는 조선인 관련 유언비어로 인해 지진 발생 다음날 오후부터 계엄령이 선포되고, 군대와 경찰이 출동하였다. 일본인들은 조선인에 대해 선천적으로 배신자이고 거짓말꾼이며 무능력자이고 사회의 부적격자라 부르고, 이등국민(二等國民)이라며 치안단속의 대상으로 삼았다. 그리고 각지에서는 자경단(自警團)이라는 이름의 자위집단이 만들어졌다. 주로 재향군인·청년단원·소방단원을 중심으로 자경단이 구성되었다. 계엄 상황 하에서 자경단은 일반시민들의 자위적인 무장조직이었으나, 실제로는 계엄사령부가 유도한 단체로서 일본도(刀)·죽창·도끼 등으로 무장하였다.

관동대지진 당시 조선인 희생자 대부분은 유학생이거나 노무자였다. 당시 일본에 있던 조선인들은 직공, 인부, 광산노동자, 하루벌이 노동자 등 육체노동을 하는 노동자들이 80% 이상을 차지하고 있었다. 그렇기 때문에 희생자들은 일본어를 하지 못하고 임금도 낮은 최하급 생활을 하고 있었다. 학생들은 당연히 학생증을 가지고 다녀야 했고, 노무자도 「조선인노동자 모집 취체규칙」에 의하면 관헌 및 회사가 발행하는 신분증명서를 지참하게 되어 있었다. 따라서 조선인은 오히려 일반 일본인보다도 신분증을 가지고 다닐 가능성이 매우 높았다. 그런데 성명미상의 '센징(鮮人)'으로 취급한 사건이 많았다.

관동대지진으로 인해 재일유학생들 중에서도 무고한 사상자가 다수 발생하였다. 『동아일보』 1923년 9월 19일자 기사이다.

> 도쿄에 재류하는 남녀 학생 2,000여 명 중 하기휴가로 귀국하였다가 다행히 아직 본국에 있는 이도 있으나, 그것은 9월 10일 이후에 개학하는 전문학교 이상의 학생들뿐이요. 그밖에는 9월 1일 이전에 이미 도쿄에 돌아갔을 것인즉, 이번 재변을 도쿄에서 당한 우리 유학생만 하여도 1,500~1,600명 이상은 될 것이다.[106]

대지진 발생 이후 재일유학생은 3,222명에서 992명으로 급격하게 감소하였다.[107] 대부분의 조선인 학생들이 관동대지진으로 유학생활을 지속할 수 없어 귀국을 단행했기 때문이었다.

후세는 대지진이 발생하자 당일로 도쿄 시내 각 지역을 순회하

---

106 『동아일보』 1923년 9월 19일, 「1回 震災救護資金 1,600萬圓 支出」.
107 『동아일보』 1924년 9월 27일, 「日本朝鮮留學生狀況」.

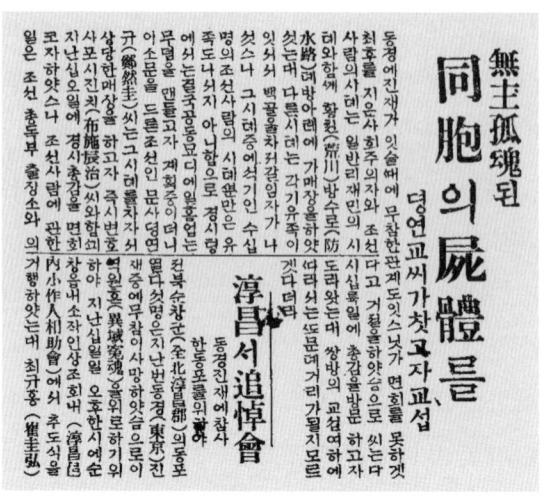

희생된 조선인의 매장을 위한 후세의 활동
(『동아일보』, 1923. 11. 19.)

는 동시에 경찰서, 형무소 등을 방문하여 사회적 약자들의 보호에 나섰다. 특히 노동운동 및 사회주의운동과 관련하여 형무소에 수감된 이들을 주의 깊게 살폈다. 이 가운데는 조선인도 분명히 있을 것이다. 후세가 도쿄 시내를 조사하고 다닐 무렵, 코마츠가와서[小松川署]에서 조선인 학살이 시작되었다. 후세 생애에서 가장 통한의 일이 발생하고 있었던 것이다. 학살 이후 방치된 조선인 시체를 정연규(鄭然圭)와 함께 제대로 매장하기 위해 경시총감을 면담하는 등 최선을 다하였다.

후세는 조선인 학살사건을 조사, 고발하기 위해 자유법조단(自由法曹團)의 선두에 서서 활약했다. 대지진의 여파가 채 가시지 않은 9월 20일, 후세의 주도 아래 자유법조단은 제1회 진재선후총회(震災先後總會)를 개최하였다. 그 전날인 19일에 후세는 경시총감 유아사 구라헤이[湯淺倉平]와 면담하고 협조 요청을 하였다.

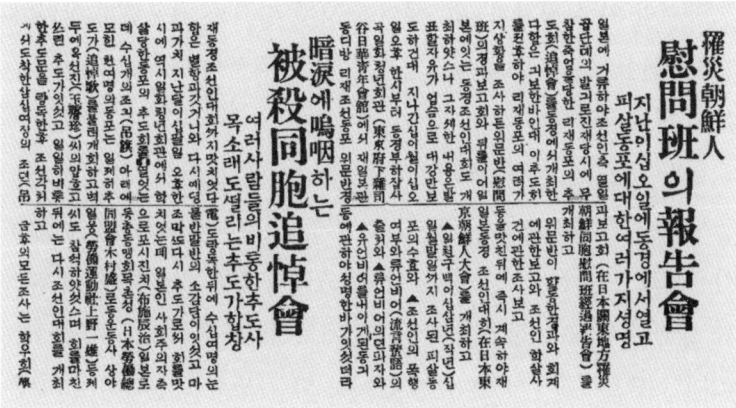

후세의 피살동포추도회 참석
(『동아일보』, 1924. 1. 6.)

이 회의의 의제 중 하나는 '대지진 중에 조선인 살해 진상 및 그 책임에 관한 건'이었다. 그 요점을 6가지였다.[108]

① 살해당한 조선인의 수는 몇 천 명인가.

② 살해당한 원인은 무엇인가. 단순히 조선인이라는 것만으로 살해당한 것인가. 그렇지 않으면 뭔가 혐의가 있어서 살해당한 것인가.

③ 하수인은 누구인가. 군인인가, 경찰인가. 그도 아니면 자경단의 민중인가.

④ 살해 방법은 무엇이었나. 잔인하고 가학적인 살해, 학살이지 않았는가.

⑤ 시체는 어떻게 했는가.

⑥ 하수인의 책임에 관한 수사, 검거, 처벌의 실정은 어떠한가.

---

108 오이시 스스무 등, 2010, 『조선을 위해 일생을 바친 후세 다츠지』, 지식여행, 36-42쪽.

하지만 일본 경찰과 내무성이 조사에 편의를 제공하지 않았다. 뿐만 아니라 그것을 방해하기까지 했기 때문에 조사는 지지부진하게 전개되었다.

한편 1923년 10월 조선인유학생들은 재일조선동포피학살진상조사회(在日朝鮮同胞被虐殺眞相調査會)를 결성하였다. 후세는 고문 자격으로 발기인에 이름을 올렸다. 그러나 일본 당국이 단체 명칭을 승인하지 않아 결국 도쿄지방이재조선인후원회(東京地方罹災朝鮮人後援會)로 개칭하였다. 이 단체는 학살 조사를 진행하여, 같은 해 12월 28일 조사의 경과보고를 겸한 '피살동포추도회'를 일화(日華)청년회관에서 개최하였다.

이때 후세가 추모 연설을 하였다. 그는 조선인 학살에 대해 일본 당국의 태도를 비판하면서 다음과 같이 말했다.

> 생각하면 생각할수록 무서운 인생의 비극입니다. 너무나도 가혹한 비극이었습니다. 특히 그중에서도 조선에서 온 동포의 최후를 생각할 때, 저는 애도할 말도 찾지 못했습니다. 또 어떤 말로 추도한다고 해도 조선 동포 6천 명의 영령은 성불하지 못할 것입니다. 그들을 슬퍼하는 1천만 개의 추도의 말을 늘어놓더라도 그들의 원통함이 가득 찬 최후를 추도할 수 없을 것입니다. (중략) 학살은 계급투쟁의 일부였습니다. 우리의 동지가 살해당한 것도, 6천 명의 동포가 그와 같은 처지에 직면한 것도 우리가 계급투쟁에서 패배했기 때문입니다. 우리가 졌습니다. 원통하기 그지없습니다. 왜 우리가 졌는지 생각해주십시오.[109]

---

[109] 『大同公論』 2권 2호, 1924년 11월.

후세의 연설문은 당시 조선인 학살을 규탄하는 문장 중에서 가장 격렬한 것이었다.[110] 학살에 대한 분노와 아쉬움이 추도사 전문에 가득 차 있다. 후세는 조선인 학살문제를 인재(人災)로 인식했다. 하지만 여기서 주의할 점은 후세가 조선인 학살을 일본인 사회주의자의 학살문제와 동일선상에서 인식하고 있다는 점이다.[111] 즉 후세는 조선인 학살문제를 민족문제가 아니라 계급문제로서 바라보고 있다. 앞에서 언급한 『아카하타』의 회답과 동일한 문제의식이기도 하다. 또한 후세는 일본인과 조선인, 특히 일본 민중과 조선 민중을 동일한 차원에서 인식하였다. 그에게는 조선인, 조선민족에 대한 우월의식이 전혀 없었다. 그래서 조선인을 '동포'라고 불렀으며, 이는 후세의 평등사상을 상징적으로 보여준다.

대지진 참사 1년이 지난 1924년 9월, 일본 당국의 조직적 방해에 의해 자유법조단은 최종 조사 결과를 발표하지 못하였다. 후세는 어쩔 수 없이 6가지 요점에 대한 당국의 발표에 대하여 의문과 비판을 열거한 후, 후세 개인의 중간보고서라고 해야 할 논고를 발표하였다.[112]

① 내무성 경보국이 1923년 11월 말에 발표한 학살자의 수는 조선인 231명, 중국인 3명, 일본인 59명이었다. 후세는 이 엉터리 숫자를 논리적으로 추궁했다.

대지진이 일어났을 때 이재(罹災) 지역인 도쿄, 가나가와, 치바, 사

---

110 이규수, 2003, 「후세 다츠지(布施辰治)의 한국인식」, 『한국근현대사연구』 25, 420쪽.
111 강덕상, 1999, 「관동대지진 조선인 학살을 보는 새로운 시각」, 『역사비평』 47.
112 「朝鮮人 騷動 調査」, 『日本辯護士協會錄事』 298호.

이타마, 군마에 거주하는 조선인이 2만 명 이상이다. 진재 후 귀국한 자와 재해 후에도 머무르고 있는 자, 다시 말해 생존 확인이 가능한 조선인의 수는 1만 2천 명~1만 3천 명이다. 그렇다면 7천 명 정도의 행방불명자가 남는다. 그중에는 진짜 지진으로 죽은 자, 진짜 행방불명자 등도 있다고 보고 여기저기에서의 살해 목격 정보를 가산해보니 관헌 발표의 수는 한 자리 수가 적다.

관헌 발표의 300명을 한 자리 수 올리면 3천 명이 된다. 후세는 1923년 12월에 조선인유학생 주최로 행해진 '피살동포추도회'의 강연에서 '조선 동포 6천 명의 혼'이라고 말했다. 6천이라는 숫자는 역사의 경과 속에서 부풀려진 수가 아니라 당초부터 거론되던 숫자였다.

② 조선인 살해 원인에 대해서 후세는 간접적인 원인과 직접적인 원인으로 나눠 고찰하였다. 간접적인 원인은 조선인 폭동 혹은 우물에 독을 탔다는 등의 유언비어를 흘린 자가 누구인가 하는 문제이다. 후세의 의견은 이렇다.

그 유언비어에 장단을 맞춰 살해에 가담한 자보다도, 유언비어를 흘린 자를 밝혀내는 것이 선결이다. 하지만 당국은 이 문제를 일부러 피해 가려고 하고 있다. 이것은 조직적으로 유언비어를 퍼뜨린 자가 있고, 그것을 감추려고 하는 것이 아닌가.

다음은 직접적인 원인이다.

관헌은 일부 흉포한 조선인이 있고, 폭행·협박·방화·강간 등의 사실이 있기 때문에 다수의 선량한 조선인도 오해를 받아 학살 대상이 되었다고 하지만, 이것은 무책임한 말이다. 현재 진재 중의 조선인 범죄로서 검거된 자는 이매모-이 사람에 대해서는 전혀 모른다-의 폭발물 단속법 위반 사건 밖에 존재하지 않는다. 폭행·협박·방화·강간 등이 있었다고 하지만, 피해자의 이름도 가해자의 이름도 모른다. 이것이야말로 유언비어를 그대로 반복하는 것이거나 죽은 자는 말이 없다는 이유로 살해당한 사람들에게 죄를 덮어씌우는 것이다. 또 백보 양보해서 일부 조선인에게 폭력 행위가 있었다고 해도 그것은 유언비어에 도발당한 범죄일지도 모른다.

후세는 이렇게 정곡을 찌른 뒤에 "어쨌든 선량한 조선인을 폭도로부터 지키는 것이야말로 경찰의 책임이지 않는가. 성의를 가지고 진상을 발표해라"라고 끝맺었다.

③ 후세는 하수인 문제에 대해 다음과 같은 결론을 내렸다.

관헌 당국은 학살 범인은 모두 자경단이고, 경찰관 등은 아무런 관계가 없다고 하나, 현재 학살 범인으로 기소된 자경단-이는 대부분 일본인을 조선인으로 착각해서 살해한 자들입니다만-은 모두 경찰의 교사·사주·지휘에 따라 했다고 증언하고 있다. 나에게는 변호사이자 자경단장을 하고 있는 친구가 있는데, 그도 경찰로부터 무기를 받았고, 해치워도 상관없다는 말을 들었다고 증언하였다. 또 경관이나 군인이 목을 베고 총을 쏘아 죽인 조선인이 적지 않다고 말하는 자도 있다. 당국의 발표는 참으로 천연덕스럽다.

④ 잘못해서 살해당한 것도, 고통을 받다가 죽은 것도 살해지만, 살해 방법의 실태는 어떠했는가.

조선인으로 오해받아 살해당한 일본인의 사건은 각 지역 법정에서 두드러지게 나오고 있는데, 참으로 참혹하다. 하물며 진짜 조선인이 살해당한 상황은 말과 글로 차마 담을 수 없을 정도로 잔혹하다. 쇠갈고리, 쇠줄, 권총, 죽창, 일본도 등의 무기가 어떻게 사용되었는가는 지금도 소름이 끼치고 몸서리쳐진다.

⑤ 시체는 어떻게 했는가.

시체를 소각했다는 것은 당국이 인정하는 부분인데 발표하지 않는 것은 비겁하다.

⑥ 마지막 문제는 하수인의 수사와 처벌 문제다.

관권은 이 일에 대해 아무것도 하려고 하지 않는다. 진상이 아무리 잔인한 것이어도 그것이 실수라면 그 실수를 인정하여 다시는 그런 일이 일어나지 않도록 하고, 그것이 고의로 한 악행이었다면 진심으로 뉘우치고 재차 속죄할 필요가 있다. 어쨌든 무엇보다 먼저 진상을 조사, 확정할 필요가 있다. 우리의 조사에 편의를 부여하라.

후세는 평생 동안 다음과 같은 말을 하며 이 사건을 한탄했다.

자신들이 항상 조선인을 학대했으니 지진으로 혼란한 틈에 보복당하지 않을까 두려웠겠지. 그런 심리로 계엄사령부와 경찰관계자가 먼저 '조선인 내습'이라는 망상을 하고는 유언비어 그대로 호외로 보도해 일반 시민까지 민중의 양심을 잃은 게지.[113]

1926년 3월 두 번째로 조선을 방문했을 때, 후세는 도착 직후 관동대지진에 대한 사죄의 글을 『조선일보』와 『동아일보』에 각각 우송할 정도로 조선인 학살문제에 애도를 표명했다.[114]

---

113 후세 간지 지음, 황선희 옮김, 2011, 『나는 양심을 믿는다─조선인을 변호한 일본인 후세 다쓰지의 삶』, 현암사, 104쪽.
114 후세가 신문사에 보낸 사죄문은 다음과 같다. "전 세계의 평화와 전 인류의 행복을 추구하는 우리 무산계급 해방운동자는 일본에서 태어나 일본에서 활동의 근거를 두고 있다고 해도 일본 민족이라는 틀에 사로잡히는 일 없이, 또 실제 운동에 있어서도 민족적인 틀에 얽매이지 않는다는 것을 증명하기 위해 지진 직후의 조선인 학살 문제에 대한 정직한 나의 소신과 소감을 모든 조선 동포에게 전하려고 합니다. (중략) 일본인으로서 모든 조선 동포에게 조선인 학살 문제에 대해 진심으로 사죄를 표명하고 자책을 통감합니다."(布施辰治, 『朝鮮旅行記』; 이규수, 2003, 「후세 다츠지(布施辰治)의 한국인식」, 『한국근현대사연구』 25, 420쪽).

4

조선의 독립과 조선인의
인권을 위해 투쟁하다

운명의 승리자 박열을 만나다

1923년 9월 1일 관동대지진이 발생하여 민심이 극도로 흉흉해지자 일제는 그 돌파구로 재일조선인들을 희생양으로 삼았다. 조선인들이 우물에 독극물을 살포하고 폭동을 일으켜 일본인들을 학살하려 한다는 유언비어를 날조하여 유포한 것이다. 그러자 일본인들이 조선인들을 무차별 폭행하고 학살하는 만행을 저질러 약 6,000여 명의 재일조선인들이 희생되는 참극이 벌어졌다.

이 같은 학살의 회오리 속에 일본 군부와 경찰은 1923년 9월 3일부터 이른바 불령선인을 수색하고 선량한 조선인들을 보호한다는 명분으로 조선인을 검속(檢束)하였다. 이 과정에서 경찰범처벌령 위반 혐의로 검속되어, 도쿄의 세타가야 경찰서에 갇힌 한 조선 청년이 있었다. 이 청년이 훗날 일본과 조선을 떠들썩하게 만든 아나키스트 박열이었다. 당시 일본 천황과 황태자를 폭탄으로 암살하려고 했다는 대역사건의 주범이었다.

후세 다츠지는 평소 친하게 지내던 박열과 가네코 후미코[金子文子] 부부를 구하기 위하여 최선을 다했다. 후세는 박열 사건이 공표되자 자진해서 무료 변호를 자처했다. 방대한 사건 기록을 검토하

박열

가네코 후미코

고, 여러 차례 박열을 면회해 사건 진상을 규명하면서 공판을 준비하였다. 후세는 박열 부부와 함께 호흡하며 법정 투쟁을 전개하였다. 그러나 박열에 대한 일제 사법부의 판결을 막지는 못했다.

후세가 박열을 다시 만난 것은 22년 2개월만인 1945년 10월 27일 그가 석방된 날이다. 후세는 그날을 그의 저서 『운명의 승리자 박열』에서 다음과 같이 회고하였다.[1]

손은 굳게, 굳게 쥐었으나 입으로는 한동안 말이 없었다. 굳은 악수를 나누고 난 뒤, 두 사람의 입에서 한숨처럼 나온 첫 번째 말은, "건강하게 만나서 다행입니다" 라는 한마디였다. 마침내 온몸의 격정을 진성시킨 필자(후세-필자 주)는, "무엇보다 건강해서…" 라는 말로 박열 군의 생환을 진심으로 축하하고, "정말 잘도 살아 돌아와 주었네. 참으로 장하네"라고 말했더니 박열 군은, "저의 생환은 조금도 장하지 않습니다"라고 대답했다. "어째서?" "생환해야겠다고 생각해서 생환한 것이 아니기 때문에…" (중략) "그래, 그런가? 정말 장하네. 재미있어. 정말 운명의 승리자야. 건강의 승리. 신념의 승리야. 투쟁의 승리일세" 라는 말로 필자는 박열 군의 생환을 찬

---

[1] 후세 다츠지, 박헌석 옮김, 2017, 『운명의 승리자 박열』, 亥人, 19-22쪽.

박열 부부의 수감 기록과 법정투쟁(1923~1945년)

1923년(22세)	9월 1일	관동대지진 발생 조선인 학살당함
	9월 3일	박열, 가네코 후미코 보호 검속됨
	9월 4일	박열, 가네코 후미코 경찰범처벌령으로 구류 연장
	10월 20일	도쿄지방재판소 검사국 치안경찰법 위반 혐의로 박열, 가네코 후미코 기소, 이치가야형무소에 수감
	10월 22일	박열, 가네코 후미코 외 14명 도쿄지방재판소의 예심 판사 불령사 전원에 대해 예심
	10월 24일	대역죄 혐의로 구속 기소 재판 회부, 1925년 6월 6일까지 17회에 걸쳐 도쿄지방재판소 예심 받음
1924년(23세)	2월	『일본의 권력자 계급에게 전한다』 저술
	12월 3일	『나의 선언』 저술
	12월 29일	『무위도식론』 저술
1925년(24세)	3월	『음모론』 저술
	7월 17일	박열과 가네코 후미코 "대역죄" 폭발물취제규칙 위반 혐의로 기소, 대심원 제2특별형사부 박열과 가네코 후미코 형법 제73조 대역죄 적용 공판개시 결정
1926년(25세)	2월 26일	대심원 대역사건 제1회 공판(인정신문 후 비공개) 박열은 조선예복, 가네코 후미코는 한복 착용
	2월 27일	대심원 대역사건 제2회 공판(비공개)
	2월 28일	대심원 대역사건 제3회 공판(비공개)
	3월 1일	대심원 대역사건 제4회 공판(비공개)
	3월 23일	우시고메구청[牛込區役所]에 박열, 가네코 후미코 혼인계 제출
	3월 25일	박열, 가네코 후미코 결심 공판에서 사형선고 받음
	4월 5일	박열, 가네코 후미코 무기 감형. 격렬히 저항하며 사형을 요구
	4월 6일	박열은 이치가야형무소에서 지바[千葉]형무소로, 가네코 후미코는 우츠노미야[宇都宮]형무소 도치기지소[栃木支所]로 각각 이감
	7월 23일	가네코 후미코 의문의 옥중 자결
1936년(35세)	7월	박열, 지바형무소에서 코스게[小菅]형무소로 이감
1943년(42세)	8월	박열, 코스게형무소에서 아키타[秋田]형무소로 이감
1945년(44세)	10월 27일	박열, 아키타형무소 오오다테지소[大館支所]에서 석방

탄했는데 참으로 혁명가다운 박열 군의 생환 고백에 머리를 숙이지 않을 자가 과연 있을까?

박열[2]은 1902년 3월 12일, 경북 문경군 호서남면 모전리(현재 문경시 모전동 311번지)에서 박지수(朴之洙)와 정선동(鄭仙洞) 사이에서 1녀 3남 중 막내로 태어났다. 초명은 혁식(赫植)이었으나, 어려서부터 열(烈)로 불렸고 호적명은 준식(準植)으로 되어 있다. 본관은 함양으로 사대부 집안이었는데, 1880년대부터 가세가 기울기 시작하였다. 박열의 집안은 그가 태어난 지 몇 해 되지 않아 마성면 오천리(일명 샘골)로 이주하였다.

박열은 아버지와 형들의 사랑 속에서 성장하였다. 불행하게도 그의 나이 다섯 살에 아버지가 별세하였다. 이후 형들의 보살핌 속에서 자랐다. 그는 서당에서 『천자문』, 『동몽선습(童蒙先習)』, 『자치통감(資治通鑑)』 등을 배웠다. 총명했던 그는 배운 것은 잊어버리지 않아 성적이 우수하고 뛰어났다고 한다. 성격도 쾌활해서 서당 훈장과 마을 사람들의 칭찬을 독차지했다.

1911년 10세에 함창보통학교에 입학하였다. 당시 이 학교는 이 지방 최초로 설립된 4년제 보통학교였다. 그는 오천리 샘골 집에서 50리 떨어진 학교까지 통학하였다. 나중에는 학교 옆에 있던

---

[2] 박열에 관한 부분은 다음의 글들에서 많은 도움을 받았다. 布施辰治 外, 1946, 『運命の勝利者朴烈』, 世紀書房(박헌석 옮김, 2017, 『운명의 승리자 박열』, 玄人); 金一勉, 1973, 『朴烈』, 合同出版; 再審準備會 編, 1977, 『金子文子·朴烈 裁判記錄 : 最高裁判所藏』, 黑色戰線社; 김삼웅, 1996, 『박열 평전』, 가람기획; 황용건, 2002, 『항일독립투사 박열, 잃어버린 역사를 찾아서』, 한빛 ; 김인덕, 2012, 『극일에서 분단을 넘은 박애주의자 박열』, 역사공간; 가네코 후미코 지음, 정애영 옮김, 2012, 『무엇이 나를 이렇게 만들었는가』, 이학사; 안재성, 2017, 『박열, 불온한 조선인 혁명가』, 인문서원.

복원된 박열의 생가

함창의 고모 집에서 기숙하며 다녔다. 그는 일본 사람들과 같이 신학문을 배운다는 호기심과 기대감에 열심히 공부했다. 1916년 3월 보통학교 졸업을 며칠 앞둔 어느 날, 담임 이순의 교사는 학교 뒷동산 숲속으로 졸업반 아이들을 몰래 불러 모았다. 선생님은 굳은 표정으로 말문을 열었다. 선생님은 지금까지 일본인 교장의 압력에 못 이겨, 마음에도 없는 거짓교육을 한 것을 뉘우쳤다. 학생들 앞에서 눈물을 흘리면서 사죄하였다. 박열은 울면서 말하는 이순의 선생님에게 큰 감명을 받았다. 이후 이순의 선생님의 언행은 그의 민족의식과 독립사상에 많은 영향을 주었다.[3]

박열은 1916년 3월 24일 15세 때 함창보통학교를 졸업하였다. 이 무렵 그의 꿈은 교사가 되는 것이었다. 계속 신학문을 공부해서 후진을 양성하고자 다짐했다. 그러나 박열이 처한 현실은 그리 녹록치 않았다. 그의 집안 형편으로는 상급학교 진학이 거의 불가

[3] 김인덕, 2012, 『극일에서 분단을 넘은 박애주의자 박열』, 28-29쪽.

능하였다. 그때 돌파구를 마련해 준 이가 바로 이순의 선생님이었다. 오늘날의 도지사인 도장관(道長官)의 추천을 받아 관립 고등보통학교에 진학하면 관비(官費)로 공부할 수 있다고 알려주었다. 경상북도 도장관의 추천을 받으려면 대구에서 시험을 치러 우수한 성적을 내야 했다.

박열은 형 박정식(朴庭植)과 함께 집을 나섰다. 그들은 걸어서 김천에 도착했다. 거기서부터 혼자 기차를 타고 대구로 가서 입학시험을 치렀다. 그는 당당히 입학시험에 합격하고 도장관의 추천을 받아서 경성고등보통학교 사범과에 입학하였다. 전국의 수재가 모인다는 경성고등보통학교의 입학은 집안의 경사이고 동네의 자랑거리였다.

1916년 4월 고향을 떠나 서울로 올라와, 경성고등보통학교 사범과에 들어갔다. 처음 1년 동안은 학교와 가까운 경복궁 근처 소격동에서 하숙을 했다. 그는 학교와 하숙집을 오가며 공부에만 열중하고 새로운 학문에 대한 배움의 열기로 학교생활에 충실했다. 어느 정도 서울에서의 학교생활이 적응되자, 자취생활을 시작했다. 늘어난 생활비와 책값 등 학비를 절약하려고 학교에서 멀리 떨어진 팔판동에 방을 얻어 친구 2명과 같이 자취를 했다.

당시 경성고등보통학교는 일본 천황에 충성하는 황국신민화(皇國臣民化) 교육, 일본어 보급, 일본 역사와 지리 교육 등 식민지민으로 우민화(愚民化) 교육을 철저히 수행하는 공간이었다. 때문에 학교에서 영어나 상업을 가르치거나 배우는 것을 금지했다. 또한 교외활동과 교내에서 집단행동을 엄격히 제한했다. 박열은 학교에서 배우는 교과목에만 만족할 수 없었다. 그는 학교 공부 이외에도 와세다대학의 영어 강의록을 구독했다. 학교 수업이 끝나면 교외활동에 적극 나섰다. 기독교 교회나 사립학교에서 열리는 강연회에 참석해서 각종 연설을 들었다. 그리고 조선 민족 독립의 당위성과 조선총독부의 야만적인 정치를 규탄하는 연설을 듣고 고무되었다. 당시 강연회에 많이 참석했던 보성전문학교와 연희전문학교 학생들을 비롯하여 서울 시내 사립학교 학생들과 여러 얘기를 나누었다.

고토쿠 슈스이

한편으로 박열은 이 무렵 다양한 사상적 충격을 받기도 하였다. 일본인 교사로부터 고토쿠 슈스이[幸德秋水]의 이른바 대역사건, 일본 천황을 암살하려 했다는 음모사건에 대한 이야기를 들었다. 또 근세 유럽 각국의 침략사와 독립운동사 등도 흥미롭게 들었다. 이후 박열은 일본을 비롯한 세계 각국의 사상가들에 많은 관심을 갖게 되었다. 일본에서 들어오는 세계적인 사조를 각종 서적을 통해 탐독했다. 이를 통해 그의 관심은 민족주의적 독립 사상에서 점차 범사회주의 사상으로 옮겨졌다. 하지만 본질적으로는 투철한 반일(反日)과 배일(排日)의 민족의식으로 일제에 맞서는 사상, 인간의 절대 자유와 평등을 주장하는 평등사상을 갖게 되었다.

1919년 3월 1일 전민족적 반일투쟁인 3·1운동이 일어났다. 박열은 서울의 3·1운동에 적극 참여하였다. 경성고등보통학교의 행동대원으로 3월 1일 당일 박노영과 탑골공원으로 진출하면서 시위를 선도했다. 이들은 오후 2시까지 인사동, 낙원동, 관훈동 일대의 길거리 사람들에게 독립선언서를 배부했다. 경성고등보통학교생들의 독립만세 시위운동을 주도했던 박열은, 일본인이 세운 학교에 다니는 치욕을 견딜 수 없다며 학업을 포기하였다. 그리고 경찰의 추적을 피해 고향 문경에 돌아와 친구들과 함께 4월 문경의 3·1운동에 참여하였다.[4]

5월이 되자 3·1운동의 열기는 차츰 소강국면으로 접어들었다. 이때 박열은 자신의 장래에 대해 고민하기 시작했다. 그는 친구들로부터 일제의 가혹한 고문과 탄압 등의 만행을 전해 듣고, 더 이상 국내에서는 항일운동이 힘들다고 판단하였다. 그에게는 여전히 새로운 세계 신사조에 대한 배움의 갈망이 있었다. 결국 그는 일본행을 결심하게 된다. 학교 근처에 살고 있는 경성고등보통학교 김원우 담임 선생님을 찾아가 도쿄 유학 결심을 말씀드렸다. 일본에서 농업학교를 졸업한 김원우 선생님은 도쿄 생활에 필요한 사전 지식과 준비를 일러주면서 몸조심하고 학업의 뜻을 완성하여 나라를 위해 봉사해 주기를 당부하였다. 박열은 도쿄유학생 선배들의 근황과 연락처 등 학교에 관해 알아보면서 일본 도쿄 유학을 준비하였다. 1919년 10월 일본으로 가기 위해 서울역을 출발하여 부산으로 향했다. 김천역에서 근처에 사는 고종사촌을 만나 함께 부산에 도착한 박열은 그의 배웅을 받으며 도쿄로 가는 배를 탔다.[5]

도쿄에 도착한 박열은 일본에 유학한 다른 조선인 유학생들과 마찬가지로 공부와 일을 동시에 해야 했다. 처음에는 간다[神田]의 세이소쿠[正則]영어학교에 다녔다. 조선인 유학생들이 정식으로 학교에 진학하기 위해서는 영어 실력이 필요했기 때문이다. 박열은 영어학교에 다니면서 신문배달, 제빙공장 직공, 막노동꾼, 우편배달부, 인력거 인부, 중국요리집 배달부, 조선엿장수, 인삼

---

[4] 김인덕, 2012, 『극일에서 분단을 넘은 박애주의자 박열』, 역사공간, 38-39.
[5] 안재성, 2017, 『박열, 불온한 조선인 혁명가』, 인문서원, 39-42쪽.

행상 등 여러 일을 하였다.

도쿄에 유학한 박열은 갈망했던 새로운 세계적 사조와 만나게 된다. 당시 도쿄 진보쵸[神保町] 서점가에는 아나키즘과 볼세비키즘을 비롯한 사회주의 관련 각종 서적, 신문, 잡지 등이 넘쳐났다. 특히 그는 원종린, 김약수 등과 함께 오스기 사카에[大杉榮], 이와사 사쿠타로[岩佐作太郎], 사카이 도시히코[堺利彦] 등과 교류하면서 아나키즘의 영향을 받았다. 박열은 구미 제국의 노동운동과 사회운동의 움직임에 깊은 관심을 갖고 있었지만, 제정 러시아가 붕괴된 혁명 이후 소련을 보면서 소수의 권력자가 국가 사회를 강제하는 모습은 로마노프 왕조시대의 모습과 별반 다르지 않다고 생각했다. 사회주의, 공산주의에도 만족할 수 없었던 그는 무권력 무지배의 모든 개인의 자주, 자유에 의해 평화로운 세계를 동경하는 아나키즘을 전면적으로 수용하게 되었다.

이후 박열은 1921년 11월 흑도회 조직, 1922년 2월 동우회선언 참여, 1922년 7월 일본 니가타현에서 조선인 노동자 학살 사건에 대한 조사 및 투쟁, 1922년 11월 흑도회의 분화로 무정부주의 단체 흑우회 조직 및 기관지 『후테이센징』 『현사회(現社會)』 등 발간, 1923년 4월 흑우회와 별도의 불령사 조직 등의 활동을 통하여 민족적 무정부주의를 선전하고, 의열투쟁을 적극적으로 전개하였다.

박열의 일생에서 빼놓을 없는 것이 연애와 결혼이야기다. 1922년 2월 도쿄에는 유난히 눈이 많이 내리고 있었다. 박열에게 눈과 함께 찾아온 운명적인 여인이 있었다. 그의 평생의 동지이자 아내인 가네코 후미코[6]였다. 당시 가네코 후미코는 유라쿠쵸 스키야바시 근처에 있는 이와사키 오뎅집에서 일하면서 오전의 한가한 틈을 이용해 세이소쿠영어학교에 다니고 있었다. 그녀가 일하는 오뎅집은 일본인 이와사키라는 사회주의자가 경영하는 곳으로 지식인 사회주의자, 아나키스트들의 집합 장소로 자주 이용되는 곳이었다. 그녀는 여기서 조선유학생들과 교류하였다. 그때 박열과 만나게 된다.

가네코 후미코는 1903년 1월 25일 요코하마에서 히로시마현 출신 아버지 사에키 분이치[佐伯文一]와 야마나시현 출신 어머니 가네코 기쿠[金子菊] 사이에 태어났다. 그녀는 바로 호적에 오르지 못했다. 호적에 올려 주지 않아 출생신고도 못한 채 문란한 생활을 일삼던 부모의 무관심과 학대를 받다가 어머니 가(家)로 옮겨졌다. 소학교에도 정식으로 입학할 수 없었다. 그녀는 친척과 주위로부터 멸시와 학대를 받으면 괴로운 성장기를 보내야만 했다.

9살이 되던 1911년 여름 가네코는 충북 청원군 부용면 부강리에 사는 아버지의 누이동생에게 양녀로 입적했다. 하지만 1년도 못되어 1912년 10월 14일 외할아버지의 5녀, 즉 어머니 가네코 기쿠의 동생에게 호적을 올리게 되었다. 이때 가네코라는 성을 갖게 되었다. 가네코 후미코는 할머니의 손에 이끌려 조선으로 왔다. 이후 그녀의 할머니와 큰어머니의 차가운 학대 속에 부강공립심상소학교와 고등소학교를 다니며 식모로 고된 생활을 하면서 견디다 못해 몇 번 자살을 시도했다. 가네코는 이곳에서 식민지 조선인의 실상을 보고 들었다. 훗날 이웃 조선 사람들의 따뜻한 정을 회상하기도 하였다.

6 야마다 쇼지 저, 정선태 역, 2003, 『가네코 후미코: 식민지 조선을 사랑한 일본제국의 아나키스트』, 산처럼; 가네코 후미코 지음, 정애영 옮김, 2012, 『무엇이 나를 이렇게 만들었는가』, 이학사.

영화《박열》포스터

1919년 3월 부강리에서도 만세운동이 일어나 가네코는 3·1운동을 직접 목격했다. 이때 그녀는 '나 자신에게도 권력에 대한 반역적 기운이 일기 시작했으며, 조선쪽에서 전개하고 있는 독립운동을 생각할 때 남의 일이라고 생각할 수 없을 정도의 감격이 가슴에 용솟음쳤다'고 하였다. 그 해 4월 7년 만에 일본으로 돌아갔다. 고향으로 돌아온 가네코는 그곳에서도 오래 있지 않았다. 의사 공부를 하고자 도쿄로 갔다. 처음에는 외가의 큰숙부 집에서 숙식을 하며 세이소쿠영어학교와 연수회관에 다녔다. 그녀의 도쿄 생활은 친척집을 전전하며 신문팔이, 설탕가게 심부름, 가루비누 노점상, 가정부, 인쇄소 문선공 등을 하며 주경야독해야 하는 고된 생활이었다.

가네코 후미코와 박열의 만남은 정우영(鄭又榮)을 통해서였다. 그녀는 세이소쿠영어학교로 가는 길에 정우영의 하숙집에서 들렀

4. 조선의 독립과 조선인의 인권을 위해 투쟁하다 145

다. 정우영은 가네코 후미코에게 『청년조선(靑年朝鮮)』의 교정지를 보여주었다. 이때 박열의 시 「개새끼」가 실려 있었다.

박열의 시 「개새끼」를 읽은 가네코는 시의 한 구절 한 구절이 그녀의 마음을 강하게 이끌었다. 그녀는 숙명적인 사랑에 빠졌다. 그때 박열은 일정한 직업도 없이 친한 친구 집을 전전하면서 생활했다. 며칠 후 가네코는 정우영의 하숙집을 갔다가 정우영의 친구 박열을 만났다. 단추가 떨어진 코트, 소맷부리가 너덜거려 초라한 모습의 박열이었지만, 그의 강렬함이 가네코에게는 큰 충격이었다. 그녀가 찾고 있던 사람, 그녀가 하고 싶었던 일, 그것이 틀림없이 박열의 몸 안에 있음을 느꼈다. 이 사람이야말로 자신이 찾고 있던 사람이라고 생각했다. 1922년 5월 박열과 가네코는 바로 동거에 들어갔다. 박열과 가네코 후미코는 흑도회 기관지 『흑도(黑濤)』 1, 2호와 흑우회 기관지 『후테이센징』 1, 2호 그리고 『현사회』(후테이센징에서 제호를 바꾼 것) 3, 4호의 발간 책임을 전적으로 맡았다.

후세는 가네코 후미코에 대한 첫 만남과 인상을 다음과 같이 회고하였다.

제가 후미코 씨를 알게 된 것은 1922년 말쯤이었다고 생각합니다. 전부터 알고 지내던 박열 씨의 아내라며 방문을 받았을 때 매우 활달한 여성이라는 인상을 받았습니다. 자신들의 운동과 생활 상태를 숨김없이 이야기하고 그에 대한 비판과 함께 원조를 청한 태도의 시원시원한 인상이 지금까지도 잊을 수 없는 추억으로 남아 있습니다.[7]

---

[7] 후세 다츠지, 박헌석 옮김, 2017, 『운명의 승리자 박열』, 玄人, 259쪽.

흑우회 기관지 『후테이센징』

박열과 가네코는 1923년 4월 중순경 도요타마군 요요하타쵸 요요기 도미가야 자신들의 2층 셋집에서 불령사를 조직하였다.[8] 회원은 정태성(鄭泰成)·장상중(張祥重)·홍진유(洪鎭裕)·육홍균(陸洪均) 등 조선인 15명과 구리하라 가즈오[栗原一男]·니야마 하츠요[新山初代] 등 일본인 6명 총 21명이었다. 박열은 '불령사'라는 나무 간판을 집 밖에 내걸었다. 숙소인 2층 방에는 붉은 잉크

8 김명섭, 2014, 「박열의 일왕폭살계획 추진과 옥중투쟁」, 『한국독립운동사연구』 48, 42-43쪽.

박열 부부 집과 불령사 회원
(『동아일보』, 1925. 11. 27.)

로 커다란 하트 무늬를 그렸다. 그 안에 검은색으로 '반역'이라는 문구를 써 넣었다. 그리고 위, 아래층 할 것 없이 벽에는 혁명가와 노동가 등을 써 붙였다. 표어로는 '타도 일본', '제국주의 타도' 등을 내걸었다. 따라서 불령사는 비밀결사라기보다는 아나키즘을 대중에게 선전하고 항일운동을 매도하는 인사를 징계하는 등 대중적이면서 직접행동을 하는 단체였다.

불령사에 가입하려는 자는 회원 2명 이상의 추천을 받아야 했다. 탈퇴할 때는 전체 회원 앞에서 자신의 의사를 밝혀야 했다. 회비는 필요할 때 모아서 사용했으며, 회의 내용은 비밀을 유지하는 게 불문율이었다. 불령사 회원들은 5월 27일 첫 모임을 시작해 8월 11일까지 매월 1회씩 네 차례에 걸쳐 정기모임을 가졌다. 주요 활동은 조선에서 발생한 형평사의 수평운동이나 철도 파업에 후원 전보를 보내는 일, 일본 민중미술가 등 일본 아나키스트들을 초청해 강연을 듣는 일 등이었다. 일부 회원들은 사회주의자를 매도하는 글을 신문에 게재한 『동아일보』 김형원 기자를 폭행하기도 하였다. 박열 역시 이러한 의열투쟁에 주도적으로 참여했고, 여러 차례 경찰에 의해 폭행범으로 구류처분을 받은 적이 있었다.

그런데 박열과 후세 다츠지는 어떤 인연으로 연결되었을까. 후세는 단발사건을 통하여 박열을 만나게 되었다고 회고하였다.[9] 단발사건이란 1923년 4월에 발생한 『동아일보』의 주필 장덕수(張德秀) 구타 사건과 관련이 있다. 당시 이동휘가 레닌으로부터 받은 독립운동자금을 국내로 들여와 장덕수에게 전달했는데, 장덕수가 이를 가로챘다는 소문이 돌았다.[10] 이에 소문을 견디다 못한 장덕수가 미국 유학을 떠나려고 하자 소문은 더 악화되어 미국 유학자금도 횡령한 돈이라는 의심을 받게 되었다.

마침 장덕수가 미국 유학을 가는 길에 일본에 들러 간다에 숙식하고 있다는 정보가 들어왔다. 박열은 3명의 의거단원[11]과 함께 간다로 몰려가 장덕수를 심하게 폭행해버렸다. 이 사건으로 박열은 니시간다[西神田] 경찰서에 구속되어, 곧바로 즉결구류처분을 받고 이치가야형무소에 갇혔다. 경찰은 박열의 변호사 면회를 저지하고, 정식재판이 끝나기 전에 즉결구류형을 집행하려 했다. 그리고 박열의 '유명하고도 귀중한' 장발을 깎으려고 하자, 박열은 후세에게 급히 전보를 보내 구원을 요청했다. 그리하여 후세에 의해 정식재판이 신청되었고, 마침내 변론 결과 박열은 무죄로 풀려났다.

이후 1923년 5월 후세는 박열과 함께 간다의 조선기독교청년회관에서 '인권유린 경찰규탄연설회'를 개최했다. 일본 경찰에 대

---

9 후세 다츠지, 박헌석 옮김, 2017, 『운명의 승리자 박열』, 玄人, 259쪽.
10 안재성, 2017, 『박열, 불온한 조선인 혁명가』, 인문서원, 80-81쪽.
11 후세의 회고에는 불령사 단원들이라고 기록하고 있다.(후세 다츠지, 박헌석 옮김, 2017, 『운명의 승리자 박열』, 玄人, 260쪽)

해 인권유린이라고 역공을 가한 것이다. 경찰과 밀고 당기는 투쟁 과정에서 후세는 박열과 급속히 친밀해졌다. 박열은 『현사회』 광고란에 '프롤레타리아의 벗, 변호사계의 반역자 후세 다츠지'라는 문구를 실었다. 이 사건을 계기로 박열과 가네코 후미코, 그리고 후세는 동지적 관계를 넘어 운명적인 관계를 유지해 갔다.

한편 박열은 사상단체 활동과 함께 직접적인 의열투쟁을 전개하기 위해 폭탄 유입을 모색하였다.[12] 그는 먼저 1921년 12월 원양어선을 타는 일본 선원 스기모토 데이치[杉本貞一]을 통해 외국 폭탄을 들여올 방도를 논의하였다. 그러나 사건에 연루될 것을 두려워한 스기모토가 달아나는 바람에 실패하였다. 두 번째로는 폭탄 재료를 구입해 직접 제조하고자 하였다. 수백 군데의 약국에서 원료를 사 모아 폭탄 제조를 시도했지만 실패하였다. 세 번째 박열의 폭탄 유입 계획은 1922년 9월 서울에서 의열단과 연락이 닿은 김한(金翰)을 통해 추진되었다. 서울과 도쿄에서 서로 연락하며 일본 주요 군사본부의 파괴와 천황을 비롯한 정부 요인 암살 등을 계획하였다.

이 계획은 의열단 내부 혼란으로 중단되었다. 즉 단둥현까지 폭탄을 운반해 놓았던 의열단 본부 측이 '김한이 일제에 매수되어 주구노릇을 한다'는 소문을 듣고 국내로의 반입을 중단시켜 버린 것이다. 그후 1923년 3월 의열단은 2차 국내거사계획을 수립하고 30여 개의 폭탄을 비밀리에 서울까지 운반하였다. 하지만 앞에서 언급했듯이 '황옥 경부 폭탄사건'으로 김시현을 비롯한 의열단원 18명 전원이 체포되고 폭탄은 압수되어 실패하였다.

12 김명섭, 2014, 「박열의 일왕폭살계획 추진과 옥중투쟁」, 『한국독립운동사연구』 48, 44–49쪽.

박열 부부와 박열 친필
(『조선일보』, 1925. 11. 28.)

거사가 실패로 돌아가자 박열은 1923년 가을 일본 황태자의 결혼식이 있다는 소식을 접하고 다시 네 번째 거사 계획을 세웠다. 그해 4월 고교 후배이자 아나키스트 김중한(金重漢)이 도쿄로 박열을 찾아왔다. 두 사람은 허심탄회한 대화를 나누고 일제에 대한 강력한 투쟁을 전개할 것에 의기투합했다. 박열은 불령사의 창립회원이 된 김중한에게 폭탄 구입 여부를 타진하였다. 그런데 상하이로부터 폭탄을 구입하는 비용으로 약 2천원의 거금이 필요하다는 사실에 폭탄 구입을 보류하게 된다. 그러던 중 8월 10일 박열은 김중한에게 돌연 폭탄 구입 부탁을 취소한다고 통보하였다. 김중한이 애인 니야마 하츠요에게 사전에 계획을 알림으로써 거사가 발각될 위험이 노출되었기 때문이다. 그러자 김중한은 다음날 불령

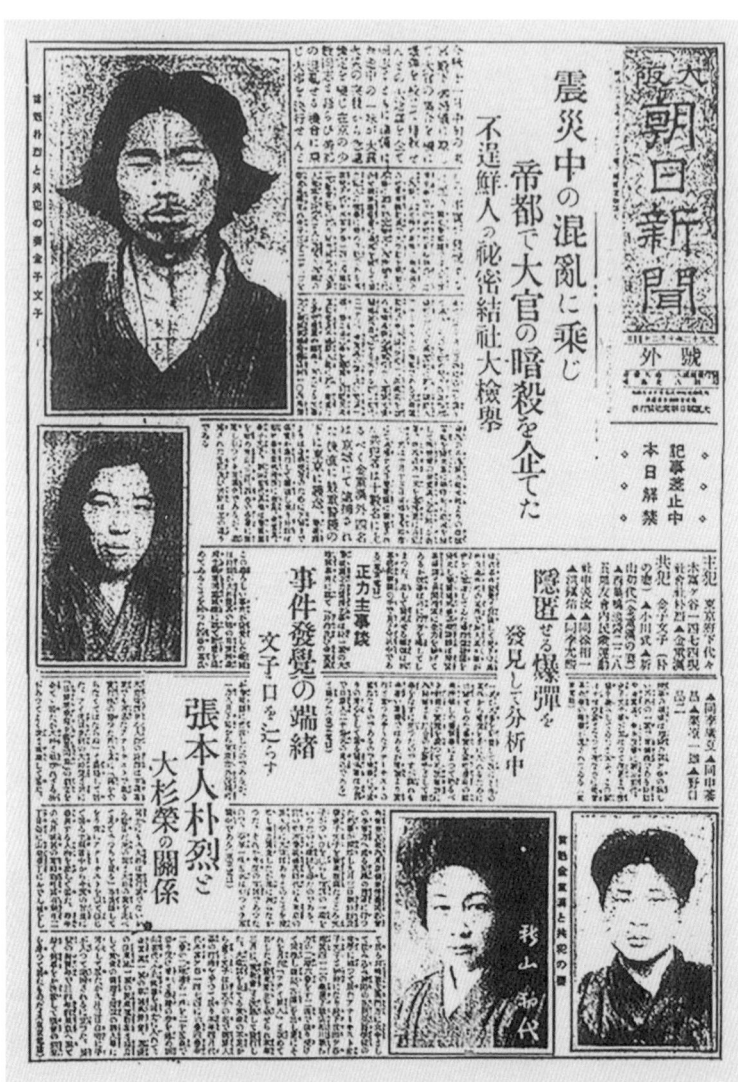

박열 사건을 보도한 『대판조일신문』 호외

사 정기 모임 자리에서 박열에게 배신당한 울분을 토하며 심하게 대들었다. 이 일로 인해 회원 간의 갈등은 더욱 심화되었고, 김중한과 홍진유의 주장에 따라 8월 11일 흑우회가 해체되기에 이르렀다. 게다가 김중한은 8월 31일 도쿄역에서 야간열차를 타고 조선으로 돌아가 버렸다. 자연히 박열의 폭탄 유입 계획은 취소되었다.

박열은 네 번째 거사의 실패에도 불구하고 천황폭살계획을 포기하지 않았다. 그는 중국의 또 다른 의열단체인 다물단(多勿團)으로부터 폭탄 구입을 협의하였다. 박열은 폭탄 운반 책임을 두 살 아래인 불령사 회원 최영환(崔英煥)에게 부탁하였고, 그는 무사히 상하이로 가 폭탄을 인계 받은 후 도쿄 모처로 가져오는데 성공하였다. 만일 1923년 9월 1일 관동대지진이 일어나지 않았더라면, 그해 10월 예정대로 일본 황태자 히로히토[裕仁] 성혼식이 거행되었을 것이며 그 자리에 죽음을 각오한 박열 등이 폭탄을 투척했을 것이다.

한편 대지진이 발생한 이튿날인 1923년 9월 2일 오후 후세의 요츠야[四谷] 변호사 사무실로 박열이 찾아왔다. 지진의 상황이 궁금했던 박열은 동지들의 안전을 확인하고 잡지 비용을 구하기 위해 왔다고 하였다. 불령사 회원이 사는 곳을 둘러보고 일본인 기타 잇키[北一輝]를 방문하여 지원금으로 20엔을 받았다고 했다. 이제 집으로 돌아가는 길인데, 문안 겸 돌아가는 상황이 어떤지 후세에게 물었다. 후세는 상황이 심각하다고 답하고 그와 함께 향후 대책에 대해 이야기했다.

박열은 9월 3일 새벽 자신의 집에서 가네코 후미코와 함께 보호 검속이란 명목으로 일본 경찰에 의해 체포되어 세타가야 경찰서로 인계되었다.[13] 박열을 연행한 일본 경찰은 집주인에게 영원히 돌아오지 않을지도 모르니 다른 사람에게 집을 빌려주는 게 좋겠다고 말했다. 다른 불령사 회원 16명도 모두 10월 중순경까지 경찰에 연행되었다. 일본 경찰은 박열과 가네코를 비롯한 불령사 회원들을 일정한 거주 또는 생업 없이 배회하는 자라는 명분으로 한 달간의 구류에 처하였다. 그리고는 10월 20일 불령사의 16명을 '비밀결사의 금지' 위반, 즉 치안경찰법 위반 혐의로 도쿄지방재판소 검사국이 기소하여 이치가야형무소에 수감했다. 이러한 조치는 박열과 불령사를 감시해 온 경찰의 사전 계획에 의해 취해진 계획된 조치였다.

경찰의 취조 도중 박열의 폭탄 구입 계획 사실이 알려졌다.[14] 이때부터 일본 정부와 검찰은 불령사를 폭동과 천황 암살을 꾀한 조직사건으로 비화하기 시작했다. 검찰은 이듬해 1월 27일 박열 부부의 폭발물 유입 계획과 불령사 조직을 연결시켰다. 그리고 대지진의 혼란을 틈탄 조선인 비밀결사의 폭동 계획으로 보도했다. 조선인 학살에 대한 각계 언론과 조선인들의 들끓는 비난을 모면하려는 일본 정부의 계략이 작용한 것이었다.

그러나 이러한 시도는 검찰이 박열과 가네코 후미코, 김중한 세

---

13 한편 육홍균의 증언에 의하면 박열은 대지진 발생 사흘 전인 8월 28일 경남 상주 집에 가는 길에 체포되었다고 한다. 8월 3일 일본 간다의 조선기독교청년회관에서 흑우회 주최로 열린 '조선문제 연설회'를 주관한 뒤 추석을 맞아 귀국해 고향집에 가 있었다는 것이다. 체포된 박열은 부산에서 관부연락선에 태워져 일본 모지[門司]에서 경시청 형사에게 인계되었다고 한다(김상웅, 1996, 『박열 평전』 참조). 또한 박열과 가네코의 보호 검속 일자도 연구자마다 다르다. 김인덕의 경우, 박열은 9월 2일 밤, 가네코는 9월 3일 체포(김인덕, 2012, 『극일에서 분단을 넘은 박애주의자 박열』, 92쪽), 김명섭의 경우는 박열과 가네코 모두 9월 3일 새벽 체포(김명섭, 2014, 「박열의 일왕폭살계획 추진과 옥중투쟁」, 50쪽), 森正의 경우는 박열은 9월 3일, 가네코는 9월 4일 체포(『評傳 布施辰治』, 460쪽) 등으로 서술하고 있다. 혼란스럽지만, 일단 박열 자신의 법정 진술이나 재판 기록에는 그가 1923년 9월 3일 도쿄에서 체포된 것으로 나오므로 이를 따른다.
14 김인덕, 2012, 『극일에서 분단을 넘은 박애주의자 박열』, 역사공간, 38-39쪽.

사람 이외의 나머지 불령사 회원들을 1924년 6월 예심 종결과 함께 증거불충분으로 석방함으로써 스스로 실패였음을 인정해야 했다. 박열과 가네코 후미코에게는 황태자 결혼식 때 천황 등을 암살하려 했다는 혐의를 씌워 형벌이 사형 하나 뿐인 대역죄를 적용했다.

박열과 가네코 후미코는 이치가야형무소에 수감된 상태에서 1923년 10월 24일부터 1925년 6월 6일까지 21차례에 걸쳐 혹심한 심문을 받았다. '대역사건'이라는 엄청난 죄목에 비해 물증이나 증인을 확보하지 못한 일본 검찰은 두 사람과 김중한의 진술에만 의존해야 했다. 하지만 박열과 가네코 후미코는 조사과정에서 일본 천황제가 일본 민중과 조선 민족 전체에 끼친 막심한 폐악을 폭로하고, 항일, 반천황제 투쟁의 장으로 활용하고자 하였다. 가네코 후미코는 불우했던 자신의 과거생활을 회고하는 자서전을 집필하였고, 박열은 『일본의 권력자 계급에게 전한다』, 『음모론』 등을 지어 재판부에 제출하였다.

예심과정에서 일본 사법부 측은 천황제를 비판하는 두 사람에게 여러 차례 전향을 시키려 노력하였다. 특히 가네코 후미코에 대해 도쿄지방재판소 예심판사 다테마츠 가이세이[立松懷淸]는 1924년 1월 25일 "피고가 품고 있는 생각을 파기할 수 없는가"라고 물은 이후 1925년 9월 22일까지 모두 7차례에 걸쳐 반성할 것을 강요하였다. 그럴 때마다 가네코는 "반성이니 개전이니 하는 것에 전혀 관심이 없다"면서 전향을 거부했다. 관동대지진 당시 조선인 학살의 명분을 찾아야 했던 일본 정부와 사법부 입장에서는 불령선인 박열만을 대역사범으로 삼아 법정에 세우려 했지만, 가네코는 이를 간파하고 박열과 함께 천황제에 맞서 투쟁하였다. 1925년 7월 17일 예심재판부는 마침내 박열과 가네코에게 형법

제73조 대역죄를 적용키로 결정했다.

국경을 넘어선 두 사람의 처절한 투쟁과 사랑에 대해 일본 사회는 물론 조선 국내의 언론에서도 뜨거운 관심을 보여주었다. 예컨대 조선일보사의 도쿄특파원은 1925년 12월 3일 이치가야형무소를 찾아가 박열과 가네코를 면회한 후, 이를 '박열부부 방문기'란 제목으로 3회에 걸쳐 연재하였다.[15] 가네코는 일본 신문을 부르조아의 물건이라 필요 없다며 반감을 드러낸 반면, 조선은 자신이 6년이나 있어 그리워한다며 조선 의복을 입고 싶다는 의향을 내비쳤다. 박열은 조선의 동포들에게 안부를 전하는 한편, 본 사건에 대해 사실이 잘 보도되고 있지 않다며 분개하였다. 또한 그는 대심원에서 정신감정을 의뢰한 바 있는데, 이는 자신들에 대한 큰 모욕이므로 항의서를 제출했다는 사실도 밝혔다.

박열과 가네코의 정신감정 문제는 복잡한 사정을 담고 있었다. 일본 사법부는 박열 사건의 재판을 대심원 제2특별형사부에 배정하고도 반년여를 끌고 있었다. 일제의 입장에서는 박열을 정신병자로 판정함으로써 천황 가족에 대한 모욕적인 발언과 살해 계획을 미친 사람의 기행으로 만들어버리려는 의도였다. 나아가 박열이 공판을 천황제와 일본 제국주의 체제에 대한 공격의 기회로 삼지 못하도록 재판을 무산시키고 정신병원에 수용해버리려는 의도였을 것이다.

후세 다츠지는 박열을 구명하기 위해 지극 정성을 다하고 있었다. 그는 박열 사건이 공표되자 자진해서 변호계를 제출하고 방대한 사건 기록을 검토해왔는데, 변호사 수임료는 물론 기록물 등본

---

15 『조선일보』, 1925년 12월 9일, 「본사 특파원에 대한 金子文子의 獄中談」; 12월 10일, 「朴烈夫婦訪問記(其 二)」; 12월 11일자, 「朴烈夫婦訪問記(其 三)」.

등에 필요한 적지 않은 비용 일체를 자비로 부담했다. 또한 여러 차례 박열을 면회해 사건 진상을 규명하면서 공판을 준비하고 있었다.

후세는 박열의 동지인 장상중, 당시 유학생 학우회장 조헌영(趙憲泳)과 간부 윤길헌 등과 연락을 취하고 있었다. 후세 역시 유일한 형량이 사형밖에 없는 대역죄를 빠져나가는 유일한 길이기 때문에 정신감정에 동의한 것이다. 1925년 12월 재판부는 외부의 정신과 의사로 하여금 박열과 가네코에 대한 정신 및 신체검사를 실시하도록 했다. 그러나 박열과 가네코의 거부로 정신감정은 무산되었다.

죽음을 눈앞에 둔 박열은 대심원의 공판 날을 기다렸다. 일제와의 일대 격전을 벌일 준비에 골몰하고 있었다. 이때 박열은 변호사 후세를 통하여 일본 사법당국에 네 가지 조건을 제시하며 재판부와 대결했다.

> 첫째, 나 박열은 피고로서 법정에 서는 것이 아니다. 재판관은 일본의 천황을 대표하여 법정에 서는 것이므로 나는 조선 민족을 대표하여 법정에 서는 것이다. 따라서 일본의 재판관이 법복을 입고 법정에 나오는 이상 나도 조선의 예복을 입게 할 것
> 둘째, 나는 조선 민족을 대표하여 일본이 조선을 강탈한 강도행위를 규탄하기 위해 법정에 서는 것이므로 나의 이러한 취지를 먼저 선언케 할 것
> 셋째, 나는 조선말을 쓰겠으니 통역관을 세울 것
> 넷째, 일본의 재판관이 일본 천황을 대표하고 나는 조선 민족을 대표하는 것이므로 내가 앉을 자리를 재판관의 앉을 자리와 같게 할 것

대심원 재판부는 여러 날 동안 숙의하여 4가지 중 첫째와 둘째

조건을 들어주기로 결정했다. 조선 민족의 대표로 인정해 조선 왕의 복장을 허용하고 법정에서 본인 주장을 할 수 있도록 한다는 조건이었다. 일본어를 잘하는 박열에게 통역을 두면 도리어 의사소통이 어렵다는 이유로 세 번째 조건은 거부되었고, 네 번째 조건은 재판장이 "세상의 이목이 있으니 참아달라"고 부탁해 박열이 양보했다.

마침내 일본 대심원 특별형사부에 배정된 박열 사건의 역사적 첫 공판은 1926년 2월 26일 도쿄 대심원 대법정에서 열렸다. 법원 측은 경찰 200여 명과 헌병 30여 명을 동원해 재판정 주변에 배치하는 한편 일반방청권 150매를 발행해 오는 순서대로 나눠주었다. 특별방청권 150매는 경찰 등 관련 관청의 담당자들과 종교인, 사회교육가, 언론사 관계자들에게 별도로 배포했다. 이후로도 계속 몰려드는 인파로 대혼잡을 이루었다.

오전 8시 40분, 박열과 가네코 후미코는 이치가야형무소로부터 죄수 호송차를 타고 대심원 뜰에 도착했다. 먼저 법정에 나온 이는 가네코였다. 그녀는 하얀 저고리에 검정 치마를 받쳐 입고 머리까지 조선식으로 쪽을 지었다. 잠시 후 박열은 조선의 전통 결혼식에서 신랑이 입는 복장인 사모관대 차림이었다. 수염을 말끔히 깎고 긴 머리칼을 뒤로 빗어 올린 위에 사모를 쓰고 붉은 예복에 봉황이 수놓아진 넓은 허리띠를 맸는데 손에는 부채까지 들고 있었다. 이렇게 박열은 전통 예복을 입고 조선 민족을 대표하여 법정에 섰던 것이다.

오전 9시 10분 재판장 마키노 기쿠노스케[牧野菊之助]의 입정과 함께 공판이 개시되었다. 이때 후세 역시 변호인단의 일원으로 참여하였다.[16] 재판장은 박열의 요구대로 피고라고 부르지 않고 '그대' 또는 '그편'이라고 불렀고, 박열 역시 재판장을 향해 '군' 또는 '그편'이라고 불렀다. 재판장의 인정신문이 시작되자 박열과 가네코는 조롱과 반항으로 일관하였다. 이에 재판장은 인정신문이 끝나자마자 사회의 안녕질서를 해친다는 이유로 돌연 방청금지를 명령하고 일반 방청객을 몰아냈다. 박열은 재판장을 노려보며 방청을 공개하라고 요구했다. 후세도 자리를 박차고 일어나 방청을 금지하는 것은 너무 무리하다고 강력 항의하고 이의를 신청하였다.[17] 그러나 재판장은 이를 무시하고 각하하였다. 이후 모든 재판은 비공개로 진행되었다.

특별방청만 허락된 가운데 비공개로 제1회 공판이 재개되자, 박열은 1시간에 걸쳐 자신의 행동의 정당성을 피력한 「나의 선언」을 발표하였다.

> 천황이란 국가라는 강도단의 두목이다. 약탈회사의 우상이며 신단이다. 나는 법률이나 재판의 가치를 전혀 인정하지 않으므로 형법 73조에 해당하는지 그건 알 바 아니다. 그것은 너희들 마음대로 하라.

대심원의 제2회 공판은 1926년 2월 27일 개정되었다. 이날 오전에는 2시간에 가까운 검사의 논고가 있은 후, 박열과 가네코 후미코에게 사형을 구형했다. 오후에는 변호사들의 변론이 있었다. 여기서 후세는 전후 장장 5시간에 걸친 변론으로 검사의 논고를

---

16 당시 박열의 변호인단으로는 官選=新井要太郎, 田坂貞雄, 私選=布施辰治, 山崎今朝弥, 上村進, 中村高一, 晉直鉉 등이었다(森正, 2014, 『評傳 布施辰治』, 466쪽).
17 『조선일보』, 1926년 3월 4일, 「一時餘 '我의 宣言'을 낭독하자 숙연한 廷內엔 熱淚만 潛然」.

후세 5시간 동안 박열 변론
(『조선일보』, 1926. 3. 8.)

반박하였다. 이 광경을 전한 언론 보도에 의하면 다음과 같다.[18]

금번 사건에 피고들을 위하여 진력하던 포시(布施) 변호사가 변론을 시작하였는데, 씨의 웅장하고 씩씩한 목소리는 입을 열자 장내의 공기를 긴장케 하였을 뿐만 아니라 금번 사건과는 얼토당토아니한 정치학설과 사회학설로 말머리를 삼아 현대 사회제도의 불철저함을 여지없이 논격한 후 열성에 넘치어 흘리는 얼굴에 땀을 간간히 씻어

18 『조선일보』, 1926년 3월 8일, 「일부러 죄인을 만들면 몰라도 不然이면 소위 증거도 不成立」.

가면서 박열의 선언문보다 못지아니할 만한 통론(痛論)을 한숨에 세 시간 이상을 계속하매 몹시 울분한 기분에 차 있던 박열 부부도 지극히 위안이 있었던 듯한 동시에 방청객 중에는 도리어 포시 씨의 말을 듣고도 싶지 아니하다는 듯한 낯빛으로 장내의 공기는 매우 태타(怠惰)된 모양임으로 포시 씨는 더욱 용기를 내어 탁자를 두드리면서 불같은 말을 토할 즈음에 재판장은 너무 지루하니 잠시 휴정하겠다 하여 십분 가량 휴식한 후 포시 씨는 조금도 의기가 쇠퇴됨이 없이 검사의 기소한 사항을 논박하였다. 끝으로 박열 부부가 소위와 같은 중대범을 짖게 된 것도 사회의 결함에 있을 뿐만 아니라 또는 일부러 죄인을 만들기 위함에서 나온 것이 아니라 하면 증거라는 것도 성립될 수 없으니 무죄가 상당하다고 강경히 주장하여 전후 다섯 시간 이상이나 계속한 대사자후의 변론은 재판장의 골수를 찌를 만치 뜨거웠는데 다섯 시간 이상을 계속한 변론은 변론계에 있어서 희귀한 일이라 하며 이로써 오후 여섯시에 폐정하게 되었다.

무려 5시간 동안의 무죄를 주장하는 열정적인 후세의 변론이 끝나자, 재판장은 폐정을 선언하고 다음날인 28일에 속개한다고 하였다. 그런데 2월 28일은 일요일이었다. 후세를 비롯한 변호사들은 재판장이 변호인단과는 상의도 없이 일방적으로 일요일을 공판기일로 잡은 것에 분개하였다.[19] 변호인단은 변호사들의 형편을 고려하지 않은 불법행위라며 출정을 거부하겠다고 선언하였다. 일제 사법당국이 빨리 재판을 끝내려는 의도를 간파하고 이에 대한 문제제기를 한 것으로 생각된다. 하지만 재판장은 변호인

---

19 『조선일보』, 1926년 3월 1일, 「분개한 四辯護士 출정을 거절!」;『조선일보』, 1926년 3월 2일, 「재판소와 변호사반목으로 재판장 책임문제 돌발」.

이 출정하지 않으면 재판을 방해하는 것으로 이해하여 징계처분을 내리겠다고 하였다. 사법 당국은 난감했다. 박열 사건은 대역사건인 만큼 변호사의 출정 없이는 공판을 개정할 수 없었다. 이에 대심원은 적극 중재에 나서 변호인단을 설득하였고 결국 변호인단도 마지못해 합의해 주었다.

대심원의 제3회 공판과 제4회 공판은 3월 28일, 그리고 3월 1일에 걸쳐 진행되었다. 모든 과정이 끝난 후 피고인의 최후진술이 있었는데, 박열은 '말할 게 없다'고 최후진술을 거부했다. 가네코 후미코도 옥중수기를 낭독하여 자신의 입장을 밝혔다. 이 자리에서 후세 다츠지는 다시 한 번 조선인 학살 사건을 모면하기 위해 이 사건이 조작되었다면서 진실 규명을 강력히 요구했다.

> 본건은 1923년 9월 1일 인류 역사상 큰 불행이었던 대진화재의 재해 이상으로 불행을 초래한 조선인대학살사건을 모면하기 위해 조선인을 검거함으로써 비롯된 것이라는 의심을 떨칠 수 없다. 나는 일본을 대표하는 최고 권위의 재판소가 세계를 향하여 자신의 입장을 명확하게 하지 않으면 안 된다는 것을, 그리고 두 사람을 위해서가 아니라 진실로 세계로부터 빗발치는 일본의 오명을 씻기 위해서라도, 이 사건으로 야기된 의문에 대답할 것을 요구한다.[20]

후세는 3월 23일 죽음을 각오한 박열과 가네코 후미코의 요청으로 우시고메구청[牛込區役所]에 혼인신고서를 제출하였다. 최종 판결은 1926년 3월 25일 열렸다. 엄중한 경계 속에서 100여 명의 방

---

20 再審準備會 編, 1977, 『金子文子・朴烈裁判記錄: 最高裁判所藏』, 黑色戰線社.

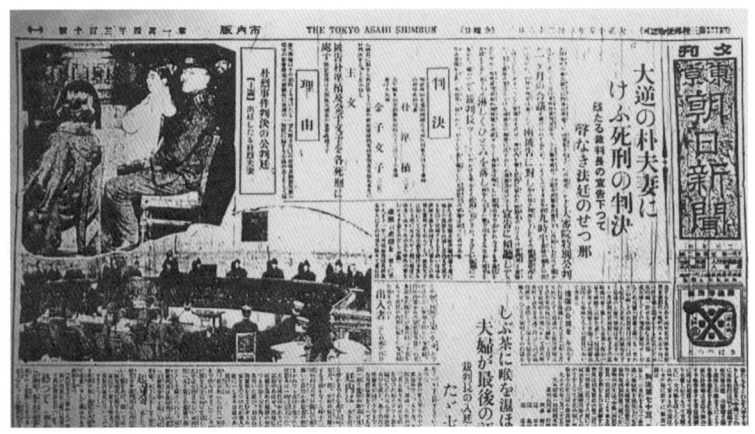

박열 부부의 사형 판결을 보도한 일본 신문
(『동경조일신문』, 1926. 3. 26.)

청객이 입정한 가운데 시작되었다. 대심원 결심공판에서 재판장은 박열과 가네코 후미코에게 사형을 선고하였다. 박열은 재판장에게 "재판장 수고했네. 내 육체야 자네들 마음대로 죽일 수 있겠지만, 정신이야 어쩔할 수 있겠는가?"라고 기개를 보였다. 가네코는 판결 순간 "만세!"라고 외쳐 재판장을 아수라장으로 만들었다. 가네코는 "모든 것이 죄악이요, 허위요, 가식이다"라고 덧붙였다.

그런데 일본 사법부는 은사(恩賜) 신청을 하여 4월 5일 박열과 가네코를 무기징역으로 감형시켰다. 일본 정부의 기만적 술책에 대해 박열과 가네코는 은사장을 찢어 버리는 등 거부하며 강력히 저항하였다. 판결 이후 두 사람은 강제로 떨어져야 했다. 박열은 1926년 4월 6일 이치가야형무소에서 동북 방면의 지바형무소로 이감되었다. 그리고 가네코도 그 반대 방향인 도치기현의 우츠노미야형무소 도치기지소로 이감되었다. 후세는 이 소식을 듣고, 가네코와는 깊은 인연이 있다고 생각했다. 왜냐하면 후세가 사법

가네코의 유해를 받으러 온 형 박정식(중앙),
후세 다츠지(오른쪽), 조카 박형래(왼쪽)

관시보로서 처음 부임했던 곳이 바로 도치기현의 우츠노미야 지방재판소 및 검사국, 우츠노미야 구(區)재판소 및 검사국이기 때문이다.[21]

두 사람은 옥중에서 서로 편지를 전달하려 했으나, 형무소 측의 금지 조치로 일절 서신 왕래는 물론 외부와도 단절되었다. 일제는 두 사람의 항일의지를 꺾기 위해 사상전향 공작을 끊임없이 펼쳤다. 편지 왕래나 독서 내용을 제한한 것은 물론 글 쓰는 것도 방해하는 등 부당한 처우가 계속되었다. 이에 단식농성을 벌이며 저항하였다.

그런 가운데 1926년 7월 23일 급작스럽게 가네코 후미코의 옥중 자살소식이 전해졌다. 자살의 원인이나 방법도 알려지지 않은

---

21 森正, 2014, 『評傳 布施辰治』, 日本經濟評論社, 120쪽.

가네코 후미코의 묘지

타살의 의문 속에, 24일 그녀의 사체는 형무소 측에 의해 서둘러 공동묘지에 가매장당하였다. 급보를 전해들은 후세는 원심창(元心昌), 육홍균 등 흑우회 회원 7명과 함께 곧장 우츠노미야로 가서 사인 규명과 사체 인도를 요구하였다.[22]

후세와 흑우회 회원들은 7월 31일 새벽 형무소 공동묘지에서 가네코의 유해를 찾아내었다. 사인을 규명할 수 없을 정도로 부패한 유해를 화장하고 유골을 수습하였다. 유골은 후세의 집에 보관하였다가 박열의 고향 문경에 매장하기로 하였다. 후세의 집에는 조선인과 일본인 동지 80여 명이 몰려들었고, 일본 경찰도 출동하여 출입을 엄중히 경계하였다. 유골을 둘러싼 양측의 대치 속에 일본 경시청은 박열의 형 박정식(朴庭植)이 도쿄로 오면, 유골을 내어주어 조선으로 보내는 것을 허가하기로 하였다.

이에 박정식은 장남 형래(炯來)와 함께 8월 14일 고향을 떠나

22　김명섭, 2014, 「박열의 일왕폭살계획 추진과 옥중투쟁」, 『한국독립운동사연구』 48, 59-62쪽.

이른바 '괴사진' 보도
(『동아일보』, 1927. 1. 21.)

16일 도쿄에 도착했다. 박정식은 17일 후세와 함께 박열을 면회하기 위해 지바형무소를 찾아갔으나, 형무소 측은 '박열의 마음이 동요한다'는 이유로 면회를 막았다.

그런데 박정식 일행이 유골을 인수하기 위해 도쿄에 왔음에도, 일본 경찰은 가네코의 유골을 경북 상주경찰서에 소포로 보내버려 이들의 도쿄행을 헛걸음으로 만들었다. 일본 천황제에 맞섰던 가네코 후미코의 영혼은 경찰의 감시와 기만 속에 떠돌다가, 죽은 지 4개월 만인 11월 5일 박열의 고향인 경북 문경의 팔령산 선산에 잠들 수 있었다.

후세는 집요하게 박열의 면회를 요구하였다. 가네코 후미코의 죽음을 그에게 알려야만 했기 때문이다. 결국 당시 친형인 박정식이 지바형무소에서 부당하게 면회를 거절당한 가정요건(家庭要件)의 대리면회라는 명목으로, 후미코의 옥사를 절대로 알리지 않겠다는 조건하에 사법성의 특별면회를 허락받았다.[23] 그러나 후세는 박열을 만나자마자 "후미코가 죽었다"라고 알렸다. 이 단 한마디로 박열에 대한 면회는 끝났다. 게다가 이것으로 박열과의 면회는 마지막이 되고 말았다.

가네코 후미코의 죽음과 유골을 둘러싼 갈등을 겪은 후, 이번에는 수감중이던 박열과 가네코가 다정한 포즈로 찍은, 이른바 '괴사진'과 '괴문서'가 폭로되면서 일본 정계를 또 한차례 발칵 뒤집어 놓았다.[24] 박열과 가네코 후미코의 이른바 '괴사진 사건'이 일본 언론에 보도되었던 것이다.

1926년 9월 1일 일본 사법성의 발표에 따르면, 문제의 괴사진은 1925년 5월 2일경 다테마츠 도쿄지방재판소 예심판사가 예심 제5호 조사실에서 촬영한 것이라고 한다. 당시 대역사건을 합리화할 충분한 증거나 진술을 갖지 못해 고심하던 다테마츠 예심판사가 박열의 환심을 사기 위해 가네코를 불러 함께 사진을 찍게 했던 것이다. 후세도 괴사진에 대해 자세히 언급했다.[25] 후세는 괴사

---

23 후세 다츠지, 박헌석 옮김, 2017, 앞의 책, 18-19쪽. 후세는 이 날을 1926년 7월 23일이라고 기억하고 있다. 이에 대해 森正은 후세의 기억 착오로 8월 1일 혹은 2일일 것으로 추정했다(森正, 2014, 『評傳 布施辰治』, 日本經濟評論社, 470쪽).
24 김명섭, 2014, 「박열의 일왕폭살계획 추진과 옥중투쟁」, 『한국독립운동사연구』 48, 62쪽.
25 후세 다츠지, 박헌석 옮김, 2017, 앞의 책, 72-94쪽. 다만 후세는 "박열 군은 유유히 팔걸이 달린 의자에 앉아 있고 후미코씨가 그 뒤에서 오른손으로 박열 군의 목을 안은, 화목한 부부애를 내보인 사진을 박열 군이 옥중에서 가지고 있었고 감옥 안의 친구였던 모씨에 의해서 그 괴사진이 감옥 밖으로 반출되었다"고 하여 기존의 알려진 사진과는 달리 묘사하고 있다.

진과 관련된 선정적 관점보다는 예심판사 다테마츠의 고민과 예심 기술에 의해, 치안경찰법 위반, 폭발물관리 규칙 위반, 대역사건으로 이어지는 교묘한 공작에 주목해야 한다고 하였다. 그래서 예심판사가 실행 불가능한 천황의 암살을 사유적이라도 실행할 플랜을 가지고 있었다는 자백을 받기 위해 박열과 가네코의 환심을 사고 비위를 맞추는 과정에서 나온 산물이었다는 것이다.[26]

괴사진과 괴문서 사건을 빌미로 우익 인사들과 야당들은 대역죄인을 우대했다며 정치 공세를 펼쳤다. 결국 이 사건으로 다테마츠 담당 판사는 파면되었고, 이듬해에는 내각이 붕괴되는 등 정계에 큰 파장을 불러일으켰다.

박열은 4월 5일 무기로 감형된 후 다음날 지바형무소로 이감되어 이곳에서 10년 넘게 수감생활을 했다. 1943년 8월에는 도쿄로부터 600km 떨어진 동북지방의 해안가 아키타형무소로 이감되었다. 고문에 의한 생존 위기와 비위생적이고 열악한 형무소 감방에서 병과 심신 쇠약을 버텨야 했다. 또 독방에서의 고독과 불안은 상상을 초월한 고통이었을 것이다. 그러나 박열은 극복했다. 그는 무엇보다도 삶에 대한 애착과 강인한 정신력으로 자신을 둘러싸고 있는 위태로운 현실을 이겨냈다. 마침내 1945년 10월 27일 아키타형무소 오오다테지소[大館支所]에서 해방되었다. 당시 단일 범죄로 최장 시간인 22년 2개월의 수감생활을 끝내고 자유의 몸이 되었다.

1945년 12월 8일 도쿄에서 열린 박열 환영회에서 후세는 환영의 말과 함께 후미코의 옥사를 슬퍼했다.

---

26   김창록, 2015, 「후세 타쯔지(布施辰治)의 법사상」, 『법학연구』 26, 68쪽.

친애하는 박열 군.

나는 자네의 이처럼 화려한 생환을 재일조선동포와 자네를 위해 진심으로 기뻐하네. 우리 일본의 동지들이 이렇게까지 성대하게 자네를 환영하는 감격의 폭풍을 기쁘게 생각하네. 그러나 여기서 나의 마음을 정직하고 솔직하게 말하자면, 자네를 환영하는 감격의 폭풍이 강하게 불면 강하게 불수록, 기쁨의 목소리가 높게 오르면 오를수록, 하나의 쓸쓸한 감정이 내 가슴을 찌르는 듯한 아픔을 내던지는 감격의 공허를 고하지 않을 수가 없다네.

그것을 무엇일까?

자네도 같은 생각일 테지만, 후미코 씨가 이 환영회장에 자네와 함께 살아 돌아오지 못했다는 데서 오는 쓸쓸함일세. 섭섭함일세. 슬픔일세. 후미코 씨가 자네와 함께 오늘 이 단상으로 돌아와 주었다면 자네도 얼마나 기뻤을지 모르겠지만, 나 역시 훨씬, 훨씬 더 기뻤을 것일세. 자리를 가득 메운 재일조선동포도, 일본의 동지들도 훨씬, 훨씬 더 기뻐해 주었을 것일세. 그 점을 생각하면 나는 후미코 씨가 왜 옥사한 것인지 가련히 여기지 않을 수 없다네. 후미코 씨의 뜻이 가련하게 여겨져 견딜 수가 없다네. 자네는 형무소장이 그 은사장을 내밀었을 때, "살려두든지 죽이든지 천황 마음대로 하라고 하게. 살려두겠다면 내가 살아서 천황을 저주하는 것도 나의 자유다. 죽인다면 죽어서 천황의 존재를 저주하는 것도 나의 자유다. 살려두든 죽이든 천황을 저주하는 내게 두 마음은 있을 수 없다."라고 말해 오늘의 생환을 쟁취하였으나, 오로지 순정밖에는 없었던 가네코 씨는 그렇게까지는 생각하지 못했다네. 그렇게까지는 달관하지 못했다네. 천황의 이름으로 사형을 언도한 자가, 천황의 이름으로 일단 사형을 언도했으면서, 이번에는 은사라며 살아 있으라고 하

『운명의 승리자 박열』 표지

다니 사람의 목숨을 가지고 노는 데에도 정도가 있지. 박열 군에게 바친 아내로서의 후미코, 조선에게 바친 조선 민족으로서의 후미코의 생활은, 몸과 마음 모두를 빼앗긴 무기징역의 일본 감옥에서 목숨을 부지하며 살아간들 무슨 의의가 있겠는가? 차라리 목숨을 끊어 박열 군에게 그 뜻을 바치고, 조선의 토지에 그 뼈를 묻어 조선의 흙이 되는 편이 몸과 마음 모두를 조선에게 버친 나의 뜻을 더 잘 알아줄 것이라고 생각하여 옥사한 후미코의 죽음은 참된 여성의 순정을 실천한 것이니, 세상을 떠난 후미코 씨도 훌륭하다고 생각하네. 잘도 죽어주었다고 생각하네. 일선일체(日鮮一體)라는, 국경을 초월한 동지애를 매우 훌륭하게 실천한 일본 여성의 전형으로 박열 군도 칭찬을 해주었으면 좋겠고, 이곳을 가득 메운 재일조선동포 여러분께서도 칭찬을 해주셨으면 합니다. 그렇게 해서 후미코 씨가 이 빛나는 박열 군 생환 환영회 단상에서 그 기쁨을 함께 나누지 못하게 된 뜻을 헤아려 기려주셨으면 합니다. 박열 군은 후미코 씨의 그런 마음을 이어받아 후미코 씨의 몫까지 앞으로의 활동을 함께 발전시켜주었으면 하네.[27]

후세는 1946년 박열과 대역사건에 관한 내용을 다룬 『운명의

---

[27] 후세 다츠지, 박헌석 옮김, 2017, 『운명의 승리자 박열』, 玄人, 37-39쪽.

박열후원회본부 결성회
(앞열 왼쪽 두번째 후세 다츠지, 세번째 박열)

승리자 박열』이란 책을 출판하였다.[28] 집필 이유에 대해 다음과 같이 말했다.

박열 군이 일본으로 건너온 직후 부당하게도 단발 사건을 겪은 뒤부터 잡지 『불령선인』의 발행과 흑우회 운동에도 직간접적으로 협력관계가 있었기에 필자는 대역사건의 변호인이 되었고, 이후 24년 동안의 친교를 옥중에서도 지속하여 오늘에 이르렀다. 박열 군의 조선독립운동에 목숨을 건 대역사건에 깊은 흥미와 공감을 품게 했다. 뿐만 아니라 박열 군의 변호인으로 필자가 관여했던 변호인으로서

---

28 布施辰治 外, 1946, 『運命の勝利者朴烈』, 世紀書房(후세 다츠지, 박헌석 옮김, 2017)

의 태도에는 변호인이 지켜야 할 선을 넘은 부분이 있었을 정도로 대역사건을 다루는 방법에 철저하게 비판을 가하는 열의를 보였고, 공판을 준비하는 재판소와의 교섭에 특별한 역할을 수행했다는 기억이 박열 군, 그리고 공동저자인 장상중 군의 의뢰를 받아들여 이 책을 집필할 결심을 품게 한 것이다.

책의 주요 내용은 '첫째 박열이 대역사건의 결행을 결의하기에 이른 사상 생장의 학교 시절을 이야기하고, 둘째로는 박열 군이 스스로 붓을 쥐어 일본의 권력계급에게 준 대일 증오의 폭탄적 격문을 현대적으로 의역하고, 셋째로 의열단의 혁명선언을 가장 이해하기 쉽도록 현대적으로 의역·편술하여 박열 군의 개인적 대일 증오사상을 지적함과 동시에 일반에게 대역사건의 사상적 근거를 밝히는 내용' 등으로 이루어졌다. 아울러 가네코 후미코에 관한 내용도 첨부하였다.

1946년 2월 24일 도쿄 고이시카와(小石川) 고라쿠엔(後樂園)에서 열린 박열후원회 본부 결성회에 참석하여 '운명의 승리자' 박열을 끝까지 지원하였다.

일본 황궁에 폭탄을 던진 김지섭의 변호

 관동대지진과 박열의 대역사건으로 일본의 국내 여론이 요동치며 한 해가 저물어 가던 1923년 12월 31일 밤. 중국 상하이를 출발한 중년의 조선인이 후쿠오카항 야와타[八幡]제철소 부두에 몰래 내렸다. 석탄 운반선으로 밀항한 그의 양복 외투 속에는 소형 폭탄 3개가 들어있었다. 그는 주위를 살피며 야와타 시내로 들어와 히젠야[備前屋] 여관으로 들어갔다.
 여기서 이틀을 묵으며 허기와 배 멀미로 지친 몸을 추스르는 동안, 가지고 온 여비가 바닥났다. 어쩔 수 없이 회중시계와 담요까지 전당 잡혀 여비를 마련한 그는, 1924년 1월 3일 밤 에다미츠역을 출발하여 1월 5일 아침 도쿄의 시나가와역에 도착하였다. 그런데 도쿄로 오는 도중 일본 제국의회가 무기 연기되었다는 소식을 듣고, 계획을 변경해야겠다고 생각했다.
 중년의 조선인은 초행인 도쿄 지역을 파악하기 위해 지도 한 장을 구입한 뒤 다시 전차를 타고 다카다노바바역으로 이동하였다. 와세다츠루마키마치 근처의 미유키칸[深雪館]에 들어가기 위해서였다. 조선인 유학생들이 이곳을 자주 이용한다는 정보를 사

현재의 야와타제철소 유적 전경

전에 파악했기 때문이다. 그러나 그 집에는 빈방이 없었으므로 할 수 없이 근처 미즈호칸[瑞穗館] 여관에서 아침 식사를 했다. 그는 잠시 휴식을 취하며 도쿄 지도에서 일본 천황이 사는 황궁의 위치를 확인한 뒤 길을 나섰다. 점심 때 쯤 히비야공원에 도착하여 유유자적 산책하듯 황궁 정문인 사쿠라다몬[櫻田門]과 니주바시[二重橋]를 유심히 살폈다. 이후 점심을 먹고 몸과 마음을 정결히 하기 위하여 세이코우켄[淸光軒]에서 이발하고 해가 지기를 기다렸다.

오후 7시경 히비야공원에 도착한 그는 오전에 눈여겨봐 두었던 황궁 정문 앞으로 거침없이 다가갔다. 이때 그의 행동을 수상히 여긴 히비야경찰서 경찰관이 다가와 불심검문을 하려고 했다. 그는 한 순간 당황했다. 여기서 잡히면 모든 것이 허사로 돌아갈 것이다. 생각이 여기에 미치자 그는 주머니에 있는 폭탄을 꺼내 안전핀을 뽑고 검문하려는 경찰관에게 던졌다. 아! 어찌 이런 일이 … 폭탄은 터지지 않았다. 폭탄이 날아오자 경찰관이 순간 멈칫했다. 그 순간 주머니에서 나머지 폭탄 두 개를 양손에 꺼내 들고 황궁 정문 앞 다리로 뛰었다. 정문 앞 석교(石橋)에 다다르자 황궁을 지키던 일본군 위병 두 명이 양쪽에서 총을 겨누면 뛰쳐나왔다. 그는 다급한 나머지 안전핀을 뽑지 못한 채, 먼저 다가오는 일본 위병 한 명에게 던졌다. 나머지 하나도 곧 바로 달려드는 또 한 명의 위병을 향해 던졌다. 하지만 폭탄은 터지지 않았다. 안전핀을 뽑지 않았던 탓이다. 그는 이들과 격투 끝에 잡히고 말았다.

일본 황궁 앞에서 폭탄을 던진 중년의 조선인이 바로 의열단원 김지섭[29]이었다. 우리는 이 사건을 '이중교폭탄의거(二重橋爆彈義擧)' 혹은 '니주바시투탄의거'라고 부른다. 의열단 지도부와 김지섭은 관동대지진 때 6,000여 명의 재일동포를 학살한 일제의 만행을 심판하고, 연이은 대규모 암살·파괴 공작의 실패를 만회할 계획을 추진했는데, 그것이 바로 '니주바시투탄의거'였던 것이다.

김지섭은 1884년 음력 7월 21일 경북 안동군 풍북면 오미리 369번지(현 안동시 풍산읍 오미동)에서 김병규(金秉奎)의 장남을 태어났다. 곧바로 큰아버지 김병두(金秉斗)의 양자가 되었다. 자는 위경(衛卿), 호는 추강(秋岡)이다. 그가 태어난 곳은 안동의 풍산김씨 집성촌인 오미마을이었다. 안동은 '의리와 명분'을 중시하는 조선 퇴계학의 본산으로 정통 유학의 맥을 잇고 있다는 자부심이 강한 지역이었다.

김지섭은 8살부터 족숙(族叔) 김병황(金秉璜)의 문하에서 한학을 배웠다. 이때부터 4~5년간 김병황에게서 의리와 명분을 중시

---

29   김지섭에 관한 내용은 다음의 글들에 의해 힘입은 바 크다. 김용달, 2011, 『일왕 궁성을 겨눈 민족혼 김지섭』, 지식산업사; 경상북도독립운동기념관 편, 2014, 『추강 김지섭』, 경상북도독립운동기념관 자료총서 6; 김용달, 2017, 『살신성인의 길을 간 의열투쟁가 김지섭』, 역사공간.

일본 황궁과 니주바시 전경

하는 퇴계 유학을 배우고, 그보다 6살 연상으로 근대 학문을 수학하던 김병황의 아들 김응섭(金應燮)에게 많은 영향을 받았다. 김지섭은 1907년 3월 보통학교 교원 시험에 응시하여 한문과 부교원으로 합격하였다. 당시 법관양성소에 재학 중이던 김응섭은 가끔 고향에 내려와 서울 소식을 전했고, 특히 을사조약 이후 질풍노도처럼 번지고 있던 구국계몽운동의 양상을 알려주었다. 이러한 소식은 젊은 김지섭의 가슴에도 불을 질렀다. 그래서 그 또한 계몽운동에 동참하고자 교원 시험을 치렀고, 동년 5월에 상주보통학교 부교원으로 임용되었다. 그러나 그의 보통학교 생활은 오래 가지 않았다. 시골에서 보통학교 교원으로 안주하기에는 그의 포부가 너무도 컸다. 그는 근대식 교육과 고등교육의 필요성을 절실히 느꼈다.

1908년 11월 보통학교 한문과 부훈도를 사직하고 상경한 김지섭은 사립 광화신숙(廣化新塾) 일어전문과에 입학하여 근대식 교육을 받았다. 1909년 8월에는 대한제국 재판소 번역관 시험에 합격하여 전주구재판소 번역관보에 임명되었다. 그러던 중, 일제가 대한제국의 사법권을 강탈한 기유각서(己酉覺書)가 발효되어 1909년 11월 법부가 폐지되고 통감부 사법정이 개설되었다. 이는 김지섭에게 큰 충격이었다. 일제의 침략이 자신의 생활에 영향을 미친 것이다. 이제부터 그는 대한제국 법부 소속 재판소의 번역관이 아니라, 일제 통감부 재판소의 통역생이 된 것이다. 1909년 11월부터 금산구 재판소로 옮겨 통역생 겸 서기로 근무하게 되었다.

하지만 이보다 더 큰 충격이 그에게 닥쳤다. 1910년 8월 경술국치를 당하여 나라 망한 것이고, 또 그에 저항하여 금산군수 홍범식(洪範植)이 자결한 것이다. 경술국치 당일 저녁 금산군수 홍범식은 평소 자애하던 김지섭을 불러 상자 하나를 건넸다. 그 뒤 관아의 객사로 갔다. 김지섭은 집으로 돌아와 홍범식이 맡긴 상자를 열어보았다. 거기에는 그가 가족에게 남긴 유서와 함께 "나라가 망했구나. 나는 죽음으로써 충성을 다하련다. 그대도 빨리 관직을 떠나 다른 일에 종사하라"는 편지가 들어 있었다. 부형처럼 따르던 홍범식의 자결은 김지섭에게 조국과 민족을 다시 생각하게 한 충격적인 사건이었다.

더욱이 자신의 우상과도 같았던 김응섭은 일제의 앞잡이로 살 수 없다며 1912년 6월 평양지방재판소 검사직을 사직하고, 평양에서 법관양성소 선배 홍진(洪震)과 변호사 사무소를 개설하였다. 김지섭도 1913년 1월 영동구 재판소 통역생 겸 서기를 사직하고 고향으로 돌아가 동지들과 열렬히 시국 토론을 하였다. 그러다가 1915년 5월 김응섭이 대구로 변호사 사무소를 옮기고, 상주에도 출장소를 내자 그곳에서 서기로 근무하였다. 당시 김응섭은 대구

상주보통학교 교사 시절의 김지섭

에서 비밀결사로 조직된 조선국권회복단에 참여하고 있었다. 따라서 김지섭 또한 한편으로는 김응섭의 변호사 업무를 돕고, 다른 한편으로는 김응섭이 관계하던 국권회복단을 지원하며 독립의지를 다졌을 것이다.

1919년 3·1운동이 일어나자 김지섭은 독립운동에 투신할 것을 결심하였다. 이후 중국으로 망명하여 만주, 베이징, 상하이 등지를 오가며 본격적으로 독립운동에 참여하였다. 이때 김시현과 윤자영(尹滋英)을 만나 교류하면서 매우 가까운 사이가 되었다.[30]

---

30 김용달, 2017, 『살신성인의 길을 간 의열투쟁가 김지섭』, 독립기념관. 89-90쪽.

김시현과는 일찍부터 특별한 사이였다. 동향, 동년배이자 사돈관계로 김시현의 여동생이 김지섭 아우인 김희섭의 아내였다. 윤자영과도 안면이 있었다. 10년 아래 동생뻘이었지만 윤자영 또한 안동 문화권인 청송 출신으로 지연이 있었다. 더욱이 윤자영은 족질(族姪)이자 사제(師弟)인 김재봉(金在鳳)의 친구로 두 사람은 한때 경성공업전습소를 같이 다닌 사이였다. 그래서 김재봉을 매개로 김지섭과 윤자영의 관계가 형성되었고, 거기에 의열단을 매개로 김시현과 김지섭 그리고 윤자영의 동지적 관계가 이루어진 것으로 보인다.

김지섭은 1920년 8월 경성에서 머물며 미국 의원단 방한에 대응하여 독립운동을 모색하였기도 하였다. 1921년 후반 김응섭의 주선으로 이르쿠츠크파 고려공산당에도 가입하고, 또 김재봉과 함께 극동민족대회 대표로 이르쿠츠크에서 활동하였다. 1922년 여름에는 상하이에서 김원봉이 조직한 의열투쟁 단체인 의열단에 가입했다. 당시 의열단의 암살·파괴 공작은 두 갈래로 진행되었다. 하나는 김한을 중심으로 하는 것이었고, 다른 하나는 김시현·유석현을 중심으로 하는 계획이었다. 이때 김지섭은 김시현·유석현 등을 중심으로 진행되던 암살·파괴 공작에 깊숙이 관여하였다. 그해 7월 김시현, 장건상과 함께 서울로 잠입하여 의열단의 대규모 암살·파괴 공작을 추진하였다.

이처럼 김지섭과 동지들은 국내 암살·파괴 공작을 실행하면서, 동시에 군자금 모금을 추진했다. 1922년 12월 23일 아침, 그는 실행 비용을 마련하기 위해 동지 유석현·윤병구(尹炳球)와 함께 경성에 거주하던 조선총독부 판사 백윤화(白允和) 집을 방문하였다. 백윤화와 그의 아버지 백운영(白運永)에게 권총을 들이대며 독립

조선총독부 판사 백윤화

자금을 요구하여 현금 2천 원을 경성지방법원에서 제공하겠다는 약속을 받아냈다. 하지만 약속을 이행하지 않자 다음날 김지섭은 백윤화에게 경고장을 보내 약속 이행을 독촉하였다. 독립자금 모금은 12월 25일 돈을 받기 위해 백윤화의 집을 찾아간 윤병구가 경찰에 체포됨으로써 실패하고 말았다.

1923년 1월 김지섭은 상하이에서 개최된 국민대표회의에 참석하였다. 3월에는 의열단의 제2차 대규모 암살·파괴 공작을 추진하였다. 이때 그는 경성과 중국을 오가며 김시현, 김원봉 등과 연락을 취하면서 국내로의 폭탄 반입을 진행하였다. 하지만 앞장에서도 서술했듯이 이 거사는 마지막 단계에서 밀정의 밀고로 발각되어 1923년 3월 15일 김시현·유석현·황옥 등이 모두 체포되어 실패하였다. 그러던 중 9월 1일 일본에서 관동대지진이 발생하였다. 일제는 민심이 극도로 흉흉해지자 온갖 유언비어를 퍼뜨려 재일동포 6,000여 명을 학살하였다. 이에 김지섭은 의열단 기밀부 특파원으로 자원하여 도쿄에 들어가 일제의 만행을 응징하기로 결심하였다.

김지섭이 상하이에서 일본으로 갈 수 있도록 배편을 마련해준 인물이 윤자영이다. 그는 3·1운동 때 경성전수학교 학생 대표로 앞장선 사람이다. 3·1운동 주도로 서대문형무소에서 1년의 옥고를 치른 뒤, 조선청년연합회와 서울청년회를 결성하여 활동했다. 그러다가 1922년 러시아 모스크바에서 열린 극동인민대표대회를 거쳐 치타로 이동하여 두 파로 나뉜 고려공산당의 통일사업에 주력했다. 여기서 윤자영은 일본공산당원 히데시마 고지[秀島廣二]와 만나 동지적 관계를 맺는다. 이후 그는 상하이로 옮겨와 의열단에서 활동했는데, 이때 히데시마 고지를 다시 만나게 되었다.

이 시기 의열단은 관동대지진을 빌미로 일제가 자행한 재일동포 학살 만행을 응징하고자 계획을 세웠다. 이에

중년의 김지섭

윤자영은 의열단 동료 김지섭을 비밀리에 일본으로 들여보낼 방도를 모색하면서 일본인 동지 히데시마 고지에게 도움을 요청하였다. 히데시마는 상하이에서 활동하던 일본인 공산당원 고바야시 히라키[小林開]의 친형 고바야시 칸이치[小林寬一]가 미츠이[三井]물산의 석탄 운반선 덴조산마루[天城山丸]의 선원인 것을 알았다. 그래서 고바야시 히라키와 그의 친구인 선원 구로시마 리교우[黑島里經]의 주선으로 김지섭이 상하이에서 일본으로 가는 배편을 마련할 수 있었다. 12월 20일 밤 김지섭은 대추형 폭탄 3개와 나카무라 히코타로[中村彦太郎]라는 가명의 일본인 명함 30매를 가지고 윤자영의 알선으로 마련된 석탄 운반선 덴조산마루를 타고 상하이를 출발하였던 것이다.

김지섭의 '니주바시투탄의거'가 일어나자, 일본 국내는 발칵 뒤집혔다. 당시 '대역사건'인 박열 사건도 아직 미결 상태였다. 더구나 1923년 12월 27일 아나키스트 난바 다이스케[難波大助]가 섭정궁(攝政宮) 히로히토(즉위 전의 쇼와 천황)를 도라노몬[虎ノ門]에서 단총으로 저격한 도라노몬사건 직후였다. 특히 폭탄을 던진 장소가 황궁인 만큼 일본 정부는 아연 실색했다. 다음날 아침 야마

모토[山本權兵衛] 내각은 임시각의를 열고 곧바로 야마모토 수상이 천황과 황태자를 회견한 후, 이 두 사건에 대한 책임을 지고 총사직했다. 1월 7일 교우라[淸浦奎吾]내각이 성립하였다. 일본의 우익인사들은 김지섭을 대역죄인으로 처리할 것을 강력히 주장하였다.

이 사건이 일본 내에서 큰 충격과 반향을 일으킨 것과 달리 조선에서는 일제 당국의의 보도 금지로 인해 크게 알려지지 않았다. 1월 7일 『동아일보』와 『조선일보』가 일본 내무성의 공식 발표를 인용하여 짤막하게 다음과 같이 이 사건을 보도하였다.[31] '5일 오후 7시 조선인이 이중교전(二重橋前)에 폭탄 투척, 폭탄은 터지지 않고 범인은 현장에서 체포. 연루자는 없고 범인은 모처에서 들어온 듯.' 그러나 이것뿐이었다. '이 사건은 그 외에도 도쿄로부터 도착한 전보가 있으나 경무당국으로부터 게재금지의 명령이 있음으로 다만 이상의 내무성 공표만 게재함'이라고 하여, 더 이상 보도하지 못했다. 그것이 어느 정도 풀린 것은 1924년 4월 24일 예심종결 결정으로 보도금지가 해제된 뒤였다. 1924년 4월 25일, 조선의 언론들이 김지섭의 '니주바시투탄의거'를 대대적으로 보도하면서 그 전모가 드러났다.[32]

김지섭은 히비야경찰서에 체포된 그날 밤 파견 나온 검사에 의해 기소되어 다음날 이치가야형무소에 수감되었다.[33] 1924년 4월 24일 도쿄지방재판소에서 이 사건에 대한 예심이 종결되었다. '예

---

31 『동아일보』, 1924년 1월 7일;『조선일보』, 1924년 1월 7일.
32 『동아일보』, 1924년 4월 25, 「二重橋 폭탄 범인은 의열단원 김지섭」;『매일신보』, 1924년 4월 25일, 「이중교 폭탄사건 진상」;『시대일보』, 1924년 4월 25일, 「일본 궁성에 폭탄을 투고하고 대의사와 대관을 암살 계획」.
33 『시대일보』, 1924년 4월 26일, 「신임장과 유서를 가진 김지섭」.

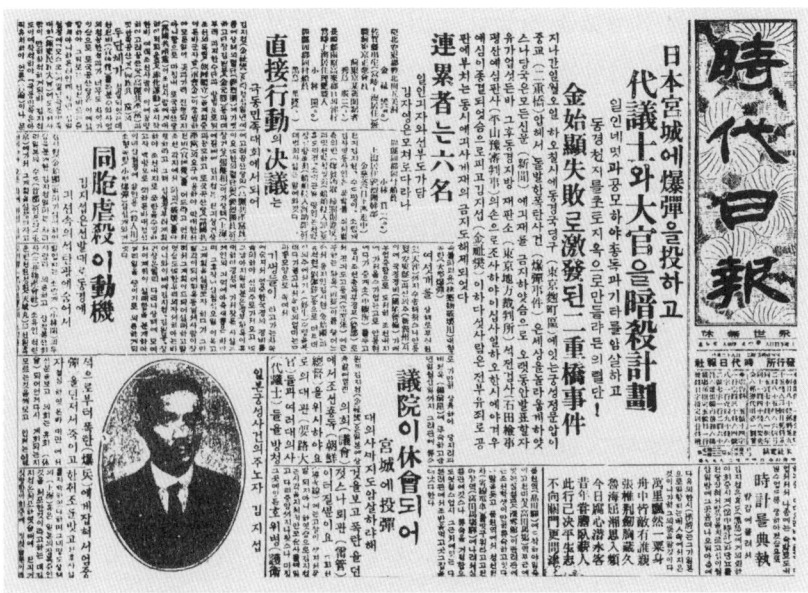

김지섭 사건 보도
(『시대일보』, 1924. 4. 25.)

'심종결 결정'에 따르면, 김지섭은 폭발물취체 벌칙 위반, 강도 미수와 선박 침입, 윤자영(도주하여 미체포)은 폭발물취체 벌칙 위반, 히데시마 고지와 고바야시 히라키는 폭발물취체 벌칙 위반 및 선박침입 방조, 고바야시 칸이치와 구로시마 리교우는 선박침입 방조로 정식 재판에 회부되었다.

후세는 의열단원 김지섭에 대해 지극한 관심을 가지고 있었다. 그는 이미 의열단의 제2차 폭탄사건(일명 김시현·황옥 사건)을 조선에서 변호한 경험이 있었기 때문이다. 이때 후세는 일본 경찰의 스파이 정책을 강력히 비난하였다. 한편 김지섭이 체포되자 조선인 유학생을 비롯한 재일동포 사회에서 후세에게 이 사건을 맡아줄 것을 요청했을 가능성도 있다.³⁴ 그래서 후세는 자유법조단(自由法曹團) 회원인 야마자키 게사야[山崎今朝彌], 마츠타니 요지로[松谷與二郎] 등으로 변호인단을 꾸렸다. 이어 예심이 끝난 후인 같은 해 4월 27일, 야마자키 게사야를 파견하여 변호사 선임 문제를 김지섭과 상의하도록 하였던 것이다. 이 자리에서 김지섭은 "나는 결심과 각오가 있어서 한 일이니까 지금 와서도 아무 할 말이 없다. 변호사의 변호도 나는 받지 않을 예정이다"라고 심정을 밝혔다.³⁵ 이에 대해 야마자키 게사야는 사건이 사건임 만큼 법률적으로 변호사가 필요하다고 설득하였다.

다음으로 후세는 김지섭의 신병을 이유로 보석신청을 하였다.³⁶ 김지섭 역시 일제에 의해 혹독한 고문을 받은 것으로 보인다. 당시 신문은 '2월 2일경 형무소 병감으로 이감되었는데, 본래 그만한 중대 범인임으로 극형도 많이 받았는지 지금껏 허리와 옆구리며 가슴이 몹시 아파서 잘 거동을 못할 뿐더러 20~30분 동안 바로 앉거나 서지를 못하였다'³⁷라고 보도하였다. 그러나 후세의 보석 신청은 모두 기각되었다.

1924년 9월 9일 도쿄지방재판소 형사 제2부에서 제1회 공판이 열렸다.³⁸ 아침부터 조선 유학생을 비롯한 많은 재일동포, 일본인

---

34   당시 도쿄 YMCA에서 일하던 최승만은 김지섭에 대해 다음과 같이 회고하였다. "재판정에도 가보았고 市谷형무소에 있을 때도 면회도 하고 차입도 한 일이 있었지마는 잊혀지지 않는 일은 차입하는 것을 퍽 미안하게 생각하는 모양이라 아무것도 필요한 것이 없다고 늘 사양하는 말을 듣게 되었다. 남에게 폐 끼치는 것을 퍽 미안히 생각하는 심정이었다. 퍽 근엄한 분으로 생각하였다"(崔承萬, 1985, 『나의 回顧錄』, 인하대학교출판부, 196쪽).
35   『동아일보』, 1924년 4월 29일, 「김지섭의 옥중생활」.
36   『동아일보』, 1924년 7월 8일, 「이중교 사건 연기」.
37   『동아일보』, 1924년 6월 15일, 「鐵窓裡에 病苦까지」.
38   이하는 다음의 자료를 참조하여 재구성하였다. 『동아일보』, 1924년 9월 11일, 「김지섭 공판 개정」;『조선일보』, 1924년 9월 11일, 「직업은 독립당원」;『매일신

사회운동가, 피고인 가족들이 재판정으로 몰려들었고, 출동한 헌병과 경찰이 엄중한 경계를 펼쳐 긴장감으로 가득 찼다. 후세는 자유법조단 회원인 야마자키 게사야, 마츠타니 요지로 등과 변호인으로 참여하였다. 이렇게 후세는 자유법조단 회원을 중심으로 변호인단을 꾸려 김지섭과 함께 법정투쟁을 전개하였다.

오전 11시경 재판장 시마[島] 재판장, 이시다[石田] 검사의 입회하에 공판이 시작되었다. 재판장이 개정을 선언하자, 김지섭은 먼저 조선말로 "무엇이든 물어달라"고 하였다. 재판장은 협의한 결과 진술에 이해가 되지 않는 점이 있으면 통역을 쓰겠다고 하였다. 이에 김지섭은 다시 일어나 "몸이 편치 못하니 착석한 대로 진술하게 해달라"고 요청하여 재판장이 이를 허락하였다. 이어 인정신문이 시작되었다.

재판장: 직업이 무엇인가?
김지섭: 나의 직업은 조선독립당원과 혁명당원이다.
재판장: 그것은 생활만을 목적한 직업이라고는 할 수가 없지 않은가?
김지섭: 나의 직업은 생활만을 위하여 가진 게 아니다. 나는 돈을 얻기 위하여 그런 직업을 가진 것이 아니다.

계속하여 각 피고인들에 대한 인정신문이 끝난 후 검사가 기소사실을 진술하였다. 재판장은 각 피고들에게 "검사의 진술이 틀림없는가"라고 물었고, 피고들은 이구동성으로 "틀린 곳이 있습니다"라고 대답하였다. 재판장은 사실심리에 들어가, 김지섭에게 물었다.

보』, 1924년 9월 11일, 「이중교 사건 공판」; 『시대일보』, 1924년 9월 11일, 「김지섭 공판 9일 동경에 개정」.

재판장: 독립운동에 일으킨 동기는 무엇인가?

김지섭: 일본에게 모욕을 받고 분개한 것이 운동에 착수한 동기이었는데, 처음에는 그렇게 깊게 생각하지 않았으나 점차 신명을 희생하겠다는 생각까지 하였다.

이어 재판장은 조선총독부 판사 백윤화에게 금품을 요구한 것은 강도행위가 아닌가라고 물었다. 이에 대해 김지섭은 협의에 의한 것이며 절대 강도행위가 아님을 주장하였다. 이후 재판장은 재판 공개를 금지하고 조선에서 온 동생 김희섭만 방청을 허락했다. 이렇게 제1회 공판은 끝났다. 제2회 공판은 9월 중으로 잡혔는데, 김지섭의 신병으로 계속 연기되었다.[39]

1924년 10월 11일 오전 10시 30분경 도쿄지방재판소 형사 제2부에서 제2회 공판이 열렸다.[40] 재판장이 공판 개시를 선언하자 김지섭은 벌떡 일어나 폭탄 투척 이유에 대해 말하기 시작하였다. 당황한 재판장은 이 사건은 안녕질서에 저촉되는 점이 있음으로 일반 공개를 금지한다고 하였다. 이에 후세 다츠지는 "이 사건과 동일한 사건으로 먼저 조선에서 일어난 김시현 사건(김시현·황옥 사건을 말함)도 일반에 공개하였으며 또한 안녕질서를 문란케 할 하등의 이유도 없다. 피고들도 이 사건의 내용을 세상에 공개하여

---

39 『동아일보』, 1924년 9월 21일, 「김지섭공판 병으로 무기연기」; 『조선일보』, 1924년 9월 21일, 「김지섭 병세중태 제2회 공판은 무기로 연기」; 『시대일보』, 1924년 9월 21일, 「김지섭공판 무기연기 피고의 병으로」.

40 이하는 다음의 자료를 참조하여 재구성하였다. 『시대일보』, 1924년 10월 12일, 「김지섭, 공판정에서 조선의 惡政을 痛論」; 『동아일보』, 1924년 10월 13일, 「일본 惡政을 痛論」; 『조선일보』, 1924년 10월 13일, 「독립의 필요를 痛論」; 『매일신보』, 1924년 10월 13일, 「음모 이유를 공술」; 『시대일보』, 1924년 10월 13일, 「김지섭에게 사형을 구형」.

법정에 출두한 김지섭(우측)

사회의 비판에 맡기기를 바라므로 공개하기를 바란다"라고 공판의 공개를 요구하였다.[41] 그러자 재판장은 양 배석판사와 합의하여 공개하기로 결정하였다.

김지섭은 다시 일어나 품속에서 십여 장의 준비된 원고를 꺼내 읽어나갔다. 아픈 몸을 이끌고 한 시간 반 동안 '조선의 차별적 교육문제, 경찰 및 재판 등 일반 행정의 횡포 등을 거론하고, 독립선언서에서 밝힌 바와 같이 일본 정부의 조선에 대한 악정(惡政)을 통론(痛論)하고, 이번 자신의 행위도 일본 관민을 각성시킬 목적'이라고 설파하였다. 이날 변호사측에서 황옥·백윤화 등의 증인조사를 청구했으나, 재판장은 이를 기각하였다. 김지섭은 재판장의 증인조사청구 기각에 대해 강력히 항의하였다.

김지섭이 자리에 앉자, 후세는 다시 증인조사청구 각하를 항의

---

41 『동아일보』, 1924년 10월 14일, 「金祉燮 公判 詳報(一)」.

하며, 경성에서 취조한 김시현·유석현·황옥 등에 대한 심문조서의 낭독을 청구하였다. 후세의 의도는, 김지섭이 의열단원인 만큼 과거 의열단사건인 '김시현·황옥 사건'이 총독부의 황옥 스파이정책에 의해 이루어진 사건임을 밝히고자 하였던 것이다. 후세는 재판장의 허락을 받은 후 이들의 심문조서를 낭독하였다. 그리고는 김지섭이 던진 폭탄에 대한 재감정을 요구하였다.

> 후세: 폭탄의 감정을 육군성에서 한 것은 일반 조선 사람들이 매우 반감을 가질 뿐만 아니라, 공평한 재판의 위신에 관계되는 것이므로 다시 제국대학에서 감정하여 주기를 바란다. 즉 그 폭탄은 선중(船中)서 습기가 들었는지도 모를 터이니 만일 습기가 들었다면 그 폭탄은 부패하였을 것임으로 폭발되지 안 할 듯 하니 이는 실로 중대한 관계가 있다.
>
> 재판장: 그 폭탄을 분석할 때에 약품을 가지고 하기 때문에 다시 되돌려 분석할 수 없다.

이에 마츠타니 요지로가 일어나 "그러면 다시 다른 것을 분석하여 보는 것이 어떠한가?"라고 요구하였다. 어느 덧 시간은 오후 1시가 넘어가고 있었다. 이에 재판장은 휴정을 선언하였다. 오후 2시 10분경 재판장은 재정을 선언하고 변호인 측의 폭탄 재감정 신청을 각하하였다. 이에 검사의 논고가 있었다. 검사는 선박 잠입, 기선(汽船) 강도, 이중교 폭탄 등 세 가지 조목을 들어 자세히 설명한 후 피고 김지섭은 일본 제국에 대하여 반역의 태도를 가진 자므로 폭탄취체규칙 등을 적용하여 사형에 처해달라고 구형했다. 이에 후세는 분노하며 분연히 일어나, "폭탄규칙을 위반

김지섭 재판에 참석한 후세(오른쪽 ×)

하였다고 사형에 처한 일은 전무후무한 일일 것"이라고 논박하기 시작하였다. 그리고는 조선에 대한 일제의 악정을 통렬히 논박한 후 황옥과 백윤화의 전례를 들어가며 김지섭의 무죄를 주장하였다.[42] 후세 등의 변론이 끝나자 재판장은 나머지 변론은 16일에

42 『동아일보』, 1924년 10월 15일, 「金祉燮 公判 詳報(二). 布施氏 瞋目 大喝」.

속계하기로 하고 폐정을 선언하였다.

1924년 10월 16일 오전 10시 30분경 도쿄지방재판소 형사 제2부에서 제3회 공판이 개정되었다.[43] 제2회 공판에 이어 마츠타니 요지로 변호사가 변론을 시작하였다.

본 사건의 발생은 심히 유감으로 생각하는 바이나 그 배후에 숨어 있는 총독 정치의 횡포를 먼저 생각하지 않으면 안 될 것이다. 조선인은 어떻게도 할 수 없는 곤경에 들어 있는 탓으로 김지섭의 이번 행동도 또한 그에 대한 의분(義憤)으로써 나온 것이라. 이것을 헤아려 생각하지 못하고 중형에 처한다 함은 너무 가혹한 일이 아니냐. 그뿐 아니라 폭탄은 두 사람의 감정이 모두 틀릴 뿐만 아니라 흑색 초석(硝石)으로 만들었다고 하였다. 게다가 배 안에서 습기까지 들어 부패한 형적이 있음으로 다시 감정을 신청한 것인데, 이것을 각하해 버린다는 것은 본 변호사가 적지 않게 의심하는 바이다. 하여간 이번 사건에 대한 판결 여하가 조선인에게 많은 영향을 끼칠 것은 물론이다. 폭탄 수입이라고 말하였으나 그것은 황옥의 밀정 정책에 지나지 못하는 것이오, 강도라고 지명하는 것은 그 전 백판사의 사실로만 보더라도 알 것이 강도의 요점은 급박을 요하는 것인데, 그 사건은 정시간을 요하였을 뿐만 아니라 백판사 당사자도 동의한 것이 명백하다. 그리하여 증인을 신청하였는데 그것까지도 각하한 것은 신성한 재판정신에 위반하는 일이 아니냐. 설혹 유죄라 할지라도 미수죄에 지나지 못할 것이다. 아무쪼록 관대한 처분이 있기를 바란다.

---

43 이하는 다음의 자료를 참조하여 재구성하였다. 『동아일보』, 1924년 10월 17일, 「김지섭 3회 공판」; 『시대일보』, 1924년 10월 17일, 「김지섭의 제3 공판」; 『동아일보』, 1924년 10월 18일, 「김지섭의 운명?」; 『조선일보』, 1924년 10월 18일, 「寧死언정 斷不降」; 『시대일보』, 1924년 10월 18일, 「김지섭 공판 속보」.

마츠타니 요지로 변호사의 감형론이 끝나자 재판장은 휴정을 선언하였다. 오후에 다시 개정되어 야마자키 게사야 변호사의 변론이 있었다. 변론이 끝나자 후세는 긴장한 태도로 일어나 변론하였다.

김지섭을 조선인이라고 하여 차별을 두어 가지고 취급하는 것은 벌써 재판의 공정을 잃은 것이 아니냐. 전 경기도 경찰부장 시로가미 유키치[白上佑吉]의 밀정 정책은 동경에까지 와서 폭로되었다. 이것은 곧 저번의 변론을 입증하는 것이다. 선박으로 말하더라도 선적(船籍)을 상하이에 두고 역시 주주(株主)는 일본인이 많은데도 불구하고 다만 그 선내에 일어난 사건만을 취체한다 하는 것은 이론상으로라도 온당치 못한 일이다. 말하자면 이것이 탈세(脫稅)를 도모한 부정 자본가를 보호하는 셈이 되지 않는가. 그럼으로 이와 같은 선박에 들어갔다고 하여서 무엇이 선박 침입죄라고 할 만한 근거 있느냐. 만일 억지로 유죄를 주장하려고 할 것 같으면 모름지기 법률의 위신을 오독하는 것이오, 폭탄에 대하여서는 명백한 불능범(不能犯)[44]이다. 어디 유죄라고 인정할 만한 근거가 있는가.

그는 흥분한 어조로 일일이 논박한 후 자리에 앉았다.[45]

---

[44] 불능범이란, 행위자가 예상하고 있는 범행의 목적 또는 수단의 착오로 처음부터 범죄의 실현이 불가능한 경우를 불능범이라 하고 미수와 구별된다. 예를 들면 심야에 병으로 인하여 이미 숨을 거둔 사람을 살해하려고 그 집에 침입한 경우이다. 이 같은 행위는 그 수단이나 목적으로는 범죄의 실현이 도저히 불가능하므로 이것은 살인의 미수범에서 구별하여 당연히 죄가 되지 않는 것으로 본다. 일반적으로 주관적으로 범죄의사가 있고 이에 의한 행위가 있어도 그것이 객관적으로 보아서 도저히 실현이 불가능할 때에는 이를 불능범으로 하여 당연무죄로 한다(현암사 편집부, 2015, 『법률용어사전』 참조).

[45] 『동아일보』, 1924년 10월 18일, 「密偵政策을 논박, 유죄를 주장하면 법률의 오독

이어 김지섭의 최후진술이 있었다. 그는 수개의 폭탄으로 일본의 위정자가 반성할 것이라고 생각하지 않지만, 이것을 기회로 일본 국민은 각성하여 양심을 찾아야 한다. 조선의 독립선언은 일본에 대한 선전포고이다. 나 홀로 적국(敵國)에 들어와 천황을 살해하려다가 체포되었지만, 내가 사형을 받는다면 진실로 넘치는 영광이다. 나는 결코 다른 형벌을 바라지 않는다. 사형을 시키든가 아니면 무죄를 언도하라고 당당히 요구하였다.

훗날 후세는 이러한 김지섭에 대해, 다음과 같이 회고하였다.

> 조선인을 변호하며 잊을 없었던 것은 김지섭군의 폭발물취체벌칙위반사건입니다. (중략) 그러나 역시 (독립)운동에서는 정직자가 많았는데, 바보처럼 정직하더군요. 폭탄을 가지고 왔는데, 스파이가 있었고, 그 폭탄이 물기에 젖어 불발되었습니다. 김군은 실로 웅변가이고 머리가 날카로운 아주 훌륭한 사람이더군요.[46]

마침내 1924년 11월 6일 선고 공판이 열렸다.[47] 재판장은 김지섭 무기징역, 히데시마 고지 징역 7년, 고바야시 히라키 징역 3년, 고바야시 칸이치와 구로시마 리교우 각 징역 6개월을 선고하였다. 이날 고바야시 칸이치가 보석으로 석방되었다. 이에 조선기독교청년회 등 각 단체가 고바야시와 후세 등을 초대하여 저녁 7시 도쿄 시내에서 위로회를 개최하고 그 동안의 고생과 노고

布施氏의 강경한 변론」.
46 布施辰治記念會, 1954, 『布施辰治對話抄集』, 10쪽.
47 『동아일보』, 1924년 11월 7일, 「김지섭은 무기징역」; 『조선일보』, 1924년 11월 7일, 「김지섭은 무기징역」; 『매일신보』, 1924년 11월 7일, 「김지섭 무기징역」.

에 대해 감사의 뜻을 전하였다.[48]

김지섭은 무기징역을 선고한 일제 재판부에 항의하는 뜻으로 공소를 포기하고자 하였다. 이에 후세는 김지섭을 수차례 면회하면서 공소할 것을 설득하였다. 조선인 유학생들도 공소할 것을 계속 권유한 끝에 김지섭의 승낙을 받고 같은 해 11월 11일 공소를 제기하였다. 이후 후세는 자유법조단 회원들과 항소심에 대한 공판전략을 세우는 한편 김지섭을 자주 면회하였다.

해가 바뀐 어느 날 후세는 김지섭이 형무소의 불법 감금을 규탄하며 옥중 단식을 벌이고 있다는 급보를 받았다. 불법 감금의 내용은 구류통지에 관한 것이었다. 즉 김지섭의 구류기간은 1925년 1월 5일이 만기로, 계속하여 구류시킬 필요가 있는 경우는 구류장을 다시 발행하여야 했다. 이에 도쿄공소원은 구류장 재발행 수속을 이치가야형무소에 의뢰하였다. 그런데 형무소 당국은 이를 접수하고도 피고인 김지섭에게는 통지하지 않은 것이다. 당시 형사소송법의 규정에 따르면, 형무소장은 구류장 통지를 받으면 이를 즉시 당사자 본인에게 통지하도록 되어 있었다. 그런데 형무소의 행정 실수로 김지섭 본인에게 통지하지 않은 것이다. 이를 간파한 김지섭은 즉시 석방을 요구하며 유서 1통을 써놓고 당일 아침부터 단식 투쟁에 돌입하였다. 이는 재판소 통역생과 서기로 일했던 경험을 살린 것으로, 옥중에서 일제의 법 집행의 불법성을 단식 투쟁을 통해 세상에 알리기 위한 것이었다.

김지섭의 의도는 그대로 적중하였다. 조선 국내의 각 신문은 불법 감금에 항의한 김지섭의 단식 투쟁을 대대적으로 보도하기

---

48 『동아일보』, 1924년 11월 8일, 「김지섭 연루자 小林氏 위로연」.

시작하였다.⁴⁹ 『시대일보』는 「김지섭의 불법 감금」이라는 사설을 게재하고 일본 사법당국을 맹비난하였다.⁵⁰ 국내는 물론 일본에서도 여론이 들끓었다. 심지어 일본변호사협회조차 법률을 무시한 이치가야형무소 당국을 강력히 규탄하였다.⁵¹

후세도 자유법조단 회원들과 함께 김지섭을 면회, 위로하고 사건의 진상과 불법성을 밝히기 위해 조사에 들어갔다. 검사국과 형무소는 서로 잘못한 것이 없다고 발뺌하였다. 이런 가운데 김지섭의 단식 투쟁은 몸이 쇠약해져 감옥 병동에 강제 입원해서도 의연히 계속되었다. 김지섭의 생명이 위태롭게 되자 일본의 조선인 학우회 등 각종 사회단체가 연맹하여 단식 중단을 간곡히 권고하였다. 후세 역시 김지섭을 살리기 위해 적극적인 중재에 나섰다. 우여곡절 끝에 형무소장이 김지섭에게 자신들의 잘못을 직접 사과하는 선에서 타협이 이루진 것 같다. 즉 형무소장은 1월 13일 밤 김지섭이 누워있는 자리에 찾아와서, 자기의 실수를 말하며 잘못된 데 대해서는 대단히 미안하다는 말을 하고 김지섭에게 단식 중단을 정중히 요청하였다.⁵² 결국 그는 옥중 단식 투쟁으로 형무소장의 사과를 받아냈던 것이다. 후세의 중재와 재일동포 사회의 간곡한 단식 중단 권유를 받아들여 그의 단식 투쟁은 끝났다.⁵³

후세는 김지섭의 단식 투쟁 사건이 마무리 된 후 직접 고향집

49　『동아일보』, 1925년 1월 10일, 「공소 중의 김지섭 감방에 단식」;『조선일보』, 1925년 1월 10일, 「단식 瀕死한 김지섭」;『매일신보』, 1925년 1월 10일, 「이중교 불경사건의 김지섭 단식 결행」;『시대일보』, 1925년 1월 10일, 「불법 감금에 분개하고 김지섭 단식하여 생명 위급」.
50　『시대일보』, 1925년 1월 12일, 「김지섭의 불법 감금」.
51　『동아일보』, 1925년 1월 11일, 「김지섭 사건으로 변호사협회 분기」;『시대일보』, 1925년 1월 11일, 「일본 법조계 분기」.
52　『동아일보』, 1925년 1월 15일, 「餓死 不能으로 단식을 중지」.
53　『매일신보』, 1925년 1월 18일, 「김지섭 回心 取食氏, 포시변호사의 중재로 인하야」

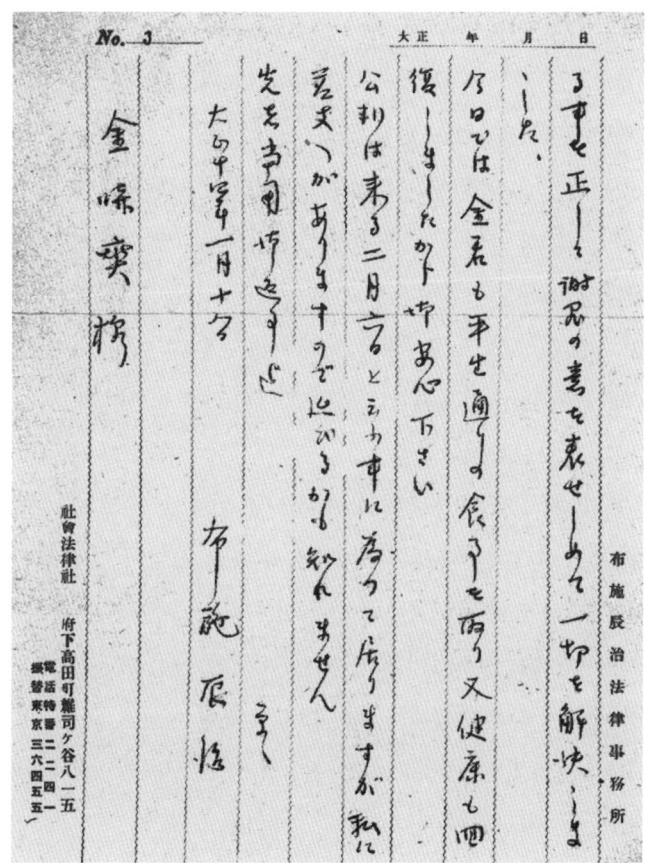

후세가 동생 김희섭에게 보낸 편지

동생 김희섭에게 편지를 보냈다.

답장을 드립니다. 전보 잘 받았습니다.

돌연 신문지에서 김지섭군 절식의 기사를 보고 매우 놀라셨을 것이라고 생각합니다.

제가 연말부터 1월 8일까지 교토, 오사카, 고베 방면에 강연으로 출장하고 있었는데, 김군의 기사를 보았을 때에는 놀랐습니다. 도쿄로 돌아온 후 조속히 조사하고 면회도 했는데, 원인은 인권존중이라는 허울 좋은 명분을 내걸고 구류기간 2개월의 기한을 대수롭지 않게 갱신한 관헌(官憲)의 부당불법(不當不法)을 탄핵하기 위한 것이었습니다. 김군은 자유없이 갇혀있는 금일에도 부단한 투쟁의 정신을 불태우며 싸움을 계속하고 있는 그 일단(一端)인 것입니다.

다만 김군은 끝까지 적극적으로 싸우고 싶고 또 싸워야 하는 것이, 절식의 소극적 수단으로써 싸워야만 하는 불운을 저에게 호소한 것은 실로 비참했습니다.

그렇지만 저는 능히 김군의 심지(心持)를 이해할 수 있었습니다. 허락된 모든 수단을 다하여 싸우고자 하는 그 신념의 강함은 그러한 일을 결행하게 한 것이었습니다. 그만큼 저는 충분히 김군의 심지도 이해할 수 있는 것이었기 때문에, 다시 제가 관헌 당국에 상당한 경고를 발하여 김군의 양해를 구하고 결국 관헌이 종래의 구류갱신 고지(告知) 방법이 틀린 것을 시정하여 사죄의 뜻을 표하게 하여서 일체를 해결하였습니다.

금일에는 김군도 평소대로 식사도 취하고 또 건강도 회복했기 때문에 안심하십시오.

공판(公判)은 오는 2월 6일로 되어있긴 하지만, 저에게 사정이 있기 때문에 연기될지도 모르겠습니다.

우선 급하게 답장을 드립니다.

대정14년(1925년) 1월 18일

후세 다츠지(布施辰治)

후세는 김지섭의 단식 투쟁 소식에 놀랐을 가족들에게 그동안의 경과를 알려주고 현재는 단식을 중단하고 건강도 회복했다는 사실을 전하며 가족들을 안심시켰다. 이 단식 투쟁은 후세에게 깊은 인상을 남겼다. 후세는 자신의 법률 투쟁에서 주안점이었던 '부르조아법의 역이용'을 조선인 김지섭이 실천한 것에 대해, 의의가 깊다고 회고하였다.[54]

단식 투쟁으로 인한 김지섭의 건강 악화로 공소심 공판 일정이 무기 연기되다가, 1924년 3월 25일 제1회 공판이 열렸다. 공판 당일 오전 11시 재판장 요코야마[横山], 검사 모리야마[森山] 검사가 입회한 도쿄공소원 대법정에는 조선인 유학생단 등 수백 명이 운집하였다.[55] 후세는 자유법조단 회원인 야마자키 게사야, 마츠타니 요지로 등과 변호인으로 참여하였다. 여기에 김지섭의 6촌 동생 김완섭(金完燮) 변호사가 조선에서 건너와 가세하였다. 이렇게 후세는 4인의 변호인단을 꾸리고 공소심 공판에서의 법정투쟁을 이끌었다.

공판 개시가 선언되자, 후세를 비롯한 변호인단은 먼저 재판 공개를 주장하며 치고 나갔다. 즉 이 사건은 조선 통치문제에도 영향이 적지 않으므로 공연히 공개를 금지하여 사상의 이면에 중대한 비밀이 잠재한 것처럼 오해를 품게 하는 것은 오히려 좋지 못한 영향을 일반 사상계에 끼치는 것이므로 재판을 공개하기를 바란다고 하였다. 그러나 검사가 즉시 반대 의견을 표명하자 재판장은 일반의 방청 금지를 선언하였다. 다만 조선인협회원(朝鮮人

---

54 森正, 2014, 『評傳 布施辰治』, 日本經濟評論社, 490-491쪽.
55 『조선일보』, 1925년 3월 26일, 「김지섭 공소 공판」; 『매일신보』, 1925년 3월 27일, 「이중교 폭탄사건 공소 공판」.

協會員)만 방청을 허락한 후, 비밀리에 심리를 진행하였다.

그런데 무슨 이유인지 모르겠지만, 이후 재판은 연기되었고 재판장도 요코야마에서 나카오카 구마오[長岡熊雄]로 변경되었다. 5월 13일 속개된 재판에서 방청을 금지하고 재판장 나카오카 구마오에 의해 심리가 한창 진행 중이었는데, 돌연 후세 등 변호인단은 재판장 기피 신청을 제출하여 파란을 일으켰다. 재판장이 불공정하게 재판을 진행한다는 이유로 분개하며 퇴정하였다. 동시에 연서로 재판장 기피 신청을 공소원장에게 제출하여 세상의 주목을 끌었던 것이다.[56]

후세 등 변호인단은 1심 재판의 경험을 살려 다음과 같은 공판 전략을 짠 것으로 보인다. 첫째 폭탄의 재감정 요구이다. 이는 김지섭이 니주바시에서 던진 폭탄이 불발된 점에 주목하여, 애초 폭탄이 배로 운반하는 과정에서 습기가 차서 폭탄으로써의 기능을 상실했음을 증명하고자 했다. 이렇게 되면 김지섭의 경우는 불능범(不能犯)으로 무죄가 되는 것이다. 둘째 의열단의 제2차 대규모 암살 계획, 즉 '김시현·황옥 사건'의 관련자 황옥과 백윤화 등에 대한 증인 신청이다. 후세는 이미 이 사건에 대해 변호한 경험이 있었는데, 이 사건의 핵심은 조선총독부의 스파이정책이라고 폭로한 바 있었다. 즉 독립운동의 시비를 떠나 일본 경찰의 비도덕적인 함정수사를 강력히 비난했던 것이다. 그리고 백윤화를 불러 당시 김지섭의 독립운동 자금 요구가 불법적으로 이루지지 않았음을 증명하여 강도죄가 성립되지 않는 것을 입증하려고 했다.

---

56 『동아일보』, 1925년 5월 15일, 「재판장이 성의없다고 변호사 기피 신립」; 『조선일보』, 1925년 5월 15일, 「폭탄 감정 문제로 재판장을 기피」; 『시대일보』, 1925년 5월 15일, 「이중교 사건과 김변호사 무책임 감정을 비난」.

변호인단 재판장 기피신청 이유
(『동아일보』, 1925. 7. 2.)

후세는 공판 상황 및 재판장 기피 신청 이유에 대해 분개한 어조로 다음과 같이 말했다.

내가 이십여 년 동안을 사법관과 다투어 왔으나 이번 사건과 같이 순조롭지 못한 사건은 처음 본다. 폭탄 감정이 정반대임으로 재감정을 요청하였음에도 불구하고 재판장은 완고히 듣지 아니할 뿐만 아니라, 감정의 가장 중요한 부분을 내무성 경보국에서 잃어버렸음에도 이에 대해서 이렇다는 말이 없다. 따라서 증거가 충분치 아니함으로 백운화 판사와 황옥을 증인으로 신청하여도 역시 듣지 않았다.

그러므로 할 수 없이 우리 네 사람의 연서로 재판장의 기피 신청을 하였던 것이다.[57]

또한 김지섭의 6촌 동생 변호사 김완섭 역시, 김지섭이 가졌던 폭탄 감정에 대하여 두 사람의 감정이 전혀 틀린데도 불구하고 다시 감정도 아니하고 또 포병공창(砲兵工廠)에서 감정하는 중에 아무 말도 없이 이를 내무성 경보국에 빌려주었다가 중요한 부분을 분실하는 등 모든 점으로 보아 재판장에게는 이 사건을 자세히 조사할 의사가 없다고 기피 신청 이유를 밝혔다.

특히 후세는 조선총독부에 의한 스파이정책을 탄핵하기 위해 전 경기도 경찰부장 시로가미 유키치 등의 증인 심문 신청을 했으나, 재판소가 총독부의 스파이정책을 은폐하기 위해서 나의 증인 신청을 채용하지 않아서, 재판장 기피 신청을 한 것[58]이라고 하였다. 재판부는 당황하였다. 게다가 변호인단은 이 같은 재판장에 대하여 논문을 제출하여 단단히 공격할 것이라고 장담하였다.[59] 자연히 공판은 중지되었다. 하지만 정작 김지섭은 변호인들이 제기한 공소 재판장에 대한 기피 신청을 스스로 기각해주도록 요구하였다. 후세는 다음날 형무소로 김지섭을 찾아가 설득하였다. 그러나 김지섭은 후세에게 "나는 조선 사람이니 일본 사람인 재판장이 어떠한 사람이 되든지 똑같을 것이니 기피 신청을 할 필요가 없을 뿐만 아니라, 나는 아무 죄가 없으니 무죄를 선언하든지

57 『동아일보』, 1925년 5월 17일, 「재판장을 철저 공박」.
58 후세 다츠지, 박헌석 옮김, 2017, 『운명의 승리자 박열』, 玄人, 118쪽.
59 『동아일보』, 1925년 7월 2일, 「김지섭 사건 공판, 기피신청이유(一)」; 1925년 7월 3일, 「김지섭 사건 공판, 기피신청이유(二)」; 1925년 7월 4일, 「김지섭 사건 공판, 기피신청이유(三)」; 1925년 7월 5일, 「김지섭 사건 공판, 기피신청이유(四)」.

제1심의 검사 청구대로 사형에 처하든지 하여달라"고 말했다.⁶⁰

이 재판장 기피 신청에 관련해서 자료 마다 약간의 차이가 있다. 『동아일보』 1925년 7월 9일 보도에 의하면, "내가 기피 신청에 반대하는 뜻을 진술하자, 후세 변호사는 즉시 일어나 엄숙한 태도로 '지금 김군의 기피 신청 반대는 결단코 지금 재판장을 신용한다는 의미에서 나온 것이 아니라 우리 변호사의 기피 신청보다 몇 곱 이상으로 판사를 신용하지 않는다'는 뜻에서 나온 것이므로 이 기피 신청에는 하등 영향이 미치지 않는 것이라."고 진술하였다고 한다.⁶¹ 또한 훗날 후세는 다음과 같이 회고했다.

> 그때 재판소의 비겁함에 내가 분개하였던 것은, 그 사건에 기피 신청을 했는데요. 나카오카[長岡]라는 재판장이었는데, 그 신청에 대해 '김군은 어떻게 생각하나'라고 물었습니다. 그러자 김군은 '재판관은 모두 멍청이들이다'라고 하였는데, 오히려 나는 통쾌하다는 생각을 하고, (중략) 그런데 재판관은 '피고가 재판관에는 좋은 사람이 없다고 말한 이상, 어느 재판관이라도 상관이 없기 때문에'라고 하여 기피 신청을 각하하였습니다. 재판관이라는 자는 비겁하더군요. 염치도 모르는 자라는 것은 그런 사람을 말하는 것이겠죠.⁶²

후세가 지적한 '재판소의 비겁함'이란 김지섭의 말꼬투리를 잡고 기피 신청 각하의 이유로 삼아 조선총독부의 스파이 정책을 은

---

60 『동아일보』, 1925년 7월 1일, 「피고 김지섭 당초부터 불응」.
61 『동아일보』, 1925년 7월 9일, 「二重橋爆彈犯人 金祉燮獄中記(三)」.
62 布施辰治記念會, 1954, 『布施辰治對話抄集』, 10쪽.

폐하려고 한 그런 염치없는 재판관을 향한 비판의 표현일 것이다.[63]

아무튼 김지섭은 6월 8일 정식으로 재판장 기피 신청의 기각을 신청하였다. 변호사들이 재판부 기피 신청을 낸 것을 피고인 그 자신이 거부한 일은, 김지섭의 법정 투쟁에서 백미라고 볼 수 있다.[64] 이는 일본 사법제도의 권위와 재판관의 양심에 치명타를 가한 것으로 생각된다. 공소심 공판은 7월 13일 속개되었다. 검사는 1심 판결대로 무기징역을 구형하였다. 김지섭은 1925년 8월 12일 공소심에서도 무기징역을 언도받았다.[65] 후세 등 변호인단은 즉각 대심원에 상고를 제기하였다.

김지섭은 변호사들이 자신과 상의 없이 상고하자, 8월 18일 이를 취하한다는 서면을 제출하였다.[66] 더 이상의 재판을 거부한 것이다. 그리고 검사총장에게 장문의 글을 보내 즉시 사형에 처하든지 조선의 형무소로 보낼 것을 요구하였다.[67] 하지만 이것마저도 이루어지지 않았다. 이후 김지섭은 도쿄 시내의 이치가야형무소에서 도쿄 외곽의 지바형무소로 비밀리에 이감되었다. 이곳에서 그는 무기징역에서 징역 20년으로 감형되었다.

어느 날 후세는 지바형무소에서 복역하던 김지섭이 갑자기 옥사했다는 급보를 받았다. 1928년 2월 20일 오전 8시경 사망했다는 것이다.[68] 김지섭의 옥중 순국에 대한 비보는 대구에 있던 동

63 森正, 2014, 『評傳 布施辰治』, 日本經濟評論社, 491쪽.
64 김용달, 2017, 『살신성인의 길을 간 의열투쟁가 김지섭』, 역사공간, 109쪽.
65 『동아일보』, 1925년 8월 13일, 「김지섭 무기 언도」.
66 『동아일보』, 1925년 8월 20일, 「김지섭 상고 취하」.
67 『동아일보』, 1925년 8월 16일, 「동경검사총장에게 김지섭 長文 송치」, 1925년 8월 17일, 「검사총장에게 사형희망서 제출」.
68 『동아일보』, 1928년 2월 23일, 「폭탄사건의 김지섭 사망」; 『매일신보』, 1928년 2월 24일, 「이중교 사건 김지섭 千葉에서 遂 獄死」.

김지섭의 사망원인 해명을 위한 해부
(『동아일보』, 1928. 2. 26.)

생 김희섭에게 전해졌다. 또한 도쿄 시외에 살던 김지섭의 친족 김구현(金九鉉)도 전보를 받았다. 비보를 접한 김구현은 시신을 인수하기 위해 21일 오전 9시 도쿄를 출발하여 지바형무소로 갔다. 그런데 고인의 얼굴과 가슴을 본 그는 사망 원인에 대해 의문이 생겼다.

형무소 당국의 해명은, 김지섭은 사망 당일 아침 일찍 감방을 청소하고 독서를 하였는데, 8시경 변소에 갔다가 갑자기 뇌일혈로 쓰러져 변소 옆에서 사망했다는 것이다. 이에 대해 김구현은

김지섭이 사망한 지바형무소

다음과 같은 의문을 제기하며 시신의 인수를 거부하고 도쿄로 돌아갔다.[69] 첫째는 시신에 남아 있는 상처들이다. 김지섭의 시신에는 콧마루에 찰과상이 있었고, 가슴에는 몇 개의 반점이 있었다. 이 상처들에 대해 형무소 측은 졸도하면서 생긴 상처라고 하였다. 하지만 감방 변소의 구조를 볼 때 부딪힐 만한 물건이 없다는 것이다. 둘째 사망 날짜의 문제이다. 형무소는 매월 셋째 일요일이 휴식일인데, 김지섭이 휴식을 취하며 독서를 했다는 것으로 보아 사망 당일이 휴식일이었음을 알 수 있다. 그런데 휴식일은 19일이었으므로 사망일인 20일과는 다르다는 점이다.

김지섭의 사인에 대해 이 같은 의문이 생기자, 김희섭과 김구현 등 가족들은 후세에게 도움을 요청하였다. 후세는 가족들과 함

---

69 『동아일보』, 1928년 2월 25일, 「작고하는 당일에도 평일대로 정숙한 독서」.

께 김지섭의 부검을 요구했다.[70] 이에 따라 2월 23일 촉탁의사 아즈시마[間島]의 입회 아래 지바의과대학 병원에서 시신을 부검하였다. 그런데 입회 의사조차 "뇌일혈은 분명한데 기관지 출혈의 장소와 그 모양이 통례와는 다를 뿐 아니라 거의 보지 못한 현상이다. 별나게 수상한 점이 보인다는 것은 아니지만, 그렇게 출혈되는 원인은 앞으로 연구하여본 뒤가 아니면 밝힐 수 없다"고 하는 애매모호한 결론을 내렸다. 결국 김지섭은 많은 의문을 남긴 채 떠났고, 아직도 그 의문을 풀지 못하고 있다.

그의 유해는 일본 경찰의 강요에 의해 지바의과대학에서 화장되어 유족에게 넘겨졌다. 후세는 유족들이 김지섭의 유해를 고향으로 데려갈 때까지 자신의 집을 숙소로 제공하는 등 후원을 아끼지 않았다.[71]

---

70 『동아일보』, 1928년 2월 26일, 「辯護士의 要求대로 金祉燮의 遺骸를 解剖」.
71 『동아일보』, 1928년 2월 27일, 「김지섭 유해 동경 출발」.

나주 궁삼면의 농민 혈서에 감동하다

1926년 3월 후세는 두 번째로 조선 방문의 길에 나섰다. 주된 목적은 전남 나주군 궁삼면의 토지회수운동을 지원하기 위해서였다.[72]

궁삼면[73] 토지회수운동은 조선 후기부터 식민지기에 걸쳐 봉건지배층과 동양척식주식회사(동척으로 줄임)를 상대로 전개된 토지탈환투쟁이었다. 1888년 극심한 가뭄으로 농민들이 세금을 내지 못하게 되자 경저리(京邸吏) 전성창(全聖暢)이 세금을 대납하고는 농민들의 토지를 탈취하여 엄비(嚴妃)의 경선궁(慶善宮)에 매도하였다. 이로써 민유지가 궁장토(宮庄土)로 편입되었으며, 1909년

---

[72] 후세의 궁삼면 농민지원에 관한 내용은 다음의 글에서 많은 도움을 받았다. 이규수, 2000, 「전남 나주군 '궁삼면'의 토지소유관계의 변동과 동양척식주식회사의 토지집적」, 『한국독립운동사연구』 14; 이규수, 2001, 「일제하 토지회수운동의 전개과정-전남 나주군 궁삼면의 사례-」, 『한국독립운동사연구』 16; 이규수, 2003, 「후세 다츠지(布施辰治)의 한국인식」, 『한국근현대사연구』 25.

[73] 궁삼면은 행정의 지명이 아니다. 1914년에 실시된 행정관할구역 통폐합 이전의 전남 나주군의 기죽면, 상곡면, 욱곡면을 말한다. '삼면'에 '궁'이 붙여져 궁삼면이라 불린 이유는 삼면이 1909년의 동척의 토지 매수 이전에 봉건왕조 권력에 의해 궁장토로 불법 편입되었기 때문이다. 궁삼면은 행정관할구역 통폐합에 따라 각각 영산면, 왕곡면, 세지면, 다시면으로 분리되었다.(나주군지편찬위원회, 1980, 『나주군지』)

현재의 궁삼면 일대

경 이를 다시 동척이 매입하였던 것이다.[74] 이 과정에서 궁삼면의 농민들은 토지 탈환을 위해 해당 소유권자와 끊임없는 법적 소송과 저항운동을 전개하였다. 일제시기에 들어와서도 동척의 불법적인 토지 매수에 맞서 토지소유권 확인 소송 및 토지소유권 청구 소송을 제기하는 등 재판을 통해 토지 소유권을 찾으려했다. 하지만 토지조사사업 시기에 이루어진 일련의 재판은 동척의 토지 소유권을 법적으로 확정하는 절차에 다름 아니었다.

동척의 궁삼면 토지 집적은 농민의 토지 소유권을 불법적으로 매수한 점에서 다른 지역의 동척 경영과는 달랐다. 동척은 각종 관개시설을 정비하고 소작인의 저항을 진정시키기 위해 비교적 낮은 비율의 소작료를 정하는 등 온건 회유책을 제시하기도 하

74 함한희, 1992, 「조선말·일제시대 궁삼면 농민의 사회경제적 지위와 그 변화」, 『한국학보』 66.

였다. 그러나 동척의 토지경영은 설립 당초의 경영 방침인 일본인 농업이민의 유입으로부터 시작되었다. 궁삼면에도 일본인 이민 유입이 시작되자 이 지역의 농민들은 경작권마저도 빼앗기게 되었다. 이에 농민들은 동척 건물을 습격하는 등 격렬하게 저항했으나, 일제의 탄압으로 해산되었다.

  3·1운동을 계기로 궁삼면 농민들은 토지회수운동을 효과적으로 추진하기 위해 농민회를 조직하였다. 농민회 결성 이후 지도부는 동척 측에 토지 유상반환을 교섭하였다. 동척의 불법적인 토지 집적이 식민지 권력에 의해 법적으로 확정된 상태였기 때문에, 농민들은 전략적으로 유상반환 방안을 받아들였을 것이다. 그러나 대다수 농민은 끝까지 무상반환을 요구하면서 토지회수를 위한 궁삼면 토지회수운동동맹을 조직하였다. 동척 측은 동척 소작인조합장을 통해 농민 내부를 분열시켜 토지 유상 양여와 소작료 인하 등을 내용으로 한 교섭안을 제시하였다.

  이에 토지회수운동동맹은 1925년 11월 8일 궁삼면 토지는 조선 전래의 사유지임이 확실하며 동척의 소유권을 인정할 수 없고 토지를 회수할 때까지 퇴각하지 않겠다는 결의를 하고, 1,500~1,600여 명의 농민이 서명한 서약서를 일본 정부와 조선총독부, 전남도청에 제출하였다. 그리고 농민회와 토지회수운동동맹 지도부는 11월 16일에 면민대회를 개최하여 소작료불납동맹의 묵약 등을 결의하였다. 그런데 동척 측의 회유책에 넘어간 동척 소작인조합장 일부가 소작료를 납부한 일이 발생했다. 이에 농민들은 연일 농민대회를 열고 혈서동맹까지 맺었음에도 불구하고 일부 사람들이 동척에 매수당해 자기들만 우량 소작인이 되어 토지를 양도받고자 한 것은 용서할 수 없다[75]며, 동척 소작인 조합장 등을 응징하였다. 또한 출동한 경찰을 구타하고 주재소 및 경찰서를 습격하며 격렬하게 저항하였다. 이 과정에서 다수의 농민들이 체포되었다.

그리고 토지회수운동동맹은 토지가 동척에 수탈당한 것을 타 지역에 알리고 일본 중앙정부에 토지반환을 탄원하기 위해 대표자를 선출하였다. 1925년 12월 12일 다시 선출된 대표자 중 이화춘(李和春)·권평원(權平原)·나재기(羅在基)·박승효(朴勝孝) 등 4인을 대표로 일본 도쿄에 파견해 요로를 방문하고 일본 제국의회에 청원을 시도하였다.[76] 농민들의 이런 노력을 실패하였다. 이후 농민 대표는 척식국(拓植局) 및 관계 방면에 진정서를 제출하고 동척을 상대로 민사소송을 제기하려고 했다. 이때 농민 대표는 토지문제의 상담과 소송을 의뢰하기 위해 후세를 방문했다. 농민 대표는 이미 무산계급의 벗이자 동지인 후세의 명성을 익히 들었기 때문이다.

후세를 만난 농민 대표는 불납동맹의 결성과정에서 작성된 서약서와 소작료불납동맹혈서를 보여주었다. 후세는 말로만 듣던 진짜 혈서를 처음 보고 농민들의 열정에 감격했다.[77]

서약서

우리는 궁삼면 토지회수동맹 조건에 철저하게 결심한 단체이다. 우리는 생사를 같이 하고 안락을 공존할 목적으로 일제히 단발하여 성

---

[75] 警務局 高等警察課, 『大正十四年中ニ於ケル宮三面事件經過槪要』, 1925년 12월, 20쪽.
[76] 『조선일보』, 1925년 12월 16일, 「제54회 제국의회 설명자료」.
[77] 布施辰治資料硏究準備會, 2002, 『石卷文化センター所藏 植民地關係資料集 1 朝鮮編』, 41-56쪽.

의를 표시하고, 피로써 혈심(血心)을 나타내어 지금 동척이 어떠한 강제수단을 동원하더라도 조금도 후회하지 않고 물불을 가리지 않고 안전한 생활을 도모할 목적으로 연서 날인하여 이에 서약한다.

후세는 농민 대표의 의뢰를 받아들여 1926년 3월 4일부터 11일까지 두 번째로 조선을 방문했다. 이 방문에 대해 후세는 조선에 온 것은 조선의 사회운동을 일본의 사회운동처럼 하고 싶어서였다. 또 하나 중요 용건은 궁삼면 소작쟁의를 해결하고 싶은 것이었다. 우선 대구를 들려서 중산계급 혹은 무산계급에 대한 강연회를 개최하여 전 조선에 걸쳐 크게 기세를 떨칠 생각이라고 하였다.[78] 이때 이동재는 선발대로 부산을 거쳐 대구로 가서 후세의 강연회 문제로 대구경찰서를 방문하여 협상하였다.[79]

1926년 3월 2일 도쿄를 출발한 후세는 4일 아침 부산항에 도착한 후 바로 대구로 향하였다. 대구에서 강연회가 예정되어 있었기 때문이다. 그러나 이 강연회가 경찰의 금지처분으로 취소되자[80] 5일 영산포로 갔다.[81] 나주경찰서에서는 후세에게 올 필요 없다는 전보를 보내 조선 방문을 저지하려 하였다. 2월 28일에는 궁삼면 농민회의 간판과 문서를 압수하고 후세가 방문할 경우에는 대표자를 호출하여 총독부의 조정안에 동의할 것을 강요하였다.[82] 심지어 후세의 방문이 농민을 자극하고 동척을 위태롭게 할 것이

---

[78] 森正, 2014, 『評傳 布施辰治』, 日本經濟評論社, 517-518쪽.
[79] 『매일신보』, 1926년 3월 6일, 「布施氏來鮮과 大邱署空氣緊張」, 이후 이동재는 후세의 일정에 따라 경성까지 갔다.
[80] 『조선일보』, 1926년 3월 7일, 「布施氏歡迎宴」.
[81] 이규수, 2001, 「일제하 토지회수운동의 전개과정-전남 나주군 궁삼면의 사례-」, 『한국독립운동사연구』 16, 517-518쪽.
[82] 『조선일보』, 1925년 3월 8일, 「布施辰治氏의 宮三面事情視察」.

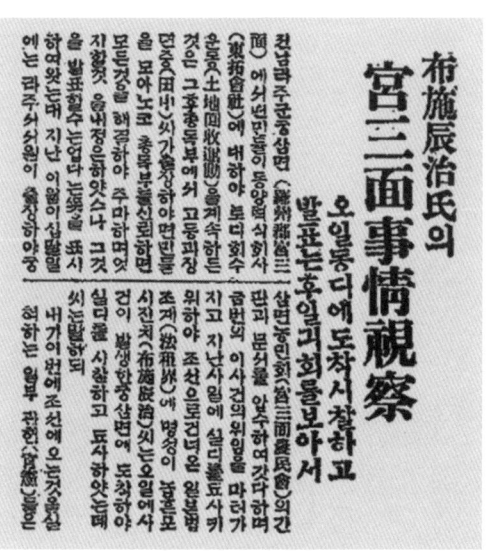

후세의 궁삼면 시찰 보도
(『조선일보』, 1926. 3. 8.)

라며 경찰력을 동원해 농민에 대한 압박을 가중시키겠다고 협박했다.

그러나 후세는 3월 5일 파견 대표자였던 이화춘·권평원의 환영을 받으며 영산포에 도착했고, 곧바로 개별조사와 실지답사를 실시하였다. 조사 방법은 후세가 준비한 두 종류의 조사표 용지를 작성하는 것으로 진행되었다.[83] 먼저 실지면적을 조사하고 민유지라는 근거, 동척으로의 편입과정, 앞으로의 토지문제 해결방안 등을 파악하였다.

---

83   布施辰治, 『朝鮮旅行記』, 20-21쪽(이규수, 2003, 「후세 다츠지(布施辰治)의 한국인식」, 『한국근현대사연구』 25, 424쪽).

후세와 궁삼면 농민 대표 혈서
(『조선일보』, 1926. 3. 9.)

하지만 후세가 얼마나 정확하고 면밀히 조사할 수 있었는가는 의문의 여지가 있다. 당시 궁삼면은 경계가 엄중했기 때문에, 후세가 농민들과 자유롭게 만날 수 없는 상황이었다. 게다가 후세가 도착한 당일 전남 경찰부에서 농민 대표를 호출하여 총독부 조정안에 대한 동의를 강요하고 있었다. 총독부에서는 후세의 개입으로 토지문제가 전국적으로 파급되는 것을 우려하여 농민과 동척을 신속히 타협시키고자 하였다. 상황이 이렇다 보니 후세는 산책을 가장하여 농민들과 만나는 정도의 조사밖에 할 수 없었다. 결국 그의 방문이 궁삼면 토지문제를 사회문제화 하는 데는 어느 정도 영향을 미쳤지만, 당국의 방해 때문에 조사 자체는 큰 성과를 거두지 못했다. 후세는 총독부 조정안의 허구성을 지적하고 사건 관련자의 석방을 위해 전남도청과 광주지방재판소를 방문했다.

궁삼면의 토지문제 조사는 후세에게 조선 농촌문제의 심각성을 직접 체험하는 계기가 되었다. 이어 후세는 농민들에게 토지문제의 조사 결과를 서울 혹은 도쿄에서 돌아가 공개하겠다고 약속하고 궁삼면을 떠났다. 후세는 귀국 후에 "조선 무산계급 농민의 생활고에 눈물을 흘리지 않을 수 없다. 또 소위 식민지정책의 피지배계급에 대한 압박에 분개할 수밖에 없다. 사회문제 중의 사회문제이고 인도문제 중의 인도문제"[84]라며 감회를 토로했다.

후세는 궁삼면의 토지문제를 조사하는 이외에도 각종 강연과 조사활동을 펼쳤다. 후세가 조선의 기대와 환영에 부응하기 위해 얼마나 혼신의 노력을 다했는지를, 3월 7일을 전후로 그의 일정을 따라가 보자.

3월 6일 밤 광주 숙박 → 3월 7일 오전 6시 50분 이리로 향함 → 12시 이리에서 강연 → 16시 40분 전주로 향함 → 18시 10분 전주 도착 → 18시 30분 전주에서 강연 → 20시 30분 전주 출발 이리로 향함 → 21시 40분 이리 도착 → 22시 30분 이리 출발 대전으로 향함 → 3월 8일 0시 45분 대전 도착 → 1시 30분 대전 출발 경성(京城)으로 향함 → 7시 30분 경성 도착 → 10시 경성 약속 예정[85]

84　布施辰治,『朝鮮の産業と農民運動』, 20-21쪽(이규수, 2003, 「후세 다츠지(布施辰治)의 한국인식」,『한국근현대사연구』25, 424쪽).
85　大石進, 2010,『辯護士 布施辰治』, 西田書店, 132-133쪽.

경성에 도착한 후세
(『조선신문』, 1926. 3. 9.)

후세는 초인적인 체력과 정신력으로 대구, 대전, 광주, 전주, 서울 등지에서 조선운동가들이 주최한 강연회에 참석하고자 했다. 강연 주제는 다음과 같다. '조선에 들어와'(대구), '궁삼면문제에 대하여'(광주), '농민운동과 재판문제'(광주), '해방운동의 정신'(이리), '해방운동과 조선청년'(전주), '해방운동과 조선문제'(대전), '조선사상대책을 평함'(경성), '해방운동과 조선부인'(경성) 등이다. 이러한 후세의 노력에 각지의 주최자들은 분위기를 띄워 후세의 강연을 홍보하였다. 예컨대 광주노동연맹 등이 주최한 강연회에서는 '용이하게 듣지 못하는 기회에 오라! 왔다! 후세 씨! 또 왔다! 일본무산계급의 맹장!"이라는 선전 벽보를 통해 후세의 강연회를 널리 알렸다.[86]

86 布施辰治, 『朝鮮旅行記』에 첨부된 선전삐라(이규수, 2003, 「후세 다츠지(布施辰治)의 한국인식」, 『한국근현대사연구』 25, 424쪽).

후세의 강연금지
(『조선일보』, 1926. 3. 9.)

    그러나 계획된 강연회는 경찰 당국의 불허로 열리지 못한 것 같다. 예컨대 3월 8일 밤 시대일보사 주최로 경성에서 열릴 예정이었던 '조선사상대책을 평함'은 경찰이 불허하여 환영다과회로 대신하였다.[87] 후세가 조선을 방문했을 때부터 경찰의 엄중한 사찰이 이루어지고 있었고, 후세 역시 두 번째 조선 방문에서 연설의 기회를 빼앗겼다고 술회했다.[88] 또 후세는 각지로 이동할 때마다 해당 지역의 상황을 면밀히 조사하는 성실함을 보였다. 전주지역의 이도전주청년회, 전주신문배달인조합, 전주양화직공조합, 전주철공조합, 전주여자청년회, 금요회, 전주인쇄공조합, 전북청년연맹의 간부 등을 직접 조사했다.
    한편 후세는 경성에 체류할 때 반가운 옛 친구를 만난다. 바로

---

87   『조선일보』, 1926년 3월 9일, 「布施氏 환영다과회」.
88   森正, 2014, 『評傳 布施辰治』, 日本經濟評論社, 518쪽.

만화가 겸 사회평론가 고이케 무보[小生夢坊]였다.[89] 고이케의 회고에 의하면, 후세가 그가 묵고 있던 숙소에 김회두(金回斗)라는 조선인 변호사와 함께 찾아왔다고 하였다.[90] 여기서 주목해야 할 인물은 김회두이다. 당시 조선인 변호사 중에 김회두라는 사람은 없다. 아마도 김형두(金炯斗)의 오기 또는 착각일 가능성이 높다. 앞장에서도 서술했듯이 그는 마산 출신으로 일본변호사시험에 합격하였고, 후세와는 메이지대학 동문이다.[91] 유학시절부터 친분을 맺고 귀국 후에도 지속적으로 연락하던 사이였다. 그는 훗날 조선혁명자구원회(모플, MOPR)의 책임자로서 후세에게 조선공산당사건의 변호를 의뢰하는 편지를 보낸다.

일본에 귀국한 후세는 1926년 4월 도쿄 우에노[上野]공원 자치회관에서 열린 조선문제강연회를 통해 궁삼면 토지문제의 조사 결과를 밝혔다. 궁삼면 농민들과의 약속을 지킨 것이다. 이 강연에는 후세의 식민지와 농촌문제에 대한 인식이 잘 나타난다.[92] 우선 후세는 식민지 조선문제를 조선 국내만의 문제가 아니라 국제적인 문제로 인식했다.[93]

또한 그는 일본 제국의회에서 이루어진 조선문제 관련 질의응답을 조사하여 경제적인 측면에서 일본의 식민지 지배를 합리화하려는 논리를 다음과 같이 비판했다.

---

89 후세 간지 지음, 황선희 옮김, 2011, 『나는 양심을 믿는다』, 현암사, 95-96쪽.
90 小生夢坊, 本多定喜, 1954, 『涙を憤りと共に-布施辰治の生涯』, 學風書院, 168쪽.
91 김형두에 대해서는 제3장 3절 참조. 김형두와 후세의 교류에 대해서는 향후 구체적인 연구가 필요하다.
92 이하의 서술은 이규수의 「후세 다츠지(布施辰治)의 한국인식」을 참조하였다.
93 布施辰治, 『朝鮮の産業と農民運動』, 6쪽(이규수, 2003, 「후세 다츠지(布施辰治)의 한국인식」, 『한국근현대사연구』 25, 425쪽).

일본 제국의회 등에서는 정치적인 문제에 대해서는 유감을 표명하고 있으나, 산업 관계에 대해서는 통계숫자를 들면서 치적을 선전하고 있다. 식민지 산업에 대한 근본적인 의혹은 아무리 산업이 발달하고 농업시설이 개선되어도 그것이 식민지동포를 위한 것이 아니라는 점에 있다. 총독부의 정치는 경찰력을 동원한 일본 본위의 정치이기 때문에 식민지 산업의 수확은 본국으로 이송되고 있다. 나는 소위 식민지 정책이란 것에 대해 반대함과 동시에 식민지 동포와 함께 해방을 바라고 있다.[94]

후세가 이처럼 정치문제와 경제문제의 상관관계를 지적하며 식민지 통치를 적절하게 비판할 수 있었던 것은 조선의 농업문제에 대해 정통했기 때문이었다. 그는 이미 관변 문헌 등 각종 간행물을 통해 조선농업의 문제를 상세히 파악하고 있었다. 농업지대, 기후, 주요농산물 등에 대한 사전 지식을 겸비했고, 토지소유관계에 대해서도 해박한 지식을 지니고 있었다. 후세의 식민지 정책에 대한 지적은 식민지 일반에 대한 것만이 아니라 구체적인 근거에 토대한 비판이었다. 예컨대 후세는 경작면적의 증가에도 불구하고 소작면적이 확대되는 현상에 대한 구체적인 통계를 제시하며 다음과 같이 말했다.

그들이 자랑하는 조선농업의 발달이 과연 조선 무산계급을 위한 것이라면, 농업의 발달을 위해 땀 흘린 조선 무산계급 농민의 생활이 차츰 좋아져야 한다. 하지만 실제 생활이 더 어려워지는 연유는 무

[94] 布施辰治, 『朝鮮の産業と農民運動』, 7-8쪽(이규수, 2003, 「후세 다츠지(布施辰治)의 한국인식」, 『한국근현대사연구』 25, 426쪽).

엇인가? 또 수많은 조선농민이 조선에서 살 수 없게 된 연유는 무엇인가? 조선 무산계급 농민의 피와 땀으로 일구어진 조선의 경작지가 그들의 손으로 경작되지 못하고 조선을 버리고 일본이나 만주로 나아가 유랑할 수밖에 없는 이유는 무엇인가? 조선의 산업이 관헌 당국이 자랑하듯이 통계적으로는 발달하고 있음에도 불구하고 조선 무산계급 농민의 생활은 더더욱 어렵게 되었다. 조선 무산계급 농민의 노력으로 생산된 쌀과 보리, 기타 잡곡이 그들을 배불리 하지 못하고 굶주려 자살하거나 자포자기하는 범죄자를 만들어내는 연유는 무엇인가?[95]

후세는 귀국하는 길에 일본으로 건너가는 조선인의 상황과 그들이 소지한 금액까지도 면밀히 조사했다. 그의 조사 기록에 의하면 승선인원 760여 명 가운데 조선인은 640여 명이고, 나머지는 일본인이었다. 조선인 중 유학생은 10명, 나머지는 모두 노동자였다.[96] 노동자 중에서 150여 명은 일시귀국자이고 나머지 500여 명은 처음으로 일본에 건너간 사람들이었다. 이러한 조사 결과를 바탕으로 후세는 "도항노동자는 조선농촌에 살 수 없게 된 무산계급 농민이 어쩔 수 없이 도항하게 된 것이다. 그럼에도 불구하고 관헌 측은 도항자에 대해 준비금을 철저히 조사하고 부족한 자에 대해서는 도항 금지를 내리는 등 엄격한 단속을 실시하고 있다. 조선노동자는 조선에 있어도 아무 것도 먹을 수 없고, 살아나

---

95 布施辰治, 『朝鮮の産業と農民運動』, 9-10쪽(이규수, 2003, 「후세 다츠지(布施辰治)의 한국인식」, 『한국근현대사연구』 25, 426쪽, 재인용).
96 布施辰治, 『朝鮮旅行記』, 508쪽(이규수, 2003, 「후세 다츠지(布施辰治)의 한국인식」, 『한국근현대사연구』 25, 426쪽, 재인용).

갈 수 없는 생활고에 찌들고 있다는 것을 알았다"⁹⁷고 밝히고 있다. 관련 서적만이 아니라 현장조사를 통해 습득된 생동감 있는 인식이었다.

나아가 후세는 당시의 농업정책인 '산미증식계획'의 본질을 꿰뚫었다. 후세는 일본으로서의 쌀 유출구조를 다음과 같이 비판하였다.

> 조선 땅에서 생산된 농산물이 농업의 개선과 발달의 결과 수량적으로 많아지고 또 질이 향상되더라도 그것이 모두 식민지 본국으로 유출된다면, 조선무산계급 농민의 생활은 조금도 향상되지 않는다. 오히려 자기들의 피와 땀으로 일구어낸 기름진 쌀과 보리 등의 생산물이 자신의 배를 채우지 못하고 전부 유출되는 것을 보고 슬픔과 애달픔만이 늘어갈 것이다. 더욱이 수출된 쌀이 돈이 되어 조선무산계급 농민에게 되돌아오는 것도 아니다. 그 이유는 일본인 대지주의 소작지이기 때문이다. 유출된 농작물은 다시 일본인의 손에 남게 된다.⁹⁸

후세는 식민지 농업정책이 결과적으로 일본의 인구와 식량문제 해결을 위해서만 존재한다고 보았다. 즉 조선총독부가 주장하는 '조선 농업의 발달'은 결국 농촌사회로부터 조선인의 유출을 가속화시킬 뿐, 조선인의 이익을 대변하는 것이 아님을 거듭 지적했다. 그리고 토지회수운동과 계급해방운동에 대해 다음과 같이 밝힘으로써 농민운동의 객관적인 배경을 설명했다.

97　布施辰治, 『朝鮮の産業と農民運動』, 36쪽(이규수, 2003, 「후세 다츠지(布施辰治)의 한국인식」, 『한국근현대사연구』 25, 427쪽, 재인용).
98　布施辰治, 『朝鮮の産業と農民運動』, 60-61쪽(이규수, 2003, 「후세 다츠지(布施辰治)의 한국인식」, 『한국근현대사연구』 25, 427쪽, 재인용).

조선무산계급 농민은 결국 조선 땅에서 살지 않으면 안 된다. 또 동시에 살아나가기 위해서는 일하지 않으면 안 된다. 그렇다면 일할 수 있는 토지가 없으면 안 된다. 여기로부터 배제된 자는 소위 농민운동을 일으킬 수밖에 없다. 조선의 농민운동은 일본처럼 소작료문제를 중심으로 하지 않고 토지소유권의 회수를 중심으로 전개되고 있다. 이는 조선의 농업시설의 발달을 위해 희생된 조선무산계급 농민의 토지소유권이 수탈되었기 때문이다. 토지소유권 회수를 목적으로 한 조선의 특수한 농민운동은 비단 궁삼면에 한정된 문제만은 아니다. 조선의 농민운동이 앞으로 어떻게 전개될 것인지 주목해야 한다. 조선문제 해결의 열쇠를 쥐고 있다. 단지 토지소유권의 회수라는 것에 머무른다면 해방운동의 의의는 절감된다. 하지만 현재의 조선총독부와 일본인 지주는 농민운동의 목적인 토지소유권을 빼앗기지 않으려고 극심한 탄압을 가하고 있다. 생활고에서 출발한 농민운동은 계급해방전선으로 합류될 것으로 확신한다. 소위 식민지의 산업정책이란 것을 응시하여야 진정으로 조선문제가 조선 농민의 손에 의해 해결될 것이다.[99]

이처럼 두 번째 조선 방문을 통하여 후세는 조선 농민과 농촌문제, 일본제국과 식민지 문제, 나아가 식민지 농민운동이 필연적으로 계급해방운동으로 발전해 나갈 것을 확신하였다. 후세는 일찍이 일본 국내의 각종 소작쟁의사건의 변호를 담당했다. 또한 농민운동을 체계적으로 지원하기 위해 자비로 『소작쟁의의 전술과 조정법의 역용』(1930년)을 출판했고, 효과적인 법정투쟁의 길

---

99 布施辰治, 『朝鮮の産業と農民運動』, 70-71쪽(이규수, 2003, 「후세 다츠지(布施辰治)의 한국인식」, 『한국근현대사연구』 25, 428쪽, 재인용).

나주 궁삼면 항일농민운동기념비

잡이로 『소작쟁의 법정진술 교과서』(1930년)를 집필했다. 후세의 농민문제에 대한 관심은 이후에도 지속되었다. 1927년에는 타이완의 이림자당(二林蔗糖) 농민조합 소요사건을 변호하기 위해 대만에 건너갔다.

한편 후세 사후, 1991년 농민항쟁이 일어났던 궁삼면에는 항쟁을 기념하는 '나주궁삼면항일농민운동기념비'가 건립되었다. 비문에는 '일본인 변호사 후세 다츠지'의 이름이 새겨져 있다. 후세가 혈서를 처음 보고 농민들의 결사항쟁의 의지와 열정에 감격하여 그 땅을 방문한 지 65년 만에 일이다.

조선 최대의 사상사건
'조선공산당사건'을 변호하다

1925년 11월 22일 신의주 시내 음식점 경성식당에서 폭행 사건이 일어났다.[100] 회식을 하던 두 그룹 사이에 싸움이 벌어진 것이다. 한 그룹은 신의주의 가장 영향력 있는 합법 청년단체인 신만(新灣)청년회 회원 약 20명이었다. 다른 그룹은 변호사·의사 등 신의주 유지와 신의주경찰서 소속 경찰관 2인 등 5명이었다. 별도의 내실에서 술과 음식을 즐기고 있었는데, 사소한 꼬투리가 집단 폭행으로 발전했다. 신만청년회 회원들이 일방적으로 다른 그룹을 집단 구타했는데, 이들 중에는 경찰도 있었다. 신의주 경찰들은 격노했고, 총출동하여 보복 수사에 나섰다.

이 과정에서 신만청년회원 김경서(金景瑞)의 집에서 '고려공산청년회' 중앙집행위원회의 회원 자격과 함께 통신문 3통이 발견되었다. 문건의 출처를 취조한 경찰은 김경서가 조선일보 신의주지국 기자 임형관(林亨寬)에게 건네받아 보관하던 것임을 알아냈다. 이에 다시 임형관을 취조한 결과, 해당 문건은 경성에 있는

---

100 임경석, 2000, 「박헌영과 김단야」, 『역사비평』 53.

박헌영　　　　　강달영　　　　　권오설

박헌영(朴憲永)이 상하이로 우송하기 위해 임형관에게 의뢰한 것이었다. 이를 계기로 본 사건은 단순한 폭행 사건이 아닌 대규모 비밀결사 사건으로 전환되었다. 이른바 '제1차 조선공산당 검거 사건'이 터진 것이다. 신의주경찰서와 서울 종로경찰서가 합동으로 고려공산청년회 관련자들에 대한 일제 검거에 착수했다. 검거의 회오리바람이 전국으로 불어 닥쳤다.

　제1차 조선공산당은 일제의 탄압으로 붕괴되었지만, 조선공산당은 강달영(姜達永)을 후계 당조직의 책임자로 조직을 재가동하였다. 이런 와중에 1926년 4월 25일 순종(純宗)이 훙거하였다. 전국에서 애도의 분위기가 점증하자, 조선공산당은 권오설(權五卨)을 중심으로 3·1운동과 같은 대규모의 만세시위를 계획하였다. 이른바 '6·10 만세운동'이다. 그러나 만세시위가 일어나기 직전인 동년 6월 5일 불온문서가 발각되었다. 문서인쇄소를 중심으로 취조하던 경찰은 6월 7일 권오설을 체포하였다. 이어 대대적인 사회주의자 검거선풍이 불었다. 이를 '제2차 조선공산당 사건'이라 한다. 이들 모두는 종로경찰서와 신의주경찰서 경찰관으로부터 혹독한 고문을 받았다.

제2차 공산당사건은 주모자들이 제1차 사건의 주모자와 긴밀한 인적, 조직적 연관이 있다는 이유로 1926년 7월 경성지방법원 예심으로 이송, 병합되었다. 제1심 공판은 1927년 9월 13일 가을 찬비가 내리는 가운데 열렸다.[101] 이때부터 조선에서 발행된 신문에는 조선공산당사건재판의 기사로 가득 메워졌다. '3·1운동 이후 조선 초유의 비밀결사 사건'이자 '조선 3대 사건'의 하나로 꼽히며 조선의 이목이 집중되었다. 우선 사건 및 관련자의 규모가 압권이었다. 공판 직전까지 검거된 인원은 220여 명이었고, 공판에 회부된 인원이 101인이었다. 때문에 이 재판을 '101인 사건'이라 부르기도 했다. 피고인에 대한 취조기록만도 무려 4만 쪽에 달했다. 일본인 재판장이 이 기록을 열람하는 데만 4개월이 걸렸다. 또한 첫 체포에서 공판개시일까지 22개월이나 소요된 것도 유례를 찾을 수 없는 일이었다. 더욱이 수사과정에서 극심한 고문이 자행되었다는 소문이 널리 퍼졌고, 공판이 개정되기 전에 이미 옥사한 피고인도 있었다. 공판 역시 1927년 9월 13일부터 시작하여 모두 48회를 거듭하였고, 1928년 2월 13일 판결이 내려졌다.

조선변호사협회를 중심으로 한 변호사들도 공산당사건의 규모와 중대성에 주목하였다. 일제하 어떤 사건보다도 질적 양적 측면 모두에서 최강의 변호인단이 꾸려졌다. 참여한 변호사는 모두 28인이나 되었다. 당시 사상사건 변호에 열성적으로 임했던 변호사들이 총집결하였다. 조선인 변호사뿐만 아니라, 일본에서도 탁월하고 영향력이 컸던 일본인 변호사들이 경성에 와서 직접 변론

---

[101] 이하 조선공산당재판과 관련된 내용은 한인섭의 글에 힘입은 바 크다(한인섭, 2012, 『식민지 법정에서 독립을 변론하다』, 경인문화사).

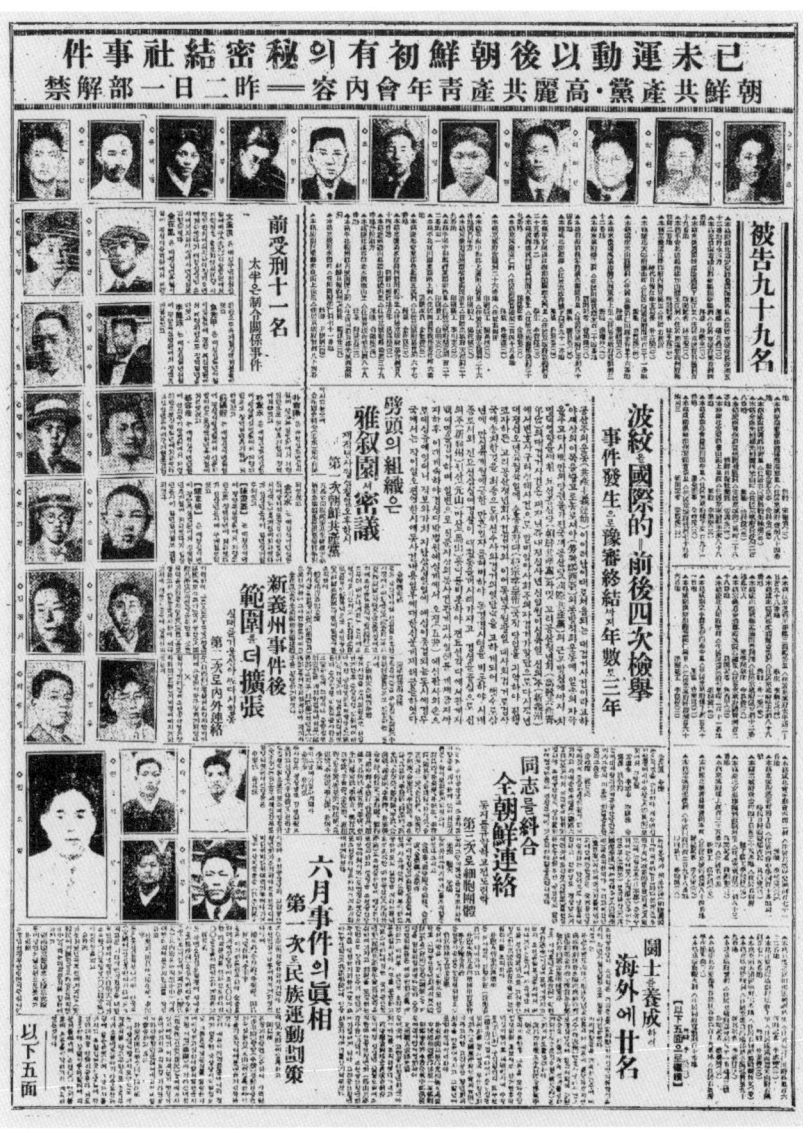

조선공산당 사건 보도
(『동아일보』, 1927. 4. 3.)

에 참여하였다. 이들은 변론을 통해 얻은 사실, 재판의 경과와 문제점을 일본 언론에 널리 알렸다. 이 재판에서 보여준 조선과 일본 변호사의 인적 유대감과 조직적 연대는 전무후무한 모범적 사례라 할 수 있다. 이 공산당사건에서 변론을 주도한 조선인 변호사는 허헌(許憲), 김병로(金炳魯), 김태영(金泰榮), 이인(李仁) 등이었고, 일본인 변호사는 후세 다츠지, 후루야 사다오[古屋貞雄] 등이었다.

조선공산당사건의 중요성에 주목한 후세는 변호인으로 공판에 참여할 준비를 하고 있었다. 특히 조선공산당사건의 죄명이 조선에서 처음 적용되는 치안유지법[102] 위반이었다는 점은 후세의 투쟁 의지를 더욱 높였다. 후세는 이인 변호사와 빈번하게 편지를 교환하면서 재판과정에 대한 정보를 얻는 한편 소송전략을 숙의하였다.[103] 그 기간이 대략 1927년 6월 22일부터 9월 28일까지였다.[104] 첫 번째 편지는 1927년 6월 22일 후세가 이인에게 보냈다.[105]

> 조선에서는 정말로 심각한 문제가 꽤 많고, 저번 대구 진우연맹(眞友聯盟)사건과 같이 실로 놀랄 만한 탄압이 있었다고 생각합니다. 그러

102　장신, 1998, 「1920년대 민족해방운동과 치안유지법」, 『학림』 19.
103　이인과 후세의 서신교환이 조선변호사협회 차원에서 이루어진 일인지, 아니면 개인적인 차원에서 이루어진 것인지는 정확히 알 수 없다. 다만 이인은 의열단 제2차 의거사건(김시현·황옥 사건) 때 조선으로 건너 온 후세와 연락을 담당했었고 이를 계기로 친해졌을 가능성이 있다. 또한 그의 친동생 이호(李浩)가 공산당사건으로 구속된 점도 작용했을 것으로 보인다. 자세한 것은 다음의 글을 참조할 것(전병무, 2020, 「변호사 후세 다쓰지(布施辰治)와 이인」, 『애산학보』 47). 편지의 번역은 仲林裕員(전 강릉원주대 일본학과 초빙교수)의 도움을 받았다.
104　布施辰治, 「東京と京城との間 (1)」, 『解放』 6-21, 1927년 12월호(布施辰治資料研究準備會, 2002, 『石卷文化センター所藏　植民地關係資料集 1 朝鮮編』, 21-34쪽).
105　이하 후세와 이인이 주고받은 편지 등의 내용은 별다른 표시가 없는 한 布施辰治資料研究準備會, 『石卷文化センター所藏　植民地關係資料集 1 朝鮮編』에 의한다.

므로 공산당사건의 공판을 겸할 수 있다면 반드시 법정에 서고 싶다고 생각했습니다만, 틈이 전혀 없는 것이 유감입니다. 그렇다하더라도 이번 공산당사건에는 반드시 법정에 서서 저의 성의를 피력하고 싶다는 생각이 듭니다.

당시 후세는 하마마츠[濱松] 일본악기쟁의(日本樂器爭議) 사건의 변호 등으로 매우 바빴기 때문에, 활동 일정을 조정하는 것이 큰 문제였다. 박열과 연관된 진우연맹 사건[106]도 변호를 희망했지만, 일정이 맞지 않는 등 여러가지 사정으로 포기할 수밖에 없었다.[107] 공산당사건에서도 변호인으로서 법정에 서고 싶었으나 시간이 나지 않았다.

그래서 후세는 1927년 7월 25일 조선공산당 피고인 전원 앞으로 편지를 보냈다.

금년은 무척이나 덥습니다. 더위를 피해 시원한 곳을 찾을 자유도 없고 여유도 없는 자에게는 신문보도처럼 정말로 살인적인 더위입니다. 여러분의 옥중에서의 근황을 그저 상상할 수밖에 없습니다. 이번 공산당사건은 재일 조선동포의 의뢰도 있었고, 또 저번 조선을 갔을 때 잘 아는 친구로부터 간절한 변호 요청도 있었습니다. 하

---

106 진우연맹은, 1925년 9월 일본의 박열 사건에 연구되어 불기소 처분을 받은 徐東 星이 고향인 대구로 돌아와 지역의 신재모, 방한상 등과 만나 조직한 아나키스트 단체이다. 이 사건의 자세한 내용은 다음의 글을 참조할 것(김희곤 등 역주, 2010, 『국역 고등경찰요사』, 선인, 419-424쪽).
107 『매일신보』, 1926년 6월 9일, 「眞友聯盟判 돌연 무기연기」; 『중외일보』, 1926년 6월 14일, 「대구 진우연맹원 布施氏의 변론을 사절」. 경찰은 진우연맹 관련자와 후세가 편지를 교환했다고 했다(『동아일보』, 1926년 8월 1일, 「11명 검속 후 물증확보에 고심」).

지만 이러한 의뢰가 없더라도 여러분이 왜 이번 공산당사건에 검거
되었는지를 생각했습니다. 저는 공산당사건의 중대한 의의를 잘 알
고 있습니다. 저는 도저히 잠자코 있을 수 없습니다. 설령 아무런 도
움이 되지 못하더라도 법정투쟁과 항의에 협력하는 것이 저의 의무
라는 것을 통감합니다. 따라서 저는 여러분의 공판법정에 서서 저의
성의를 피력하겠습니다.[108]

후세는 이 편지와 함께 '변호참고사건조서'를 동봉하여 기재를
요청했는데, 변호를 위한 철저한 준비와 성실함을 엿볼 수 있다.
이밖에도 변론을 준비하면서 재일조선인이 개최한 '조선총독 폭
압정치 비판연설회'에 연사로서 참가하기도 하였다. 공판은 9월
13일부터 일반방청이 금지된 상태에서 파행적으로 진행되었다.
이러한 상황들에 대해 이인 변호사는 후세에게 편지를 보내 자세
히 알렸다.

재판관 배후에 진을 친 경찰 및 기타 행정관 등 다수의 특별방청문
제 때문에 대선풍이 일어났으나 결국 변호인 일동과 재판소가 타협
하여 공판정에서 특별방청자 전부를 몰아내었고 또 엄중한 경계를
하는 것을, 40명의 경관 전부를 퇴장시켰고 더불어 감옥의 간수 중
15명 및 그 감독 2명만을 공판정에 남겨 공개를 금지하고 사실심리
에 들어가 피고 김재봉을 시작으로 심리를 시작하였습니다.

―9월 15일자, 이인 편지

---

108 水野直樹, 1983, 「辯護士 布施辰治と朝鮮」, 『季刊 三千里』 34, 35쪽(번역문은 이규
수, 2003, 「후세 다츠지(布施辰治)의 한국인식」, 『한국근현대사연구』 25, 421~422쪽,
재인용).

공산당사건의 사실심리는 오늘까지 겨우 6명만 종료하였고 나머지는 95명이 남아 있습니다. (중략) 지금의 규모로는 애써 출정하여도 사실심리만이기 때문에 아무것도 되지 않습니다. 오늘도 법정에서 박헌영 군이 성내며 소리 질러 몹시 꾸짖었고 다른 피고도 덩달아 울어 일시 파란이 나왔습니다. (중략) 피고인 및 가족들이 하루라도 빨리 조선에 오기를 열망하고 있습니다. 급히 진행하여도 변론은 오는 10월 10일경으로 생각하면 대개 틀림없다고 생각합니다.

변호사 이인

- 9월 20일자, 이인 편지

공판진행 중에 여러 가지 의외의 고장(故障)이 일어나 예정대로 진행되지 않았는데, 최초는 공개금지를 하여서 혼란이 일어났고 다음으로는 공소불제기문제의 파란이 일어났으며 또 특별방청 및 법정경계문제로 몸싸움을 연출하기도 하였습니다. 어제의 공판에서는 공개금지의 법정에 경찰관이 몰래 들어와 필기를 하여 상관에 보고하고 그리고 이 필기는 경찰수뇌의 명령에 의해 이루어진 것을 발견하고, 사법권독립 침해문제를 일으켜 단지 법정문제만 아니라 일대 사회문제가 되었고 일부 사회에서는 사법권독립 옹호연설회 개최로 이어져 그 정도로 문제가 있음은 더욱더 확대되어 왔습니다.

- 9월 22일자, 이인 편지

이인 변호사는 공판진행 지연과 혼란 등의 전후 사정에 대해서 자세히 후세에게 전하고 있었다. 그리고 마산 출신으로 대학 후배인 조선혁명자구원회[모플, MOPR]의 책임자 김형두(金炯斗)[109]도 후세에게 편지를 보내, 하루 속히 조선으로 들어와 변호해주기를 요청하였다.

> 선생님의 활동 모습은 간접적으로 전해 들었습니다. 태양과 같이 굳게 선생님의 인격을 존경합니다. 조선공산당 공판은 전조선 민중의 긴장된 주시 하에 진행되고 있습니다만, 조선변호사들의 용기가 없고 무정견한 태도로는 전조선 민중의 기대와 욕구를 만족시키는 일이 절대로 불가능하다고 믿고 있습니다. 우리는 아니 전조선 민중은 선생님이 하루라도 빨리 조선에 오시는 것을 절실히 희망하고 기다리고 있습니다.
>
> —9월 20일자, 김형두 편지

김형두의 비판처럼 모든 조선인 변호사가 '용기 없고 무정견'한 것은 아니었다. 공산당사건의 공판과정에서 대두되었던 문제들은 대체로 첫째 재판의 공개 금지문제, 둘째 특별방청 및 법정 경계문제, 셋째 사법권독립 침해문제 등이었다. 이에 대해 조선인 변호사들은 재판부와 총독부 당국에 격렬하게 항의하며 공판투쟁을 전개하였다. 예컨대 사법권독립 침해문제에 대한 조선인 변호사들의 대응을 살펴보면 다음과 같다.

9월 22일 제6회 공판에서는 종로경찰서 경관이 방청을 하면서 필기한 사건에 대해 변호인단에서는 행정권이 사법권의 독립을

---

109 김형두에 대해서는 앞장 참조.

침해한 중대 문제라고 주장하였다. 재판장 역시 이러한 문제제기는 당연하나 "장소가 조선이니 모든 것을 묵인하기 바라며 중간에 끼어 곤란을 당하는 재판소 당국자의 고충을 양해해주기 바란다."110고 변명하였다. 하지만 재판장의 논리에 더욱 분개한 변호사들은 이러한 태도를 고치기 전에는 공판정에 출석하지 않을 것이며 장외에서 사법권 침해를 규탄하겠다는 입장도 불사하였다.

9월 27일 제7회 공판부터 변호사들은 법정에 나가지 않고 버텼다. 9월 28일 허헌·김병로·이인·김태영 등이 위원이 되어 관계기관장을 두루 방문하여 사법권 침해에 대한 경찰간부의 책임 등을 따지기로 했다. 또한 같은 날 김태영·이승우(李升雨)·권승렬(權承烈)·한국종(韓國鍾)·김찬영(金燦永)·최진(崔鎭)·김용무(金用茂) 7인, 9월 29일에는 허헌·이인·정구영(鄭求瑛)·강세형(姜世馨)·심상붕(沈相棚)·한상억(韓相億) 6인 등 총 13인의 변호사가 경성지방법원장에게 사임원을 제출하는 등으로 강경하게 대응하였다. 결국 9월 30일 재판장은 변호사들이 요구한 경관의 특별방청 금지를 받아들임으로써 파장은 일단락되었다. 이와 같이 조선인 변호사들은 한 치의 물러섬 없이 재판부와 연일 법정투쟁을 전개하였던 것이다.

아무튼 후세는 현재까지 진행된 법정투쟁 상황과 문제점들에 대하여 이인 변호사로부터 충분히 전해 듣고 있었다. 이제 조선으로 건너가는 일만 남았다. 마침내 이인과 김형두에게 다음과 같은 답장을 보냈다.

---

110 『동아일보』, 1927년 9월 25일, 「장소가 조선이니 묵인하라(矢本 裁判長 談)」.

그래도 하마마츠 악기쟁의처럼 수십 인에 관한 사건은 아무래도 연기할 수 없기 때문에 꼭 6일 저녁 출발하여 8일 저녁 경성에 도착하여 9일은 일요일이기 때문에 10일 저의 변론을 허락해 주시고 특히 하루의 변론기일을 저를 위해 지정해 주십시오. 이번 공산당사건은 여러모로 의미가 있고 중대 문제라고 생각하고 있습니다. 물론 재판소도 동감하리라 믿습니다. 따라서 진실로 공산당사건을 중대시하고 또 장래의 조선 문제를 우려하여 변호의 소임을 맡은 저를 위해 재판소가 하루의 기일을 지정해 주지 않겠다고는 말하지 않을 것으로 믿기 때문에, 어찌되었든 재판소에 교섭을 부탁합니다.

- 9월 23일자, 후세가 이인에게 보낸 편지

이번 공산당사건은 꼭 재판 처음부터 참석하고 싶었습니다. 그것이 불가능하더라도 하루라도 빨리 가고 싶습니다만, 여러모로 사정 때문에 마음대로 안 되어 일정을 조정하고 있습니다만, 이인 군 쪽으로 보낸 편지를 보시면 알 수 있듯이 이번에는 어쩔 수 없이 10월 6일 출발하는 것으로 확정했습니다. 그렇게 알고 계세요. 그때까지의 공판진행이 어떻게 되는지를 떠나서 저는 저로써의 사명을 다할 생각입니다.

- 9월 25일자, 후세가 김형두에게 보낸 편지

후세는 그 동안의 공판의 파행과 일본 국내의 변호 일정 조정 등으로 지연되었던 조선행을 확정하고 자신의 변론기일을 10월 10일로 요청하는 편지를 보냈다.[111] 한편 조선 내에서는 조선공

---

[111] 후세는 재판장에게도 이와 비슷한 내용의 '변론기일신청서'를 9월 20일 제출하였다.(「고윤상 외 100명(치안유지법위반 등), 변론기일신청서」, 경성지방법원 검사

경성에 도착한 후세
(『매일신보』, 1927. 10. 10.)

산당사건이 일본과 조선 모두에 적용되는 치안유지법이 적용된다는 점에서 사건 관련자들이 가혹한 처분을 받지 않도록 일본사회의 여론에 영향을 줄 수 있는 일본인 변호사들에게 거는 기대가 컸다.[112] 마침내 후세는 재일동포 사회, 조선의 변호인단, 그리고 피고 및 그 가족들의 열망과 기대를 안고 공판이 절정에 달하던 10월 8일 다시 조선에 건너왔다.[113] 일본의 자유법조단에서 조선공산당

국 문서, 국사편찬위원회)
112 川口祥子, 2013, 「布施辰治と朝鮮共産黨事件」, 『東アジア研究』 59, 大阪經濟法科大學 アジア研究所, 22-24쪽.
113 『동아일보』, 1927년 10월 8일, 「布施氏 今夜入京」.

조선변사회 주최의 후세 환영회
(『동아일보』, 1927. 10. 10.)

사건을 변호하기 위해 파견하는 형식이었다. 후세의 세 번째 조선 방문이었다. 후세는 조선에 오기 전에 다음과 같이 말했다.

> 공산당사건의 변호는 단순한 형사사건이나 재판사건의 변호가 아닙니다. 사건의 내용과 사실은 밝히지 않겠지만, 대강을 이야기하면 공산당사건의 진상은 총독정치의 폭압에 대한 일종의 반항투쟁입니다. 이 사건은 총독정치의 폭압에 반항할 수밖에 없는 조선동포 전체의 사건입니다. 현재 법정에 서있는 100여 명의 피고만의 사건이 아닙니다. 따라서 법정에 서있는 피고들은 총독정치의 압에 반항하는 조선동포를 대표한 최전선의 투사가 적의 포로가 된 것이라고 여겨집니다.[114]

후세 다츠지는 비서 겸 운전수인 사토[佐藤義和]와 함께 1927년 10월 6일 밤 일본 도쿄를 출발하여 8일 부산항을 거쳐 저녁 7시경 경성에 도착했다.

이제 1단계의 변론투쟁이 일단락되고, 본안심리에 들어가는 초입을 맞아 후세의 직접 관여는 변호인단의 힘과 사기를 배가시켰고, 여론의 관심도 쏠렸다. 조선인 변호인단과 각 사상단체 대표자 등 60여 명이 서울역에 나가 후세의 도착을 환영하였고, 환영단을 향해 후세는 다음과 같이 발언하였다.[115]

조선공산당 공판은 일부 민중만이 중대시하는 것이 아니라 전일본의 각 계급에서 다 같이 중대시하는 것입니다. 이번에 나의 내경(來京)을 자유법조단 특파라고 하나, (나는) 어느 한 단체의 대표가 아닌 줄로 믿습니다. 공산당공판의 공개금지는 실로 무법하기 짝이 없는 일이며, 사법권침해에 대한 경과도 자세히 들었는데 이를 탄핵함은 정당한 일인 줄 알며, 기회만 있으면 이에 대한 나의 감상을 발표하겠습니다. 공산당공판을 하루걸러 여는 것은 조선에서만 볼 수 있는 것으로 그 이유는 재판장의 공판조서 정리와 법정(공간확보)문제라고 하나, 이는 정당한 이유라고 볼 수 없으니, 공판조서는 언제든지 공판이 다 마친 후에 정리하는 것이고 법정은 달리 변통하려면 얼마든지 할 수 있는 것이니 아무쪼록 공판을 매일 계속하도록 요구하여 보겠습니다.

---

114 布施辰治,「問題と朝鮮に就て聲明す」,『解放』7-1(이규수, 2003,「후세 다츠지(布施辰治)의 한국인식」,『한국근현대사연구』25, 422쪽, 번역문 재인용).
115 『동아일보』, 1927년 10월 10일,「비밀재판은 불법, 入京한 변호사 布施辰治氏 談」.

공산당사건은 언제나 결심될까
(『조선일보』, 1927. 10. 13.)

특히 재판의 공개금지를 문제 삼은 후세는 미리 준비한 「공판공개에 대한 감상」이란 장문의 성명서를 발표했다. 이 성명서는 언론에 전문이 상세히 보도되었다.[116] 일본에서는 사상범에 대한 비공개재판을 일러 '암흑재판'이라 칭하곤 했는데, 후세는 일본에서도 여러 공산당 관련 재판이 공개리에 진행되고 있음에도 조선에만 유독 공개를 금지하는 이유를 비판하였다. 전 조선 일반민중의 귀를 막고 눈을 멀게 하는 암흑재판을 하지 말고 진리 앞에 당당한 재판을 하라고 촉구한 것이다.

후세는 또 다른 기고 「공산당사건은 언제나 결심될까」를 통해 피고인에 대한 장기구금의 문제점을 통박하였다.[117] 만2년에 달하는 장기간의 미결구금으로 피고인이 건강을 잃은 것은 형사소송법 구류기간 2개월 제한의 원칙을 유린한 것이라고 지적하였다. 또한 사실심리를 핑계 삼아 미결구류를 지속하는 것 자체가

---

116 『동아일보』, 1927년 10월 12일, 「공판공개를 절규, 포시진치씨의 성명서」. 그 대략을 살펴보면 다음과 같다. "공산당사건에 대하여 재판소의 태도에 우선 비난의 제1탄을 던지지 않을 수 없는 것은 공개금지문제이다. 여하히 횡포탄압의 부당 검거를 감히 한 공산당사건일지라도 재판소에서 열리는 공판만은 반드시 공개되리라고 누구든지 기대하고 또 믿고 있었으니 참으로 재판은 공개할 것이라는 것이 헌법으로도 명령하여 있는 것이다. 또한 소위 공산당사건의 종래의 재판은 일본의 … 공산당사건의 전부가 공개되고 현재 만주 대련(大連)의 공산당사건의 재판이 공개되어 있는데, 오직 조선공산당사건의 재판만이 그 공개가 금지되어 있는 이유가 있을 리가 없는 까닭이다. 그런데도 불구하고 개정되자마자 공개를 금지한 재판소의 결정은 뭇 살이 기대한 재판공개의 신념을 끊어버린 점으로나 재판공개의 원칙을 파괴한 점으로 보아 당연히 탄핵을 받지 않으면 안 될 부당한 태도이다. (중략) 다시 우리 변호인으로는 총독정치하의 사법권은 전조선 일반 민중 주시의 공산당사건에 대하여 여하한 재판을 하는가 하는 그 재판법을 민중에게 재판받기 위한 진상천명에 재판공개를 바라던 것이다. (중략) 공산당사건의 재판으로 참으로 전조선 민중의 앞에 정(正)한 자를 보이고자 하는 재판이면 왜 이것을 공개치 않는가. 진리 앞에 밝은 재판을 한다면 왜 공개를 하지 않는가. 우리 변호인과 피고는 이제부터 몇 날 몇 차례를 계속할 재판에 기회 있는 대로 공개금지 해제요구를 할 것이다."
117 『조선일보』, 1927년 10월 13일, 「공산당사건은 언제나 결심될까, 변호사 포시진치」.

사법권침해 문제에 대한 후세의 성명서
(『동아일보』, 1927. 10. 11.)

일개의 형벌이며 제재이므로 재판부는 매일 개정은 물론 경우에 따라서는 일요일에도 개정하여 진행의 편의를 도모해야 한다고 했다. 그런데도 재판부는 말이 안 되는 이유를 대거나 심지어 형무소 무도대회를 빌미로 공판을 연기하는 등 무성의함으로 일관하고 있다고 비판하였다.

이렇듯 후세의 활약은 도착 당일부터 눈부셨다. 후세는 경성에 도착하면 자신의 발언이 주목받을 것을 예상하였을 것이다. 이미 일본 국내에서 수많은 사상사건을 다루어 본 경험이 있었기 때문이다. 그래서 언론을 활용하여 비공개재판과 장기구금의 문제점을 조선 사회 전체로 확산시켰던 것이다.

후세가 경성에 도착한 당일 저녁 조선변호사회 측 주최로 환영만찬이 경성의 명월관 지점에서 베풀어졌다.[118] 이 자리에서 후세는 변호인단과 향후 공판전략을 논의하며 전의를 불태웠을 것이다. 다음날인 10월 9일에는 이인 변호사와 함께 곧바로 서대문형무소를 방문하여, 강달영·김약수·이호·설병호(薛炳浩)·이석(李奭) 등 5인 피고를 면회하고 공판전략을 수립해 나갔다. 이날 저녁에는 '사법권침해 탄핵연설회'의 연사로 참여할 예정이었다. 조선변호사협회 주관으로 공판과정에서 사법권이 침해당한 진상을 일반에 공표하기 위해, 후세를 비롯한 법조계와 언론계의 중진 15명으로 연사를 꾸려 경성회당(京城會堂)과 중앙기독교청년회관에 두 곳에서 '사법권침해 탄핵연설회'를 개최하기로 했었다.[119] 그러나 이 집회는 경찰에 의해 금지되었다. 후세는 이를 대신해

---

118 『동아일보』, 1927년 10월 10일, 「환영 성황, 포시 고옥 양씨의」.
119 『동아일보』, 1927년 10월 9일, 「司法侵害問題 今日大彈劾」. 이 기사에 의하면 연사 중에 후세의 이름도 있었다.

사법권침해문제에 관한 성명서를 발표했다. 성명서의 전문은 언론에 자세히 보도되었다.[120] 또한 후세 등의 변호단은 '사법권침해 탄핵연설회'를 금지하는 것은 언론집회에 대한 탄압이라고 '언론폭압 탄핵연설회'를 개최하고자 하였으나 이 역시 금지되었다.

10월 10일 후세를 비롯한 변호사들은 제11회 공판에 참석하여 다음과 같은 5개의 요구사항을 결의하였다. 이는 전날 피고인 5인을 면담한 후 세운 변론전략이었다.

1. 공판을 매일 개정할 것
2. 피고 박헌영을 보석할 것
3. 병중의 피고 전부를 보석할 것
4. 속기사를 법정에 입정하게 할 것
5. 중요피고에게는 공술서를 자필로 기록하여 제출하게 할 것

이러한 요구들은 '제2단계' 변론투쟁의 목표를 정리한 것이며, 피고인들의 요구를 체계화한 것이다. 재판을 신속하게 진행하면서 기록을 정확하게 남길 것과 박헌영을 비롯한 병중 피고인들을 보석할 것을 주장했다. 이상을 결의하고 대표로 후세, 이인, 후루야, 한국종의 4인 변호사를 선출하였다. 위 5개 요구에 대해 재판장은 재판장의 권한에 속하는 것들은 불가하다는 입장을 표시하였다.[121] 변호사들은 요구 관철 때까지 계속 요구하기로 의견을 모았다. 특히 후세는 재판장이 내세운 불가 사유가 구실에 지나지

---

120 『동아일보』, 1927년 10월 11일, 「사법권침해문제와 포시진치씨의 성명서」.
121 『동아일보』, 1927년 10월 12일, 「교섭 중의 5개항을 재판장이 殆全部不應」.

않다며 매일 공판을 열 것을 주장하는 성명서를 발표하였다.[122] 전혀 진전이 없는 것은 아니었다. 박헌영 보석건에 대해서는 형무소 측이 병상보고를 제출하고, 자필공술서는 10명의 피고들이 자필공술서를 작성하여 제출하기로 합의하였다.

10월 11일 밤에는 후세를 위한 정식 환영회가 개최되었다.[123] 공산당사건의 변호인단, 각 사상단체 및 언론기관의 유지들, 피고 가족 등 약 2백여 명이 참석하였다. 당시 환영회는 '사법권침해 탄핵연설회', '언론폭압 탄핵연설회' 등이 경찰에 의해 금지된 상황 속에서 열렸기 때문에, 환영회 분위기는 흥분된 상태였고 총독부 당국에 대한 성토장으로 긴장감마저 흘렀다. 환영 답사에서 후세는 다음과 같이 말했다.

> 조선의 특수사정 아래에서 붓을 붓답게 잡을 수 없고 입을 입답게 벌릴 수 없는 이러한 사정인지라 공판정 안의 일을 쓸 수도 없고 말할 수도 없는 유례가 없는 이 마당에서 무엇을 말하랴. 멀리 천여 리 밖에서부터 상경한 피고의 가족들을 일일이 만나 볼 때 나는 일찍이 일본의 여러 공산당사건 변호 때에는 보지 못한 격한 감정을 가졌으며 공산당 변호는 나의 책임감으로부터 끝까지 변호를 열렬히 하겠다.

어쩌면 이 환영회는 의도적으로 조직되었을 가능성이 크다. 후세의 환영회는 후세가 경성에 도착한 당일인 8일 저녁에 열린 바 있다. 그런데도 다시 후세의 환영회를 연 것은, 아마도 후세의 환

---

122 『동아일보』, 1927년 10월 12일, 「布施辯護士 성명서발표, 매일 개정 반대 이유는 애매모호한 구실뿐」.
123 『동아일보』, 1927년 10월 13일, 「흥분된 분위기 말끝마다 긴장, 布施辯護士환영회」.

영회를 명분으로 총독부 당국 성토, 사상단체 및 언론기관 격려, 피고 가족 위로, 변호인단의 단합과 각오, 향후 대책 마련 등 복합적인 의도가 작용했을 것으로 생각한다. 여기에는 후세의 역할이 컸다고 보인다. 환영회는 후세의 선창으로 참석한 모두가 만세 삼창을 외치며 끝났다.

  10월 12일에 후세는 후루야 사다오·김병로·김태영 등과 함께 피고인을 면회하였다. 이때 후루야－김태영, 후세－김병로의 두 패로 나뉘어, 피고 13인을 면회하고 사건에 대하여 여러 가지를 청취하였다. 피고인의 자필공술서를 받고 청취한 결과, 일찍이 예상하였던 모종의 새로운 중대사실이 드러났다. 후세를 비롯한 변호사들은 이 중대문제를 구체화시키기 위해 여러 활동을 전개하기로 하였다.

  또한 피고인 면회를 통해 중태에 빠진 박헌영·조이환(曺利煥)·신철수(申哲洙)·백광흠(白光欽) 등 4명의 증상이 극히 위중함을 확인했다. 감옥의사의 진단도 박헌영(심신상실), 조이환(폐결핵), 백광흠(건성늑막염과 결핵성복막염)으로 생명이 위독한 상태였다. 변호사들은 그들의 병상을 조사하고 감옥의사의 진단을 확인하였다. 이러한 조사를 바탕으로 변호인단은 재판장을 면회하고 "중병의 피고를 보석하지 않는 것은 인도적으로 보아서도 결코 용서할 수 없을 것이며, 법률도 보아서도 형집행이 불가능한 처지에 빠져 있을 정도인데 그대로 두어서 책임을 어떻게 할 작정이냐"며 증상이 심각한 피고인의 보석을 단호하게 요구하였다. 후세 등의 노력은 곧바로 일정한 효과를 보았다. 10월 13일 오후 1시 반 백광흠에 대한 보석이 허가되었고, 조이환 역시 10월 15일 병보석으로 석방되었다.

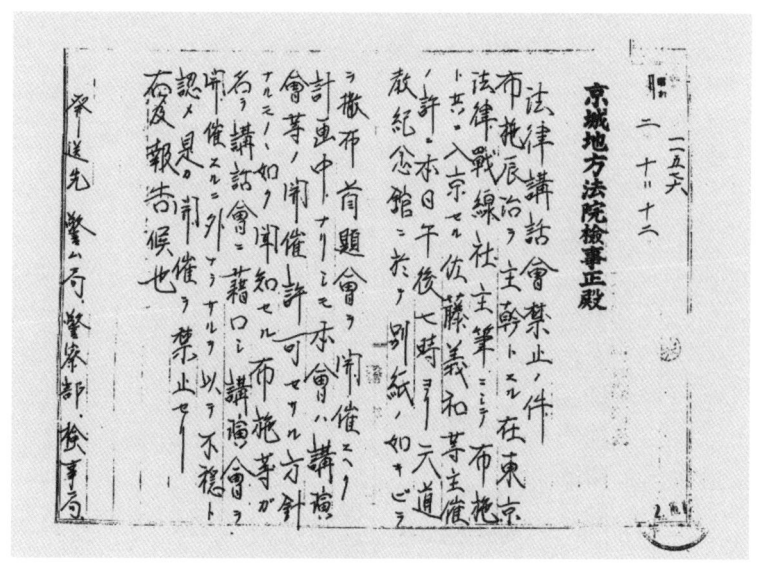

법률강화회 금지의 건

한편 후세는 10월 12일 저녁 7시 도쿄의 법률전선사(法律戰線社) 주관으로 천도교기념관에서 개최되는 법률강화회(法律講話會)에 연사로 참여할 예정이었다.[124] 법률전선사는 12일부터 3일간 매일 법률강화회를 열기로 하였다. 말이 법률전선사 주관이지 후세가 주도한 것이 분명하다. 후세는 '사법권침해 탄핵연설회', '언론폭압 탄핵연설회' 등의 집회가 경찰 당국에 의해 금지되자 강화회라는 명목으로 강연회를 열어 공산당사건의 문제를 여론에 알리고자 하였다.[125] 연사와 강연 제목을 보면, 후세 다츠지 – '법률

---

124 『동아일보』, 1927년 10월 12일, 「법률강화회, 오는 12일에」. 법률전선사의 표어는 다음과 같다. 一. 법률투쟁의 전술적 지도! 一. 폭압법령을 배격하자! 一. 무산계급법률의 옹호! 一. 현대정치기구의 정체폭로.
125 「법률강화회 금지 건(1927. 10. 12)」, 사상문제에 관한 조사서류3, 경성지방법원 검사국, 국사편찬위원회.

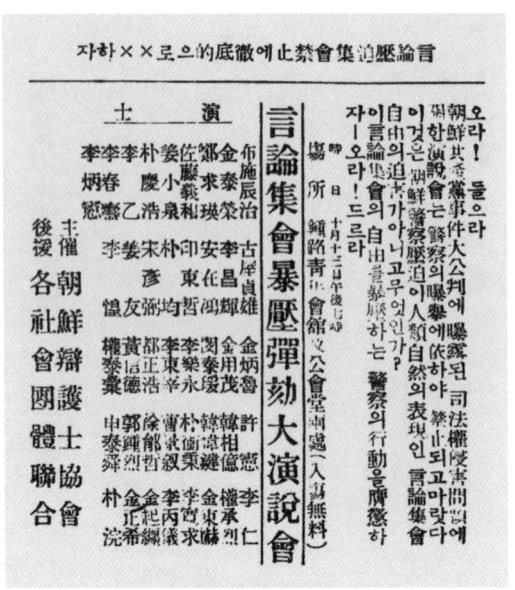

언론집회폭압탄핵 대연설회 광고
(『동아일보』, 1927. 10. 13.)

투쟁과 해방운동', 후루야 사다오 - '법률의 해부', 김병로 - '사상취체법령에 대하여' 등이다. 그러나 이 강화회 역시 연사가 불온하다는 이유로 종로경찰서에 의해 금지되었다.

피고인들에 대한 면회는 10월 13일에도 계속되었다. 10월 12일 면회과정에서 '중대한 결과'를 얻었기 때문이다. 이에 따라 후세와 김병로·김태영·후루야 그리고 이인 변호사까지 합세하여 세밀한 조사에 들어갔다. 13일 저녁에는 지난번 경찰의 금지로 열리지 못한 '언론집회폭압탄핵 대연설회'가 경성공회당과 중앙기독교청년회관 두 곳에서 개최될 예정이었다.[126] 아마도 11일 밤에 열린 후세의 정식 환영회 자리에서 후세의 주도로 계획된 것이 아닌가 한다. 참여 단체도 법조계 인사뿐만 아니라 각 사회단체 모두가 참여하고, 참가 인원도 후세를 비롯하여 연사만 39인이 참여하는 대규모의 연설회로 계획되었다. 그러나 이 연설회도 당일 오후 4시경 종로경찰서에 의해 불허, 금지되었다.[127]

10월 14일 아침 후세는 뜻밖의 손님을 맞이한다. 이날도 후세는 경성지방법원 변호사실에 나가 다른 변호사들과 오전 일정 등을 이야기하고 있었다. 이때 어린 소년이 문을 열고 후세에게 인사를 하며 다가왔다. 자세히 보니 박열의 조카 박형래(朴炯來)가 아닌가![128] 후세가 경성에 왔다는 소식을 듣고 멀리 경북 상주에서 14세의 소년이, 삼촌 박열의 재판에 온 힘을 다하여 변호한 후세에게 감사의 뜻을 전하기 위해서 왔다는 것이다. 후세는 진심으로 반가웠다. 가네코 후미코의 유해를 찾기 위해 아버지와 함께 도쿄 자신의 집을 방문한 것이 1926년 8월의 일이다. 후세는 얼굴 가득 미소를 띠며 가련한 박형래의 머리를 쓰다듬었다. 그런데 겨우 14세 밖에 되지 않은 소년을 형사 3명이 미행한 것을 알고 후세는 매우 놀랐다.

박형래를 보낸 후 후세는 김병로·허헌·후루야와 함께 곧바로 서대문형무소로 방문하고 피고인 13인을 면회했다. 이로써 며칠 사이에 변호사들이 면회한 피고인은 모두 26인에 달했다. 연일 서대문형무소에 출장하는 변호인의 활동에 대해 언론에서는 '네 변호사 또 형무소에 출장 중' 등으로 뭔가 문제가 있다는 뉘앙스

126 『동아일보』, 1927년 10월 12일, 「今月13日 辯士39인, 言論集會暴壓彈劾大演說會」; 『동아일보』, 1927년 10월 13일, 「今日兩處에 일시개최, 言論集會暴壓大彈劾」.
127 『동아일보』, 1927년 10월 15일, 「數百群衆殺到로 大混雜演出, 금지된 彈劾大會」.
128 『동아일보』, 1927년 10월 15일, 「朴烈 親姪上京, 布施氏를 訪問致謝」.

로 보도를 이어갔다. 후세는 10월 15일 제14차 공판정에서 다시 한번 신속재판과 공개금지의 해제를 촉구하였다.[129] 즉 종래의 공판 개정 방식을 변경하여 일요일, 공휴일에도 공판을 개정함으로써 심리를 신속하게 진행하고, 아울러 재판 공개를 불허한 조치를 풀어 공개 재판할 것을 요구한 것이다.

후세의 주장은 그동안의 공판 운영의 방침에 대한 변호인들의 주장을 압축한 것이었다. 검사는 변호인의 주장에 대해 다음과 같은 반론을 폈다. 첫째, 사건진행을 신속히 하는 데 대해서는 이의가 없다. 다만 기록의 정리, 피고인의 호송 관계 등을 고려하여 적당한 결정이 있어야 한다. 둘째, 공개 금지의 해금에 대해서는 반대한다. 현재 조선의 인심, 문화 상태를 볼 때 이 사건을 일반에 공개하는 것은 안녕질서를 해칠 염려가 있다. 공개한다면 다른 피고인들을 신문함에 있어서도 공안을 해칠 염려가 있다고 본다. 요컨대 계속 공개를 금지하겠다는 것이다.

이러한 검사의 주장에 대해 후세는 다음과 같이 반론을 제기하였다. 조선의 문화, 사정 등을 비추어 소위 특별한 취급을 할 필요는 더욱더 없으리라고 믿는 바이다. 검사의 견해는 조선 전반에 통달하지 않은 협소한 견해이다. 널리 조선의 인심, 세태를 강구, 달관한다면 그것이 잘못된 견해로 판명날 것이라고 반박했다. 재판장은 변호인이 이의 제기한 공판 개정건에 대해 각하 결정을 선고했다. 기록 정리의 어려움, 법정 사용 곤란, 형무소의 피고인

---

[129] 「고윤상외 91명 공판조서(제14회), 1927.10.15」, (치안유지법위반등) 공산주의운동: 치안유지법위반피의사건, 국사편찬위원회(한인섭, 2012, 『식민지 법정에서 독립을 변론하다』, 경인문화사, 340-345쪽, 재인용).

언론집회폭압탄핵 대연설회 참가자와 후세(앞줄 오른쪽 3번째)

호송 곤란, 재판관의 건강 등을 이유로 들며 연일 개정은 불가능하다는 것이다. 그리하여 공개금지 해금 신청에 대해서만 변호인의 의견을 들어준다는 취지를 고지하였다.

제14회 공판이 끝난 후 후세를 중심으로 한 변호사들은 회의를 열고 중대문제에 제대로 접근하기로 의견을 모았다. 또한 후세는 후루야와 함께 검사정과 재판장을 방문하여 매일 재판할 것과 병중 피고의 보석을 강력하게 요구했다. 10월 15일 저녁에는 후세·후루야·김병로·허헌·이인·김태영의 여섯 변호사가 공산당사건의 피고 가족을 위하여 '피고가족위안회'를 주최했다.[130] 이 자리에는 천도교, 신간회, 형평사, 청총, 농총, 노총의 대표자 외에 피

---

130 『동아일보』, 1927년 10월 15일, 「辯護士六氏主催로 被告家族慰安會」; 『동아일보』, 1927년 10월 17일, 「다수 경관 감시 중 감개무량한 정담」.

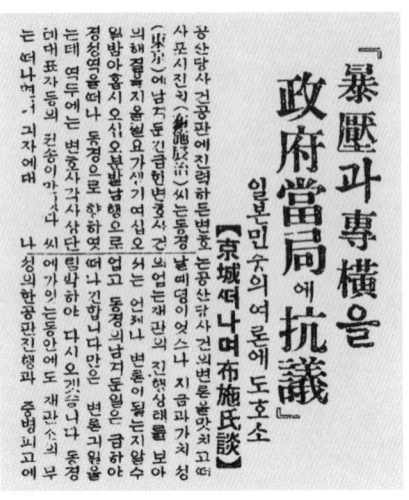

경성을 떠나는 후세의 기자회견
(『동아일보』, 1927. 10. 17.)

고 가족 30명, 각 사회단체 대표자, 신문기자 등 70여 명이 참석했다. 이들은 다수 경관의 감시 중에서도 감개무량한 정담을 나누었다.

피고가족위안회에 참석한 뒤 후세는 도쿄에서 긴급히 해결해야 할 변호사건 때문에 그날 밤 경성역에서 약 10시경 출발하는 남행열차를 타고 도쿄로 향했다.[131] 이때 박열의 조카 박형래를 고향인 상주까지 데려다 주기 위해 함께 떠났다. 그는 변론기일에 임박하여 다시 돌아오겠다고 약속하면서 도쿄에 있는 동안에도 재판소의 무성의한 공판 진행과 중병 피고에 대한 보석 문제, 경찰관헌의 사법권 침해문제, 언론집회의 일체 금지 등 전횡무쌍한

[131] 『동아일보』, 1927년 10월 17일, 「폭압과 전횡을 정부당국에 항의, 경성을 떠나며 布施氏 談」. 이때 배웅 나온 이동재가 경찰에 의해 검거되었다고 한다.

후세 다츠지(왼쪽)
(『동아일보』, 1927. 10. 17.)

폭압문제에 대하여 일본에 여론을 일으킬 작정이라고 하였다. 그리고 정부 당국에 대하여 공산당사건의 공판을 중심으로 한 총정치를 피압박민중 무산계급의 항쟁전으로 전개시킬 작정이라고 언명하였다. 끝으로 조선 문제는 결코 조선 내의 문제에 그치지 않고 일반 무산계급민중의 공통적인 문제이니 만큼 피압박민중의 단결은 굳건해지고 관헌의 폭압을 탄핵하는 무산계급의 용감함은 더욱 커질 것이라고 말했다.

후세가 경성에 머문 것은 1927년 10월 8일 밤부터 10월 15일 밤까지로, 불과 1주일이었다. 그러나 이 일주일 사이에 재판의 전개와 변호인의 소송전략에서 하나의 질적 비약이 이루어졌다.[132]

---

[132] 한인섭, 2012, 『식민지 법정에서 독립을 변론하다』, 경인문화사, 346-347쪽.

무엇보다 사건에 대한 접근방법에서 진일보된 면모를 보였다. 후세는 도착 다음날부터 구속피고인들을 면회하였고, 그 개별면회를 통해 일부 피고인들의 심각한 질병사실을 구체적으로 알게 되었고, 이를 토대로 보석신청을 했으며, 그 일부에 대해 보석허가까지 얻어낼 수 있었다. 더욱이 면회를 통해 심각한 '중대사실'을 알게 되었으며, 그 사실을 정확히 밝혀내기 위해 면회대상 범위를 더욱 확대했다. 이렇듯 후세는 재판투쟁의 수준을 한 단계 끌어올리는데 성공적 역할을 하고 경성을 떠났다. 그리고 이 조사를 토대로 파란을 일으킨다.

후세는 이 과정에서 형사변호사의 기본이 피고인과의 면회와 피고인의 석방을 위한 노력 그리고 피고인의 인권침해에 대한 법적 항변임을 단시간의 변론활동을 통해 보여주었다. 또한 사상변호사로서 재판의 부정의함을 사회적인 여론을 통해 확산시키는 임무에도 충실했다. 나아가 피고가족위안회의 밤까지 개최함으로써, 변호인으로서의 정서적 지원 역할까지 다하였다. 재판장과 검사정, 형무소를 상대로 짧은 기간 내에 이 정도의 수확을 얻어낼 수 있었던 것은 후세 다츠지의 영향력과 치밀성에 힘입은 바 크다. 또한 이 시기에 후세를 비롯한 일본변호사와 김병로·이인·허헌 등 조선변호사의 긴밀한 협력의 성과가 두드러진다. 그 협력의 결정판은 바로 중대문제에 대한 처리였다.

후세가 떠난 후 '중대문제'는 10월 16일에 이르러 그 정체를 드러냈다. 변호사들은 경성지방법원 검사국에 고소장을 제출했다. 피고들을 취조한 종로경찰서 고등계의 주요경찰을 폭행, 능학, 독직죄로 고소한 것이다. 고소인의 명의는 권오설·강달영·전정관·홍덕유·이준태 5인의 피고인들로, 2차공산당사건으로 종로

고소장

고소인 : 서대문형무소재감 중, 권오설, 강달영, 전정관, 홍덕유, 이준태
고소대리인 : 변호사 후세 다츠지, 후루야 사다오, 김병로, 이인, 김태영, 허헌, 한국종
피고소인 : 경성부 종로경찰서 근무, 미와 와사부랑, 요시노 도조,
　　　　　 오모리 히데오, 김면규

1. 형법 제195조 폭행능학독직죄의 고소

고소의 취지

1. 피고소인 미와 와사부랑은 종로경찰서 경부
1. 피고소인 요시노 도조는 종로경찰서 경부보
1. 피고소인 오모리 히데오는 종로경찰서 경부보에 재직하여 형사소송법 제248조의 사법경찰관으로서 고소인등에 대한 치안유지법위반 피의자사건수사의 직무를 행함에 있어 고소인등에 대하여 형법 제195조에 해당할 폭행능학을 한 범죄행위(범죄사실 참조)가 있다고 확신하고 엄정한 사법권활동의 심리와 처벌을 요구하기 위하여 다음 적확한 사실을 갖춰 본 고소를 제기함.

고소 이유

(전략) 피고소인들은 고소인들에 대하여 형사소송법 제24조에 의한 사법경찰관으로서, 그 직무를 행함에 있어 동법 제135조 "피고인에게는 정녕 친절을 그 취지로 하여 그 이익이 될 만한 사실을 진술할 기회를 줄 것"이라는 규정에 명백한 것과 같이 적어도 고소인들에 대하여 조폭(粗暴)불친절한 태도를 계신(戒愼)할 직무의 의무를 가지고 있다.
그럼에도 불구하고 고소인들의 피고소인들의 혐의사실 신문에 대하여 그 진실(전혀 자신에 기억없는 진상)을 답변하여 이를 부정하자 불법부당하게도 그 신문사실 긍정의 답변을 강요하기 위하여 전기(前記)와 같이 고소인들에 폭행능학을 가한 피고소인들의 행위와 고소인들의 헌법에서 보장된 인권을 유린하여 형사소송법에서 보장된 피의자의 보호권을 무시하고 다시 사법재판의 공평진실을 그르치게 되는 법률파괴로서 법률상, 인도상 단연히 허락할 수 없는 중대범죄라고 확신하고 이에 본 고소를 제기한다.

고문경관에 대한 고소장을 제출한 변호사 및 관련자들
(『동아일보』, 1927. 10. 18.)

경찰서에 체포되어 모진 고문을 받았다는 것이다. 이들은 1926년 6월 14일 경찰서 신문실에서 갖은 폭행을 당하여 권오설은 앞니 두 개가 부러지고 여러 중상을 입었다. 피고소인은 주임경부 미와 와사부로[三輪和三郎], 경부보 요시노 도조[吉野藤藏], 김면규(金冕圭), 순사부장 오모리 히데오[大森秀雄]의 4인이었다. 고소장의 내용을 재구성하면 아래와 같다.[133]

피고소인들은 조선독립운동사에서 가장 빈번히 등장하는 악명

133　布施辰治資料研究準備會, 2006, 『石卷文化センター所藏 植民地關係資料集 2 朝鮮·臺灣編』, 175-178쪽(한인섭, 2012, 앞의 책, 348-349쪽).

높은 고문경찰관들이었다. 따라서 이들을 고소한다는 것은 엄청난 용기를 필요로 하는 일이었다. 이 고소 사건은 조선 전체에 엄청난 충격파를 안겨줄 만한 일대 사건이었다. 피고인의 고소대리인은 후세 다쓰지·후루야 사다오·김병로·이인·김태영·허헌·한국종 등 7인이었다.[134]

고문경찰관에 대한 고소장 제출은 조선 사회에 엄청난 반향을 일으켰다. 각 신문지면에 이에 대한 기사가 대서특필되었고, 각 사회정치 단체에서는 사회적 성원이 빗발쳤다. 또한 변호사인단에 대한 격려문, 당국에 대한 항의문 등도 이날을 계기로 폭발적으로 늘어났다. 이러한 조선 사회의 환영은 종로경찰서의 특별한 지위 때문이었다. 종로경찰서는 일제의 조선통치를 상징하는 기관이고, 독립운동 사건과 사상 사건을 다루는 경찰의 총본부였다. 수많은 애국지사들이 종로경찰서에 검거, 투옥되어 무자비한 고문을 받았다. 특히 미와와 요시노는 악질 중의 악질로 조선인치고 그들의 악행을 모르는 사람이 없을 정도였다.

후세는 바쁜 귀국 일정 속에서도 이 사건의 진상규명과 관련자의 처벌을 강력히 주장하며 일침을 가했다. 즉 경성을 떠나 일본을 향하는 도중 대구에서 내릴 예정이었다. 대구 진우연맹(眞友聯盟)사건으로 대구형무소에 수감된 방한상(方漢相) 등을 면회하기 위해서였다.[135] 이때 기자들과 만나, 고문경찰관 고소에 대하여 다음과 같은 성명서를 발표하였다.[136]

---

134 『동아일보』, 1927년 10월 17일, 「공산당피고5인 要路警官을 고소」.
135 『조선일보』, 1927년 10월 18일, 「眞友聯盟員面會 동경가든 포시씨가 대구에서」.
136 『동아일보』, 1927년 10월 18일, 「고문경관사건, 포시진치씨 성명서」; 『조선일보』, 1927년 10월 18일, 「○○경찰관에게 斷然한 재판을 가하자」.

악명 높았던 종로경찰서
(『동아일보』, 1927. 10. 18.)

관헌의 횡포가 심한 조선에서 형무소의 피고가 그 피고를 형무소에 집어넣은 사법경찰관을 상대로 '폭행 능학 독직죄'의 고소를 한 것은 조선에서 처음 있는 일인지는 모른다. 그러나 법률은 결코 지배계급 관헌이 피지배계급인 민중을 취체하거나 탄압하는 편의만을 위하여 존재하는 것은 아니다. 지배계급인 관헌이나 피지배계급인 민중이나 모두 법률의 앞에는 평등하고 공정한 보호를 받는 동시에 부정을 처리하지 않으면 안 된다. 그러므로 지배계급인 관헌일지라도 법률위반의 부정이 있으면 당연히 그 제재에 처하여야 한다. 뿐만 아니라 지배계급인 관헌의 법률위반은 피지배계급인 민중의 법률위반보다 정상이 중하게 되어있다.

이번에 우리들이 대리인이 되어 공산당사건의 피고가 취조를 책임진 사법경찰관 중 가장 횡포를 극히 한 종로경찰서의 삼륜(三輪), 길야(吉野), 대삼(大森), 김면규 등의 경찰관을 고소한 사실은 그 증거가 역력하여 의심할 바가 없는 것으로 보아 당연한 것이다. (중략) 우리들은 일반사회와 함께 법률의 위신을 위하여 이 사건의 취조를 감시하여 조선에서 형사재판의 폐단인 고문경찰관의 단호한 처치를 기다린다.

10월 18일 도쿄역에 도착한 후세는 바로 서대문형무소에 있는 김재봉(金在鳳)에게 엽서를 보냈다.[137] 귀국한 당일 사법권침해 문제와 사법경찰관 고소문제 등과 관련한 3개 항의 항의서를 일본 당국에 제출하였다.[138] 조선총독과 정무총감, 경무국장 등이 사법권침해 문제, 고문금지와 고문사실을 제대로 조사하지 않고 있음은 직무유기라고 질타한 것이다.

10월 20일에는 자유법조단을 움직였다. 후세는 조선공산당사건에 참여했던 마츠타니[松谷與二郞] 등과 함께 20일 오후 2시부터 자유법조회관에서 임시총회를 열고 다음과 같은 결의를 주도하였다.

---

[137] 후세가 김재봉에게 보낸 엽서(1927. 10. 19), 국사편찬위원회 소장. 여기서 그는, 재판부의 몰인정한 공판진행에 대해 비판하고 변호인으로서 끝까지 싸울 것을 다짐하였다. 끝으로 "일본의 무산대중에게 공산당사건의 탄압을 폭로하는 동시에 책임 당국에게 항의하고 더욱 열렬한 무산대중 여론을 안고 다시 조선으로 건너가겠습니다."라고 마무리 하였다. 엽서의 다짐대로 후세는 귀국 후 조선공산당사건과 관련하여 다양한 방식으로 끊임없이 싸워나갔다.

[138] 『동아일보』, 1927년 10월 24일, 「관헌의 불법을 폭로 三個條를 당국에 항의, 歸東한 布施氏의 활약」. 1. 총독, 총감, 경무국장이 不在의 空職인가? 공직이 아니라면 조선통치에 총독, 총감, 경무국장은 不要하단 말인가? 2. 조선총독정치에 사법권독립이 있는가? 독립이 있다하면 금번 공산당사건 대공판의 사법권침해를 여하이 처치하려는가? 독립이 없다하면 독립이 없는 사법권에 생명재산의 보호를 위탁할 수 없는 민중의 脅威를 여하히 하고자 하는가? 3. 공산당사건 대공판에 폭로된 인권유린 사법경찰관고소문제의 책임

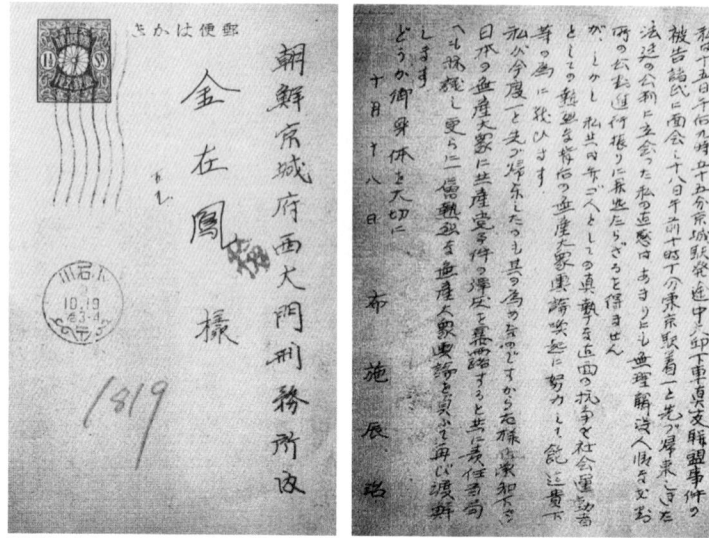

후세가 조선공산당사건 수감자 김재봉에게 보낸 엽서

1. 경성지방법원에서 폭로된 공산당사건에 대한 경찰관으로서 그의 직무를 행한 미와[三輪] 이하가 피의자에게 가한 불법수단은 사법이 보증하는 인권을 유린하고 또한 형사소송법이 보호하는 피의자의 변호권을 무시하고 법을 파괴하여 법률, 인도상 용납하기 어려운 중대범죄라고 인정함.
2. 담당변호사가 (경관을) 고소한 것은 정당한 조치라고 인정하고, 그 (고소사건의) 장래를 감시하는 동시에 엄정, 신속히 기소처분을 희망함.
3. 피의자에 대한 당국의 태도를 태만하다고 인정하고 재판소의 반성을 구함.
4. 이 사건에 대하여 변호사 여러분이 횡포한 관헌과 싸워서 진실히 그 사명을 발휘하였음에 경의를 표하고 겸하여 조선변호사 자유

법조단의 조직을 희망함.[139]

후세를 비롯한 일본의 자유법조단 소속 변호사들은 조선공산당사건에 대해 비상한 관심을 갖고, 경찰관의 인권 유린 행위는 중대범죄라고 앞장서서 공격하였다. 또한 사법 당국에 대한 강력한 항의와 조선변호사들에 대한 격려도 잊지 않았다. 특히 조선 변호사들에게 자신들과 같은 목적의 자유법조단 조직을 희망하는 부분은 주목된다. 이는 조선과 일본 변호사들의 지속적인 연대를 제안한 것으로 판단된다.

여세를 몰아 후세는 10월 28일 조선총독부 정무총감 유아사 구라헤이[湯淺倉平]를 만나, 조선공산당사건을 중심으로 제기된 조선문제를 항의하였다. 즉 재일본조선노동총동맹의 김한경(金漢卿, 일명 金均), 신간회의 조헌영(趙憲泳), 대중신문의 박낙종(朴洛鍾) 등 3인과 함께 도쿄에 출장 와 있던 정무총감을 방문하여 조선 문제에 대한 면담을 가졌다.[140] 유아사 구라헤이는 후세가 매우 신뢰하던 고급관료의 한 사람이었다고 한다. 후세는 이 자리에서 공산당사건 피고인에 대한 경찰관의 고문문제, 총독부의 언론 집회에 대한 정치적 금지처분 등에 대해 정무총감이 지휘하거나 보고받은 일이 있는지 등을 따졌다. 이에 대해 정무총감은 자신과 조선총독, 경무국장 등 3인이 현재 조선에 없는 관계로 정확한 보고를 받은 바 없다고 하였다. 또한 제기된 문제에 관련해서 어떠한 지휘도 한 일이 없다고 하였다.

139 『조선일보』, 1927년 10월 22일, 「拷問警官告訴에 東京法曹團聲援」.
140 『동아일보』, 1927년 11월 30일, 1927년 12월 1일, 1927년 12월 2일, 1927년 12월 4일, 1927년 12월 7일 「朝鮮 各 問題로 政務總監 湯淺倉平과 會見記(布施辰治)[全5回]」.

후세 다츠지와 정무총감 회견기
(『동아일보』, 1927. 11. 30.)

그리고 김한경과 조헌영은 조선공산당사건에 대한 일련의 대응과정을 볼 때 총독부의 통치방침이 과연 조선을 차별하지 않고 조선의 행복을 위한 것인지 의문이라고 했다. 이에 대해 정무총감은 그것은 총독부의 통치정신을 오해한 것으로 조선의 산업발전, 행복증진을 위해 노력하고 있다고 하면서, 산미증식계획을 예로 들었다. 그러자 후세는 쌀의 소비량 등 통계수치를 들이대며 당신의 산미증식계획이 결코 조선민족을 위하는 것이 아님을 스스로 알지 않느냐며 반박하였다.[141]

변호사이자 사회운동가인 후세는 인도적 사회적으로 중대한다고 판단한 문제에 대해서는 널리 사회에 전파하여 함께 생각하고 행동하려는 신념을 가지고 있었다.[142] 그래서 귀국 후인 11월 이후 잡지 『해방』, 『나가자』 그리고 『법률신보』, 『법률전선』 등에 조선공산당사건 재판의 진행상황과 실태를 보고하고, 고문경찰관 고소장 등을 게재하여 조선총독부의 만행을 가능한 한 빨리 재일조선인과 일본인에게 알리고자 하였다. 이와 함께 조선 문제는 결코 조선만의 문제가 아니라고 강조하면서 조선의 악정을 은폐하여도 세계의 무산계급이 관심을 지속적으로 가질 것이라고 조선총독부에 경고하였다.

1927년 12월 17일 후세는 조선공산당사건의 최후변론을 위해 네 번째로 조선을 방문하였다. 조선으로 출발하기에 앞서 후세는 잡지 기고를 통하여, 일본의 피압박대중에게 조선총독정치의 폭압에 대한 맹렬하고 과감한 탄핵운동을 일으키자고 호소하였다.[143] 그는 현재 일본에서 벌어지고 있는 일들, 즉 노동자의 공장대표자회의, 검열제도개정운동의 소집회 등을 해산하고 검거하는 것은, 조선공산당사건을 검거하기 전에 일어났던 탄압적 정찰과 궤를 같이 한다고 보았다.

따라서 조선 문제는 결코 조선만의 문제가 아님을 다시한번 인식하고 일본의 피압박민중무산계급은 단결을 공고히 해야 한다고 주장하였다. 나아가 조선공산당사건의 피고와 조선민중의 뜨거운 공동투쟁, 이에 대한 일본민중의 연대, 이것이야말로 긴급한 과제라고 생각했다. 이러한 일본과 조선 민중의 연대 투쟁을 전개

141 川口祥子, 2013, 「布施辰治と朝鮮共産黨事件」, 『東アジア法研究』 59, 27-28쪽.
142 森正, 2014, 『評傳 布施辰治』, 日本經濟評論社, 537쪽.
143 布施辰治, 1927, 「共産黨事件と私の再渡鮮に就て」, 『法律戰線』, 12월호, 39-41쪽.

조선공산당사건 변론을 위해 경성에 온 후세
(『조선일보』, 1927. 12. 21.)

한다면, 피고들에게 조금이라도 가벼운 판결이 내려질 것으로 기대했던 것이다.

후세가 도쿄를 출발하던 17일은, 신임 조선총독(제4대) 야마나시 한조[山梨半造]가 조선으로 부임하기 위해 도쿄를 출발한 날이기도 하였다. 한 사람은 조선의 독립을 위해 투쟁하다가 붙잡힌 조선공산당사건의 변호를 위해, 또 한 사람은 조선을 통치하기 위해 같은 날 도쿄를 출발한 것이다. 우연 치고는 너무도 기막힌 우연이었다. 후세는 야마나시보다 조금 늦게 도쿄를 출발하였다. 오는 도중 삼엄한 경계가 펼쳐진 것을 목격하였다. 그 절정은 부산항이었다. 부산항에는 구축함 3척이 임시 정박하였고, 200여 명의 의장병들이 도열해 있었다. 후세는 구축함은 어디에서 배치된 것인지, 의장경계를 담당한 헌병·경찰관의 소속이 어디인지 등을 관계자들에게 질문하여 정보를 모았다. 이런 후세의 위험천

만한 행동은 단순한 호기심이 아니고 국가권력의 동향을 파악하기 위해서였다.[144]

후세는 11월 19일 오후 7시경 경성에 도착하여 여장을 풀었다. 그리고 20일과 21일에 그토록 염원했던 조선공산당사건의 최후 변론을 경성지방법원에서 하였다. 이틀간 심혈을 다하여 변론을 마친 후 후세는 21일 밤 경성역에서 다수의 인사들로부터 환송을 받으며 도쿄로 출발하여,[145] 24일 귀국하였다. 최종판결은 1928년 2월 13일 내려졌다. 12명을 제외한 전원에게 유죄판결이 선고되었다. 하지만 조선공산당사건에서 보여준 후세의 활약은 많은 조선인들에게 깊은 신뢰와 존경으로 각인되었다.

후세는 어떠한 변론을 했을까. 후세의 공산당사건 변론 초고에는 다음과 같은 대목이 있다.[146]

본 변호인은 전 세계의 주목이 쏠린 이 사건에 올바른 재판을 해주시기를 바란다. 올바른 재판은 결코 재판관의 독단인정을 허락하는 것은 아니다. 우선 그 사건의 사실관계에 대해 민중으로부터 '그것은 틀리다'라는 말이 없도록 사실을 파악하는 것이 전제이다. 재판은 그 사실에 법률을 적용하는 것이다. 법률의 해석과 적용에 커다란 폭이 있다는 것은 재판소가 잘 알고 있을 것이다. 재판소는 조선민중이 이 공산당사건을 보고 '이것은 벌해서는 안 된다'라는 부르짖는 소리를 들어서 법률의 해석과 적용을 생각해야 할 것이다.

---

144 森正, 2014, 『評傳 布施辰治』, 日本經濟評論社, 540쪽.
145 『조선일보』, 1927년 12월 20일, 「布施辰治氏 십구일 착경」; 1927년 12월 23일, 「布施氏 退京」.
146 布施柑治, 1963, 『布施辰治外傳』, 56-57쪽.

후세는 법의 파수꾼인 재판관을 향하여 사실에 맞는 법해석과 적용을 하라고 요구한 것이다. 동시에 일본인 재판관의 인간성 즉 양심에 호소하며 차별의식을 배재할 것을 요구하였다. 따라서 진정한 양심에서 나온 조선 민중의 부르짖는 소리를 듣고 치안유지법을 적용해서는 안 된다고 주장하였던 것이다. 한편 후세는 일본 국내에서도 치안유지법의 본격적인 적용을 예감하고, 조선과 일본 민중의 강고한 연대만이 이를 저지할 수 있다고 믿었다. 후세의 불안한 예감은 그대로 적중하였다. 치안유지법의 광풍은 조선을 휩쓸고 곧바로 일본 열도를 습격하였다.

5

재일조선인의
인권옹호와
변호사 자격 박탈

제국의 수도에서 조선인을 위한 인권옹호

일제강점기 다양한 이유로 일본에 건너가 생활하던 수많은 조선인이 존재하였다. 일제 초기에는 선진문물을 공부하기 위해 도일(渡日)한 유학생이 많았지만, 점차 조선의 경제난과 생활고를 이기지 못하고 도일하는 농민, 노동자 등 민중들이 늘어났다.

이러한 조선인의 도일 배경은 근본적으로 일제의 식민지 지배정책 및 일본 국내의 경제적 상황 등과 밀접한 관련이 있다. 예컨대 1920년대는 일제의 토지조사사업 등의 영향으로 농촌에서 쫓겨난 농민들이 다수 발생하였고, 1930년대는 빈번한 가뭄 및 수해 등에 대한 시의적절한 농업정책의 부재 등으로 농촌경제가 붕괴되었다. 대체로 조선 농민들은 국내 노동시장의 수용능력 부족으로 도시 실업자로 전락하거나 국외 이주를 통해 활로를 찾았다. 이들에 대해 일제는 일본 국내의 경제적 상황에 따라 조선인들을 동원하거나 통제하였다. 그 대표적인 사례가 조선인의 도일정책이었다.[1]

---

1 김인덕, 1996, 『식민지시대 재일조선인운동 연구』, 국학자료원, 참조.

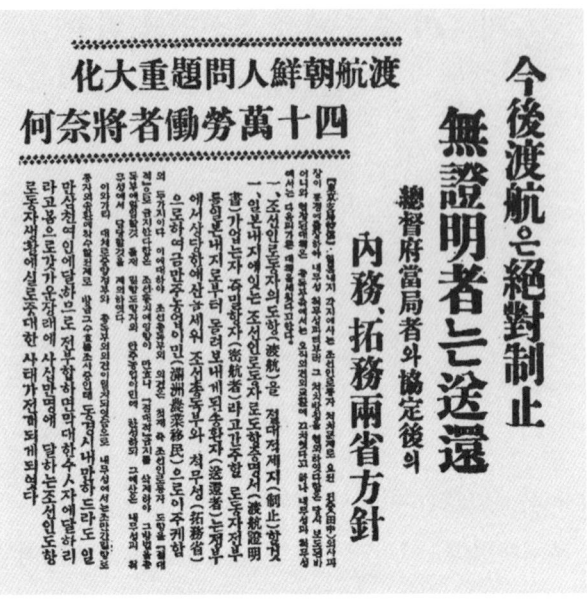

조선인의 일본도항 문제 신문 보도
(『조선일보』, 1934. 5. 1.)

조선인의 도일정책은 철저하게 일제의 필요에 따라 진행되었다. 1910년대 조선총독부의 도일정책은 집단적인 노동자 관리를 목표로 단계적으로 취해졌다. 1921년까지는 조선인의 도일이 적극적으로 진행되지 않았다. 1922년 12월 여행증명제도가 철폐되고 1923년에는 도항(渡航)증명제도가 실시되었다. 이 무렵 일본 경제는 만성적 공황상태에 직면하였고, 특수한 경우를 제외하고 노동자의 단체 모집은 허가되지 않았다. 1923년 관동대지진 때 파괴된 시가지를 복구하기 위해 노동력이 요구되자 일제는 도항증명제도를 폐지하였다. 이때 조선인의 이주가 급증하였다. 1925년 8월 일본 경제 상황이 악화되자 일본 내무성은 다시 도일을 제한해 달라고 요청하였다. 게다가 일본 국내 조선인 노동자의 실업문제가 야기되자 1925년 10월부터 도항 저지가 실시되었다.

이후 1928년 7월 조선총독부는 도항 허가 조건을 까다롭게 하여 지참금 60엔 이상 소지하고 노동브로커의 모집에 의한 것이 아닌 조선인의 도일만 허용하였다. 1927년 3월 일본 경제는 금융공황으로 큰 타격을 받게 되었다. 1929년 세계공황에 의해 심각한 경제난에 직면하자 일본 기업의 조선인 노동자 단체 모집은 제한되었고, 도일은 재(再)도항증명서제도로 통제되었다.

1930년대 도일정책은 조선인의 도일과 일본 생활에 결정적인 영향을 미쳤다. 이는 일시귀선(一時歸鮮)증명서제도와 도항소개장 발급제도로 대변된다.[2] 일시귀선증명서제도는 일본 내에서 필요한 조선인 노동자의 이동을 막고 필요 없는 조선인을 귀국시키려는 목적이었다. 즉 노동자를 어느 정도 확보할 필요가 있는 공장과 광산노동자는 이 제도로 묶어 두고 그 밖의 직업에 종사한 조선인이 일시 귀국한 경우에는 재도일을 막고자 하는 취지였다. 도항소개장 발급제도는 도일을 원하는 조선인은 본적지나 주소지 소재 관할경찰서장으로부터 '도항소개장'을 발급받아야 하는 것이다. 또한 일본 거주 조선인의 피부양자가 도일할 경우 역시 관할경찰서장으로부터 '도항소개장'을 발급받아야만 하였다. 도일 규제를 통해 조선인의 도일을 더욱 철저하게 저지하고자 하였다. 이러한 규제는 강제연행기에 들어서면서 전면적으로 도일정책이 바뀔 때까지 유지되었다.

강제연행기는 1939년 이후 1945년 일본 패망까지로 볼 수 있

---

[2] 정혜경, 2001, 『일제시대 재일조선인 민족운동 연구』, 국학자료원, 참조.

는데, 이 시기 일제는 노무동원, 병력동원, 준병력동원, 여성동원 등 필요에 따라 강제연행을 자행하였다. 강제연행은 연행방식에 따라 세 시기로 나눌 수 있다.[3] 제1기는 1939년 9월부터 1942년 2월까지 이른바 '모집'이라는 방식을 쓴 시기이다. 제2기는 1942년 3월부터 1944년 8월까지 '조선인 내지 이입 알선요강'에 의거하여 조선총독부의 외곽단체인 조선노무협회가 노동자의 알선·모집사업의 주체가 되었던 '관(官)알선' 시기이다. 제3기는 1944년 9월부터 1945년 8월 패망에 이르기까지 '국민징용령'에 의해 강제연행이 자행되었다. 대상자는 약 800만 명 수준이었다.

강제연행기를 제외하면 일제의 도일정책에 따라 일본으로 이주한 조선인 가운데 노동자가 가장 많았다. 1920년을 전후하여 급증한 재일본조선인은 대다수가 교토, 오사카, 고베 지역에 거주하였다. 이 지역에 재일조선인이 많이 거주하게 된 계기는 상공업 중심지로 노동력의 수요가 많았기 때문이다. 특히 관동대지진 이후 조선인 노동자는 급증하는 추세였다. 예컨대 1926년 완공한 한신국도[阪神國道, 오사카~고베]공사는 연인원 백 수십만 명이 동원된 대규모 공사였는데, 이 중 3분의 1은 조선인 노동자였다. 1920년대 중반이 되면 오사카와 도쿄를 중심으로 인구 집중현상이 나타났다. 오사카와 도쿄 지역은 일본 경제의 중심지역으로 노동시장의 요구가 일본 내에서 가장 높았던 지역이다. 그러다가 1925년부터 실업구제사업이 실시되면서 도시에 집중되어 있던 재일본조선인 노동자는 지방의 토목공사장으로 이동하게 된다. 그런가 하면 조선인 노동자들이 건강하다는 미명하에 광산에서도

---

[3] 김민영, 2003, 「강제동원피해자에 대한 조사 및 인원 추정」 『2003년도 일제하 피강제동원자 등 실태조사연구 보고서』, 한국정신문화연구원, 참조

가장 힘들고 어려운 채탄작업에 집중적으로 배치하기도 하였다.

식민지 조선 출신인 재일본조선인은 열악한 주거환경과 차별임금에 시달렸다. 조선인들은 대개 노동현장의 '함바[飯場, 노무자 합숙소]'에서 합숙하거나 저지대, 하천부지 등 토지소유 관계가 명확하지 않은 지역에 자력으로 임시 가건물을 짓고 살았다. 공장 노동자들은 사내 혹은 공장 내 기숙사에서 합숙하거나 하숙집에 기거하였다. 조선인은 자신의 이름으로 집을 빌리는 것이 거의 불가능했기 때문이다.

재일본조선인은 임금에서도 차별을 받았다. 1930년대 당시 조선인 노동자 임금이 하루 1엔 22전임에 비하여 일본인 노동자는 2엔 5전이었다. 조선인 노동자 가운데 고임금을 받는 경우는 극소수였다. 염색공, 방적공, 유리공 등의 공장노동자들도 일본인에 비해 상대적으로 낮은 임금을 받았다. 토목·건축에 종사하는 토공이나 일용인부의 경우에는 청부인이나 공사장의 하청인 또는 숙박소 주인을 통해 일자리를 얻었다. 임금은 이들의 손을 거쳐 받았으며 수수 과정에서 보통 10% 내지 20%가 공제되었다.

후세 다츠지는 이러한 식민지 조선인 노동자의 현실에 깊은 애정과 관심을 보였다.[4] 더욱이 일본 당국과 일본 기업주의 기만적 노동정책에 분노하며 일본인 노동자와 조선인 노동자의 연대의식을 강조하였다. 당시 일본 내 노동운동세력의 양적 성장과 운동의 지속성은 일본 기업주와 당국에 위기의식을 불러 일으켰다. 이들은 노동운동세력을 저지하기 위한 대응책을 마련하는데, 그 중 하

---

[4] 森正은 후세의 전 생애를 구분할 때 1922년부터 1933년까지를 "계급의식의 시기"로 파악하였다. 그 만큼 노동자, 농민 등에 대한 애정과 관심이 높았던 시기였다.(森正, 2014, 『評傳 布施辰治』, 日本經濟評論社, 참조)

나가 외국인 노동자의 유입이었다. 일본 당국은 외국인 노동자의 증가를 통해 일본 노동운동세력을 약화시킬 수 있을 것으로 판단하였던 것이다.

앞에서 언급했듯이 후세는 1923년 북성회가 주도했던 조선인 노동단체 도쿄조선노동동맹회의 법률고문으로 참여하였다. 그런데 이 단체는 관동대지진으로 파멸상태에 빠진 상황이었다. 조선인 운동가들은 도쿄조선노동동맹회의 재흥을 도모하는 동시에 조직 개편을 통해 북성회의 간섭에 반대 입장을 취해 온 오사카조선노동동맹회와도 관계를 개선하였다.[5] 백무·안광천·이여성·이헌 등은 도쿄 평문사(平文社)에서 조선노동구제회장 박장길(朴長吉), 공제회의 이지영(李智英) 등과 협의하여 무산청년과 노동자의 대동단결을 도모함을 목적으로 일본 내의 통일기관인 재일본조선노동총동맹준비회를 만들었다. 1925년 2월 15일 후세 다츠지는 이헌 등 14명의 준비위원과 함께 사무실에서 창립대회와 장래의 운동방침 등을 협의하였다. 그 결과 조선 무산계급 운동을 일본노동총동맹과 협조하여 개시할 것과 2월 22일 창립대회를 개최하기로 결정하였다.

마침내 1925년 2월 22일 도쿄 일화일선(日華日鮮)청년회관에서 12개 단체 대표 63명 등이 참석하여 재일본조선노동총동맹을 조직하였다. 채택된 강령은 첫째 우리는 단결의 위력과 상호부조의 조직으로 경제적 평등과 지식 개발을 도모함, 둘째 우리는 용기와 용감한 전술로 자본가계급의 억압과 박해에 대해서 철저히 투쟁할 것을 도모함, 셋째 우리는 노동자계급과 자본가계급이 양립할

---

5 김인덕·김도형, 2008, 『1920년대 이후 일본·동남아지역 민족운동』, 독립기념관 한국독립운동사연구소, 43-53쪽.

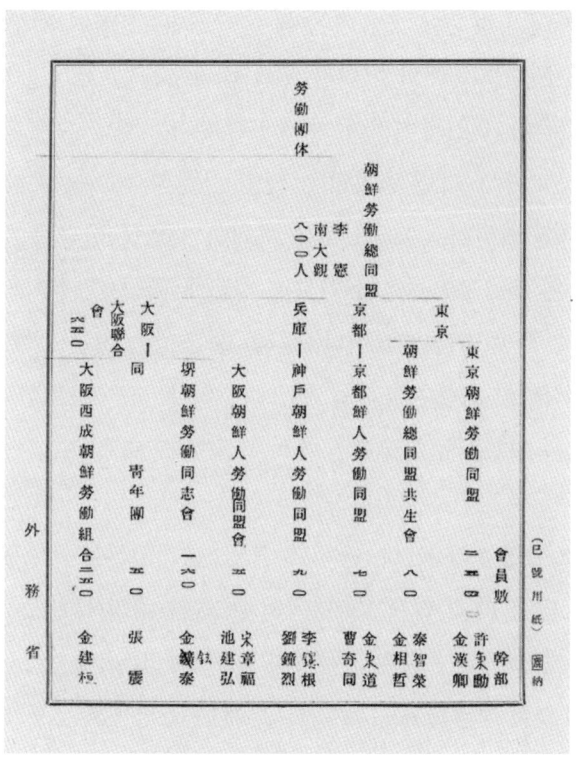

외무성의 재일본조선노동총동맹 보고

수 없다고 확신하고 노동조합의 실력으로 노동자계급의 완전한 해방·자유와 평등의 신사회 건설을 도모함 등이었다.

1927년 4월에 열린 제3회 대회에서는 노동자와 자본가 사이의 관계보다 민족적 차별의 문제가 주된 조건이라면서 민족운동을 중심으로 민족해방운동을 전개할 것을 확인하였다. 또한 대회선언과 신강령을 채택하는데, 선언을 통해 "우리의 노동생활은 일본의 노동자에 비하여 거의 특수한 취급을 받고 있다. 민족적 차별과 학대는 우리에게 이중의 질곡이다. 그리고 우리 대부분은 자유노동자이기 때문에 조합의 형태는 직업별, 산업별 기준을 갖는 것이 불가능했다. 뿐만 아니라 우리 대다수는 언어가 불통, 감정이 다르고 습관이 상이하여 지식의 부족 등 여러 가지 조건에서 일본노동조합에 직접 참가하는 것이 사실상 불가능한 과도기이다"는 점을 밝혔다. 그리고 이를 타개하기 위한 신강령으로 첫째 본 동맹은 조선무산계급의 지도적 정신에 따라 정치투쟁을 전개하고 민족적 해방을 도모한다. 둘째 본 동맹은 일본 각지에 산재한 미조직적인 재일본조선인 노동대중의 조직을 도모한다. 셋째 본 동맹은 일본노동계급과 국제적 단결을 도모한다는 것을 선포하였다.

조선노동총동맹 산하 단체로 출범한 재일본조선노동총동맹은 창립 당시 12개 단체 800명에서 1925년 10월에 1,200명의 조합원을 가진 조직으로 발전하였다. 1926년 10월에는 25개 조합 9,900명으로 성장했고, 1927년 4월에는 조직 인원 3만 300명으로 늘어나, 해체될 때까지 일본 내 최대의 조선인 노동단체로 활동하였다. 기관지『조선노동』을 발간하고, 각종 강연회를 개최하여 재일본조선인 노동자 계몽과 권리옹호에 힘썼다.

재일본조선노동총동맹은 창립 이후 다양한 정치·경제 투쟁을 전개함으로써 재일조선인의 대중운동에서 중심적인 자리를 차지했다. 주요 활동 내용은 관동대지진조선인학살추도회, 3·1운동 기념투쟁, 메이데이 투쟁, 국치일 기념투쟁 등 4대 투쟁과 조선총독부 폭압정치 반대투쟁, 친일폭력단체 상애회(相愛會) 박멸운동 등이었다. 이러한 투쟁과 활동에 후세도 적극적으로 참여하였다.

〈표 1〉 후세 다츠지의 일본 내 조선인 인권옹호 주요 활동(1925~1930년)[6]

연번	시기	활동 내용
1	1925년	• 조선수해이재민구원운동을 제창 • 조선인 폭동을 상정(想定)한 오타루고상[小樽高商]의 군사교련을 규탄
2	1926년	• 미에현[三重縣] 기노모토쵸오(木本町)의 조선인 학살사건을 조사·보고하고 조선인 피고인을 변호 • 조선인단체 주최 "조선사정(朝鮮事情)강연회"에서 강연
3	1927년	• 재일본조선노동총동맹 등 주최 "조선총독부 폭압정치비판 강연회"에서 연설 • 동경조선무산청년동맹회 등 주최 "조선총독 폭압정치비판 강연회"에서 연설
4	1929년	• 최승만(崔承晩)과 함께 발기인대표가 되어 재일본조선인노동산업희생자구원회를 결성
5	1930년	• 노동자 대부분이 조선인이었던 아이치현[愛知縣] 삼신(三信) 철도쟁의를 지원하고 탄압을 규탄

다음에서는 〈표 1〉에 나타난 후세의 활동 중에서 1번, 2번, 5번을 중심으로 살펴보겠다. 우선 조선인 폭동을 상정(想定)한 오타루고상[小樽高商]의 군사교련 문제이다. 1925년 10월 15일 홋카이도(北海道) 오타루시에 소재한 오타루고등상업학교에서 군사교관 스즈키(鈴木) 소좌 지휘 아래 군사교육 야외연습이 거행되었다. 같은 날 오타루신문사는 스즈키 소좌가 작성한 아래 내용의 '상정(想定)'을 신문지상에 게재하였다.[7]

상정

(1) 10월 15일 오전 6시 텐구다케(天狗嶽)을 중심으로 돌연 대지진이 있어서 삿포로(札幌) 및 오타루(小樽)시의 가옥은 거의 붕괴하여

---

6 森正, 2014, 『評傳 布施辰治』, 日本經濟評論社, 488쪽. 다만 약간의 내용을 수정하였다.
7 독립운동사편찬위원회, 1978, 『독립운동사자료집 별집 3』, 61-65쪽.

여기저기서 화재가 일어나고 서풍으로 불길이 강해져서 오타루 시민은 인심이 흉흉하였다.

(2) 무정부주의단은 'OOOO(불령선인)'을 선동하여 이 기회에 삿포로 및 오타루시를 전멸하려고 오타루공원에서 획책하고 있음을 알고 오타루재향군인단은 분기하여 이들과 격투하여 동방으로 격퇴시켰다. 하지만 적은 조견대(潮見臺) 고지의 천험(天險)에 의지하여 완강히 저항하고 붉은 피가 만산홍엽(滿山紅葉)으로 화하였으나 사자분기(獅子奮起) 한 걸음도 물러가지 않기 때문에 재향군인단의 추격은 일시 좌절하지 않을 수 없었다.

(3) 지대장이 내린 명령은 다음과 같다.

① 적은 조견대 고지에 의지하여 완강히 저항하고 재향군인단의 공격 뜻과 같지 못한 듯하다.

② 오타루고등상업학교 생도대에 응급준비령을 내려 2대는 오전 9시 교정에 집합하여 대를 편성하고 지대는 곧 출발하여 재향군인단과 협력하고 조견대 고지의 적을 공격, 적을 좁은 길 안으로 압박하여 이를 섬멸할 것.

'상정'의 내용은 충격적이었다. 대지진이 발생하여 마을을 파괴되고 화재가 발생하였는데, 이를 기회로 조선인들이 폭동을 일으켜 이를 진압한다는 것이다. 마치 관동대지진 이후 유언비어를 퍼뜨려 조선인을 학살한 정황과 흡사하였다. 게다가 학생들에게 조선인의 폭동을 상정하고 이를 진압하는 군사교련을 실시한 것이 더욱 놀라웠다.

이 '상정'은 오타루고등상업학교에 재학하고 있던 한 학생에 의해 세상에 알려졌다. 그 학생은 일본인 사상단체인 정치연구회

오타루고등상업학교

(政治研究會) 오타루지부 회원이었다. 정치연구회는 1924년 6월, 후세 다쓰지가 주도하여 창립한 사상단체였다. 후세가 보통선거제 실시를 앞두고 무산계급의 이익을 대변하는 전국적인 단일 무산정당의 탄생을 위해 준비한 대중조직이었다. 아무튼 이 학생이 '상정'을 오타루노동조합위원장 사카이 카즈오[境一雄]에게 전달하였고, 사카이는 다시 이를 조선인 김용식(金龍植)에게 주었다. 신문기사를 읽은 김용식은 즉시 동지들을 불러 모았다. 이들은 기사 중의 '○○○○'을 문맥상 '불령선인(不逞鮮人)'으로 추정하고, '상정'은 선량한 조선인을 악화시킬 염려가 있으며, 또 일반 조선인을 모욕하는 것이라고 하여 신문사 및 학교당국을 항의할 것을 결의하였다.

10월 16일 신문사를 방문한 김용식은 그 기사의 출처가 학교로부터 나온 것임을 확인하였다. 이에 최영복(崔永福), 사카이 카즈오 및 오타루시상업회의소 부회장 등과 함께 학교를 찾아가 '상정'의 부당함을 항의하였다. 학교 당국은 '특별한 의미가 있는 것이 아니고 무의식중에 나온 뜻'이라며 사과하였다. 그러나 조선인 측에서는 학교 당국의 사과 성명서를 요구하였다. 이후 17일부터 21일까지 홋카이도 내 재일조선인들을 중심으로 정치연구회 등 일본인 사회단체와 연합하여 학교 당국과 교섭하였으나, 성과를 내지 못하였다.

이 사건은 '홋카이도 오타루고등상업학교의 상정사건'이라 불리며 도쿄·쿄토·오사카 및 고베 등 일본 내 조선인 동포사회에 급속도로 퍼져나갔다. 특히 10월 20일 『동경일일신문』에 '상정' 사건에 관한 기사가 게재된 것이 기폭제 역할을 하였다. 오타루 거주 조선인들은 '상정'을 필사하여 도쿄 조선인단체 및 일본인 노동단체에 송달하였다. 이에 재일본조선노동총동맹은 여론을 환기하기로 결정하고, 대표 남대관(南大觀)의 명의로 '일본근로대중에게 보낸다'라는 제목으로 선전문 3천 매를 인쇄하여 일본인 사회단체에 배포하였다. 선전문의 내용은 다음과 같다.

조선인 학살의 연습을 행하였던 것이다. 이에 의하여 우리들은 일본의 각 학교에서의 군사교육이 어떠한 것인가를 알 수 있다. 우리에게는 재작년 진재(震災) 때의 기억이 아직도 생생하며 우리에게는 그때 조선인에게 가해진 학살이 여하히 계획적인 것이고 또 그 계획이 어디서부터 나왔는가를 잘 알고 있다. 일본의 근로 대중은 오늘 일본의 군사교육상의 '상정'이 재작년 진재 당시의 몸서리쳐지는 사실과 관련이 있는가를 쉽게 이해할 수 있을 것이다. 우리들은 일본 제

오타루상고의 조선교육 규탄 연설
(『동아일보』, 1925. 11. 2.)

국주의가 우리들에게 정의(正義)로 대하리라고는 기대하지 않는다. 진재가 있었던 재작년에 조선인을 학살하고 진재가 없는 오늘날에 지진을 상정하고 조선인 학살을 연습하는 것이 무엇을 의미하는가를 모든 근로대중 제군은 이 죄악에 대하여 늠연한 태도를 보이라.

10월 25일 홍인표(洪仁杓)·남대관·백무·안광천 및 정치연구회 다카노[高野實] 외 수명이 일월회(一月會) 사상사에 모여 운동방침에 관해 협의하였다. 10월 28일에는 시바공원[芝公園] 협조회관에서 일월회·재일본조선노동총동맹 주최, 정치연구회·자유법조단·동경도하 노동조합이 후원하는 군사교육 규탄 연설회를 개최하였다. 이날 연설회에는 청중이 약 850명에 달할 정도로 성황을 이루었다. 이때 후세 다츠지는 10여 명의 연사들과 함께 '일본정부의 군사교육은 계급적 음모로서 오타루고상의 '상정' 사건은 그의 폭로이다', '군사교육은 근로대중에 대한 도전이므로 폭력으로써 지배계급을 박멸하라' 등의 내용으로 연설하였다.

다음으로 〈표〉에서 언급한 두 번째 사건은 미에현 기노모토쵸오(木本町)의 조선인 학살사건이다. 당시 미에현 기노모토쵸오 즉 현재의 쿠마노시[熊野市]에서는 기노모토 터널공사를 진행하던 중이었고 조선인 노동자도 약 200명이 일을 하고 있었다. 사건은 1926년 1월 3일 밤 10시경 마을의 명치좌(明治座)라는 영화관에서 시작되었다. 노동자 김명구 등 3인은 영화관 입구에서 영화 관람 중인 친구를 찾기 위해 잠시 들어가고 싶다고 하였다. 그러자 흥행업자가 조선인을 멸시하는 말을 하였고, 3인은 이에 항의하였다. 이때 일본인 경호원이 일본도를 휘둘러 김명구가 중상을 입었다. 이에 격분한 조선인들은 경호원을 내놓으라고 요구하며 극장주 관계자를 구타하였다. 다음날 극장주 관계자 5~6명이 보복을 위해 조선인의 숙소인 함바에 난입하여 격렬한 싸움이 일어났다. 그리고는 일본도에 찔린 조선인이 기노모토쵸오를 습격할 것이라는 유언비어를 유포하였다.

흥분한 기노모토쵸오의 촌민 약 1,200명은 조선인을 역습하기 위해 소방대원과 재향군인회가 주축이 되어 학교에 비치된 총, 일본도 등 무기를 꺼내어 조선인의 함바를 습격하였다. 누군가가 외친 "해치워!"라는 말과 함께 살육이 시작되었다. 조선인들은 터널 쪽으로 도망가 공사용 다이너마이트로 반격을 시도하였다. 공격해오는 사람 중에는 살기 위해서 동족인 조선인을 죽이는 공격에 가담한 자들도 있었다. 반대로 조선인을 보호하기 위해 끝까지 싸운 일본인도 있었다. 그 결과 조선인 이기윤(李基允), 배상도(裵相度) 2명을 무참히 살해당했고[8], 2명은 행방불명, 다수의 부상자가

미에현의 학살 피해자 유족
(『동아일보』, 1926. 1. 19.)

발생하였다. 이기윤은 경주가 고향이었고 배상도는 부산이 고향이었다. 배상도는 농사꾼으로 먹고살기 위해 처자를 데리고 일본에 건너가 노동일을 하며 오사카, 교토 등을 전전하다가 기노모토 터널공사에 갔다고 한다.[9]

그런데 현지 기노모토쵸오 경찰서의 조선인 학살사건에 대한 수사는 엉터리였다. 경찰은 촌민 약 1,200명이나 관여된 학살자에 대한 수사를 제대로 하지 않은 채, 일본인과 조선인 각각 20명을 검거하였다. 마치 사건의 형평을 맞추는 듯한 조치만 취했을 뿐이

---

8 『동아일보』, 1926년 1월 19일 "兒孩업고 아기배고 異域에 우는 女子, 참혹히 죽은 남편"

9 紀州鉱山の真実を明らかにする会 편, 2002, 『紀伊半島·海南島の朝鮮人 木本トンネル·紀州鉱山·「朝鮮村」』, 참조.

다. 이에 대해 잡지 『개벽』은 "만리이역에서 구복(口腹)을 위하여 괴로운 줄도 모르고 풍찬노숙해가며 근근이 생명이나 보지(保持)해 오던 그들이 또한 거기에서까지 이유 없이 억압되어 살해까지 당하고 오히려 그 책임을 지고 수감까지 당하고 장차는 소위 법문에 비추어 어떠한 처형까지 있을 것이라고 하니 어찌 이에도 우리들은 그저 묵묵을 고수하고 있을 것인가"라고 울분을 토하였다.[10]

후세가 사건의 내용을 전달받은 것은 1월 7일 흑우회의 장상중(張祥重)을 통해서였다.[11] '조선인의 흉폭성에 의한 중대사건'이라는 언론보도에 의문을 품고 있던 후세는 사건의 전말을 듣고 관동대지진 때 조선인 학살의 재현이라고 생각하였다. 사건의 중대성을 인식하고 진상조사가 필요하다면 변호사로서 협력하겠다고 장상중에게 말하였다. 장상중은 이미 조사원 파견을 논의 중인데, 변호사단의 협력이 있으면 좋겠으니 자유법조단에서 조사원을 파견하도록 제안하였다. 1월 11일 후세는 자유법조단의 간사 야마자키 게사야에게 그 취지를 전했고, 18일 자유법조단의 회의에서 만장일치로 후세를 파견하기로 결정하였다.

한편 이 사건은 일본은 물론 조선에도 알려져 연일 신문지상에 보도되었다. 동아일보의 경우 1월 5일부터 3월 초순까지 '미에현사건(三重縣事件)'이라는 제목으로 보도하였고, '도일(渡日)노동동포 – 미에현사건의 교훈'이라는 사설을 게재하기도 하였다.[12] 이에 조선의 조선노동총동맹에서는 삼중현 투쟁사건 조사회를 발기하고 1월 16일 창립총회를 개최하려고 하였으나, 조선총독부는

10 　一記者, 「三重縣事件調査發起」, 『개벽』 제66호, 1926년 2월.
11 　森正, 2014, 『評傳 布施辰治』, 日本經濟評論社, 492–493쪽.
12 　『동아일보』, 1926년 1월 14일·15일.

미에현사건 제일동포회의와 후세 파견
(『조선일보』, 1926. 1. 21.)

이를 금지시켰다.[13]

재일본조선인들도 사건의 진상을 조사하기 위해 노력하였다. 1월 18일 일월회 사무실에서 재일본조선노동총동맹 등 10개 단체의 대표자가 모여 미에현사건 조사회를 조직하여 조사위원 2명을 파견하기로 결의하였다.[14] 일월회의 신태악(辛泰嶽)과 재일본조선노동총동맹의 신재용(辛載鎔)이 조사위원으로 선발되어 1월 21일 밤 도쿄역을 출발하였다.[15] 이와는 별도로 오사카조선노동조합관서연합회에서도 김달환(金達桓)을 조사위원으로 파견하였

13　『동아일보』, 1926년 1월 16일 "三重縣事件 調査會 禁止, 인쇄물도 압수"
14　『동아일보』, 1926년 1월 23일 "十個團體의 奮起로 事件調査會組織"
15　『동아일보』, 1926년 1월 27일 "三重縣 血鬪事件, 眞相調査員 出發"

다.¹⁶ 신태악 일행이 현지를 조사하는 동안 관계관청과 일반 조사를 담당한 후세는 23일 오사카, 24일 미에현, 26일 나고야 등지를 돌았다. 오사카와 미에현에서는 수평사와 일본농민조합 미에현본부의 도움을 받으며 조사 활동을 하였다.

후세는 2월 초순 '일본 미에현 기노모토쵸오 조선인박살(撲殺)사건내용'¹⁷이라는 보고서를 발표하였고, 그 일부가『동아일보』2월 4일자에 게재되었다.¹⁸ 그런데 기사 압수로 현재 제공되고 있는『동아일보』에는 내용이 삭제된 상태이다. 압수된 내용은 다음과 같다.

지난 1월 3일 일본 삼중현(三重縣) 목본정(木本町)에 돌발한 조선인 토공(土工)살해사건은 사상문제로든지, 노동문제로든지 우리들로서는 묵과할 수가 없는 중대한 문제로 인정하고 조선인 사상단(思想團) 흑우회(黑友會)와 일월회(一月會)와 노동단체 총동맹과 협력하여 우리 자유법조단에서도 그 진상을 조사하기로 되어 내가 자유법조단의 조사위원으로서 파견되었습니다. 조선단체의 제씨는 그 실지를 조사하고 나는 관헌과 그 외 일반사건의 조사를 하게 되어 23일 오사카, 24일 미에, 26일 나고야와 각 관계 관청 등에 대하여 될 수 있는 대로 조사를 하고 돌아왔습니다. 조사한 결과는 참으로 놀랄 만한 흉포한 사상의 표현으로서 크게 논의 고찰할 것이었지마는 이 사건은 지금

16 『동아일보』, 1926년 1월 29일 "大阪聯合會에서도 調査委員派遣"
17 布施辰治가 직접 쓴 원고의 제목은 「鮮人土工撲殺事件について」이다.(布施辰治資料硏究準備會 편, 2002, 『石卷文化センター所藏 植民地關聯資料 2 朝鮮·臺灣編』, 96-98쪽)
18 金靜美, 1988, 「三重縣木本における朝鮮人襲擊·虐殺について-」『在日朝鮮人史硏究』 18, 102-147쪽.

예심 중에 부쳐 있으므로 그 상세한 사정을 발표할 자유가 없음은 매우 유감이올시다. 다음에 발표할 수 있는 한도 안에서 그 대체만 지적하더라도 참으로 놀라고 끔찍한 사건의 원인, 동기, 결과에 대하여는 실로 인도상 큰 문제가 많습니다.[19]

후세가 참으로 놀라고 끔찍한 사건에 대한 보고서를 발표하자 각 단체연합 조사회에서 보고대회를 개최하였다. 2월 12일 도쿄의 와세다대학 스코트홀에서 일월회, 재일본조선노동총동맹, 도쿄조선무산자청년동맹회 등 10개 단체의 연합조사회 주최로 미에현사건 진상보고 연설회를 개최하였다.[20] 약 1천 명의 청중이 모인 가운데 임병주의 사회로 이여성의 경과보고, 신태악의 진상보고가 있었으나 임석경관을 저지로 중단되었다. 이어 각 단체대표 연사의 연설이 시작되자 역시 중지당한 끝에 해산을 명령받았다. 이에 분개한 청중들이 강력하게 항의하였고, 30여 명이 경찰서에 검속되었다.

재일본조선인 각 단체는 일본 대중에게 미에현사건의 진상을 알리기 위해 선전물을 제작하여 배포하였다. 2월 27일에는 재일본조선노동총동맹·도쿄조선무산자청년동맹회·일월회·삼월회가 주최하고 자유법조단·정치연구회·일본노동총동맹·시전자치회(市電自治會) 등 10여 개 일본인 단체가 후원한 미에현사건 비판연설회를 도쿄 간다(神田)의 기독교청년회관에서 개최하였다. 청중은 일본인과 조선인이 절반 정도로 대만원을 이루었지만, 약 100명의 정사복 경찰이 장내를 포위한 엄중한 상태였다. 사회자 신재용의 개회사로 시작하였는데, 신태악 등 각 연사들의 연설

19　정진석 편, 1998, 『일제시대 민족지 압수기사 모음 1』, LG상남언론재단, 330-331쪽.
20　『동아일보』, 1926년 2월 17일 "三重縣事件 眞相報告會經過, 필경 해산되어"

은 중단되어 결국 해산되고 말았다.²¹ 그리고 별도로 조사원을 파견했던 오사카조선노동조합관서연합회는 조사위원 김달환의 조사보고를 듣고 분개하여 2월 5일에 기노모토쵸오 경찰 규탄연설회를 개최하였고, 3월 1일에도 미에현사건 규탄연설회를 개최하였다.

미에현사건에 대한 예심은 야스노츠[安濃津]지방재판소가 담당하였다. 5월 3일에 예심이 종결되었는데, 일본인 17명과 조선인 15인이 기소되었다.²² 일본인의 경우는 소요죄, 살인미수죄, 상해치사죄, 상해죄 등이 적용되었고, 조선인의 경우는 소요죄, 폭발물취체벌칙, 상해죄가 적용되었다. 후세는 다케우치[竹內金太郎] 등 3인과 함께 변호인단을 꾸려 조선인의 변호에 임하였다. 공판은 야스노츠지방재판소에서 8월 2일부터 시작하여 8월 3일, 9월 28일, 9월 29일까지 4차례 열렸고, 10월 30일 판결이 내려졌다.²³

판결은 관동대지진 때의 조선인 대학살의 판결과 비슷하였다. 가해자인 일본인은 매우 관대한 처분을 받았다. 이기윤 살해용의자 3인에게 징역 2년, 배상도 살해용의자 1인에게는 징역 6개월 집행유예 3년 밖에 선고되지 않았다. 게다가 징역 2년을 받은 일본인은 특사로 사면되어 고작 1년 정도 복역하고 석방되었다. 이에 비해 조선인의 경우는, 다이너마이트를 던진 김명구는 징역 3년, 윤정진은 징역 2년, 이도술·유상범은 징역 1년 6개월 등을 선고받았다. 1994년 일본의 민간단체에 의해 이기윤과 배상도의 추도비가 건립된 것은 불행 중 다행이었다. 현지에서 민간단체 주

---

21 『동아일보』, 1926년 3월 4일 "登壇하자 中止 畢竟은 解散命令"
22 『동아일보』, 1926년 5월 9일 "四十一名은 公判 세명만 면소되고 공판에 붓쳐, 三重縣事件豫審終結"
23 森正, 2014, 『評傳 布施辰治』, 日本經濟評論社, 494-495쪽.

일본 구마노시(熊野市) 소재 이기윤과 배상도 추도비

도 아래 매년 11월에 추도회가 개최되고 있다.[24]

미에현 조선인 학살사건의 전 과정을 통하여 주목되는 점은, 조선인 단체와 일본인 단체가 공동으로 조사, 보고하고 규탄연설회를 개최하는 등 널리 일본 사회에 호소한 것이다. 이러한 일들이 가능했던 것은 후세에 대해 조선인의 신뢰가 두터웠기 때문이었다.

마지막으로 1930년 7월 에이치현 산신[三信]철도쟁의 사건을 살펴보자.[25] 1930년 2월 산신철도회사는 산신철도 부설공사를 시작하였다. 이 철도는 에이치현 기타시타라군 미와촌의 가와이역[川

---

24 "三重縣木本で虐殺された朝鮮人勞動者(李基允/裵相度)の追悼碑を建立する會"와 "紀州鑛山の眞實を明らかにする會"가 주최한다.
25 愛知縣 三信鐵道爭議 事件에 대해서는 아래의 글을 참조하였다.
平林久枝, 1977, 「三信鐵道爭議について」『在日朝鮮人史硏究』1.
渡邊硏治, 1983, 「三河地方における朝鮮人の闘い-1930年の三信鐵道工事爭議-」『季刊三千里』36.
廣瀬貞三, 2001, 「三信鐵道工事と朝鮮人勞働者-『葉山嘉樹日記』を中心に-」『新潟國際情報大學情報文化學部紀要』4.

合驛]과 나가노현 이이다마치를 연결하는 것이었다. 현재의 JR이이다센이다. 그런데 산신철도회사는 충분한 건설자금도 없이 무리하게 공사를 개시하여 공사자금난, 복잡한 지형, 물자수송의 곤란, 준공기한의 제약 등 커다란 문제를 안고 있었다. 쟁의가 발생한 이 공구(工區)의 경우, 본사에서 견적한 공사비가 약 70만 원이었는데, 공사청부업자 오월여조(五月女組)는 약 48만 7천 원에 낙찰받았다. 게다가 이를 재하청하고, 또 재하청한 끝에 분할 재하청되었다. 원 청부업자 오월여조는 에이치현 기타시타라군 미와촌에서 약 800명의 조선인 노동자를 고용하여 공사에 착수하였다. 이들은 다단계 재하청으로 최저임금인 1일 50전(당시 쌀 1되의 가격은 19~20전)을 받으며 관계자의 감시 속 중노동에 시달리고 있었다.

그런데 임금이 계속 체불되고 식량마저 지급되지 않자, 7월 말 조선인 노동자는 오월여조사무소를 습격하였다. 이에 일본노동조합전국협의회(이하 전협) 중부지방협의에서 오십군장(五十君章), 니이가타 조선노동조합에서 박광해(朴廣海), 풍교(豊橋)합동노동조합에서 최종하(崔鍾夏)를 비밀리 파견하여, 현장에 파업지도부를 설치하였다. 7월 29일부터 조선인 노동자 400명은 9개조의 요구를 내걸고 대규모의 노동쟁의에 돌입하였다. 파업이 일어나자 7월 31일 현지 다구치[田口]경찰서의 경찰관 10여 명은 쟁의단을 진압하려고 했으나, 도리어 모자, 착검 등을 빼앗기고 철수하였다.

쟁의단은 기세를 올리며 산신철도 가와이대기소에서 농성하며 단체교섭을 진행하였다. 이때를 노린 경찰은 8월 18일 나고야에서 버스 10대에 경찰관 1,300명을 동원하여 마구잡이로 폭행을 가하고 약 300명의 노동자를 검거하였다. 검거된 노동자가 너무 많아서 근처 사찰에 임시로 수용할 정도였다. 쟁의는 8월 25일

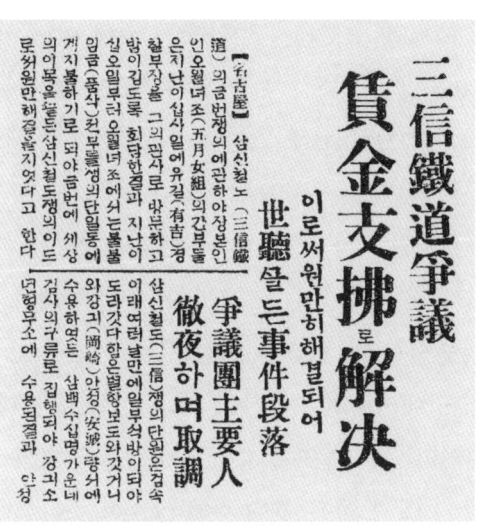

산신철도쟁의사건 보도기사
(『조선일보』, 1930. 9. 4.)

에이치현 특고과장(特高課長)의 강제조정에 의해 체불임금 2만 엔을 지불하는 것으로 종결되었다. 결국 20여 명이 폭력행위 등 처벌에 관한 법률위반으로 기소되었다. 이 사건에 관심을 갖고 국내에 소식을 전하던 『조선일보』는 사설을 게재하고 쟁의단의 투쟁을 높이 사며 경찰의 간섭을 맹비난하였다.[26]

한편 자유법조단은 후세의 두터운 신뢰를 받고 있던 아마노 스에지[天野末治]를 파견하여 쟁의단을 지원하였다.[27] 그는 7월 31일 경찰의 탄압이 있은 뒤 현지로 가서 쟁의단과 법률대책 등을 협의하였다. 8월 14일 에이치현 특고과장이 쟁의 해결을 위해 나온다는 정보를 얻고서 경계선을 돌파하고 현장에 가서 대책을

---

26 『조선일보』, 1930년 8월 26일 "三信鐵道爭議事件 – 爭議團과 警察의 干涉 –".
27 森正, 2014, 『評傳 布施辰治』, 日本經濟評論社, 498-499쪽.

협의하였다. 그런데 현장에서 돌아오는 길에 현지 사복경찰에게 체포되어, 10일 동안 강체처분을 받아 형무소에 수감되었다. 이에 후세는 그의 석방을 위해 노력하는 동시에 불법체포를 이유로 다구치경찰서장을 독직죄로 고발하였다. 이에 앞서 후세는 산신철도쟁의사건에 대한 사전 조사를 진행하여 '산신쟁의 탄압비판', '산신쟁의의 대탄압비판, 특히 조선인 노동자 학대의 진상을 폭로함' 등을 『법률전선』과 『신에이치신문』에 게재하고, 산신철도회사와 오월여조, 에이치현 경찰부의 학대를 폭로하였다.

후세는 쟁의의 근본 원인을 감당하기 힘들 정도의 일을 시키면서 임금은 주지 않고 먹을 것도 주지 않으며 죽어야만 벗어날 수 있는 조선인 노동자에 대한 학대와 혹사라고 보았다. 이어 조선인 노동자 대부분을 그럴 듯한 미끼로 유인하여 니이가타현에서 에이치현으로 데려온 것에 분노하였다. 니이가타현의 수력발전공사에서 일하던 조선인 노동자를 날씨도 따뜻하고 공사 위험도 적은 에이치현으로 오면 조선인 대표를 통해 임금을 지급한다는 조건으로 데려왔다는 것이다. 후세는 또한 산신철도회사와 오월여조의 악랄한 민족적 차별을 규탄하였다. 그리고 에이치현 경찰부에 분노하면서 현지 사회운동가들이 경찰관의 횡폭탄압에 대응하지 못한 점을 신랄하게 비판하였다.

산신노동쟁의는 재일조선인의 노동운동에 있어서 획기적인 일이었다. 파업위원회를 만든 것도 산신쟁의가 처음이었고, 에이치현 지방 특히 오카자키[岡崎]의 일본인 노동자에 끼친 영향도 적지 않았다.[28]

---

[28] 朴慶植, 1979, 『在日朝鮮人運動史 8.15解放前』, 三一書房, 238-239쪽.

재일조선인의 사상사건에 대한 변호

후세는 1928년 9월 초순경, 김한경(金漢卿, 1902~?)이 체포되었다는 소식을 듣는다. 김한경이 누구인가. 약 1년 전인 1927년 10월 28일 후세는 조선총독부 정무총감 유아사 다이라[湯淺倉平]를 찾아가 조선공산당사건 고문 문제를 비롯하여 조선 문제를 항의하였다. 이때 동행한 재일본조선노동총동맹의 김균(金均)이 바로 김한경이다.

김한경은 충북 제천에서 한학자의 아들로 태어났다.[29] 1923년 2월 전조선청년당대회 후원회 발기인, 1924년 1월 조선노농대회 후원회 집행위원, 11월 사상단체 혁청단(革靑團) 간부로 활동하였다. 1926년 보성전문학교 법과 3학년 재학 중 일본으로 건너왔다. 1927년 4월 조선공산당에 입당하고 일본부 선전부 책임자가 되어 잡지 『이론투쟁』에 「방향전환 과정의 자기비판」이라는 논설을 기고하였다. 함남 덕원군 출생 동덕여고생 양봉순(梁鳳順)과 도쿄에서 혼인하였다. 1928년 2월 조산공산당 제3차 대회에 참

---

[29] 강만길·성대경, 1996, 『한국사회주의운동 인명사전』, 역사비평사.

김한경의 신년사
(『조선일보』, 1926. 1. 5.)

석하여 중앙집행위원 겸 일본총국 책임비서로 선정되었다. 6월에 '제4차 조공 검거사건'이 발생하자 일본으로 피신하여 재일본조선 노동총동맹에 가입하고 중앙집행위원 및 정치교육부장이 되었다. 이처럼 김한경은 당시 일본 내의 지도자급 사회주의자였다.

이와 관련하여 조선공산당 일본부의 연혁에 대하여 김한경을 중심으로 살펴보면 다음과 같다. 조선공산당의 해외 임시기관인 일본연락부는 1925년 11월 최원택(崔元澤)이 도쿄에서 조직했고, 1926년 4월 김정규(金正奎)가 제2대 책임비서가 되었다. 일본연락부의 부원으로는 정운해·이봉수·김한경 등이 활동했는데, 1926년 7월 제2차 조선공산당 탄압과정에서 조직이 붕괴되었다. 1926년 12월 조선공산당 책임비서가 된 안광천은 박낙종(朴洛鍾)을 일본부 책임비서로 임명해 일본부의 재건을 지시했다.

박낙종은 1927년 4월 도쿄에서 조직부장·선전부장·검사위원에 각각 김한경·최익한(崔益翰)·강철(姜徹) 등을 선임해 일본부를 조직했다. 일본부는 간부회를 중심으로 활동했는데, 같은 해 5월과 12월의 2차에 걸쳐 개최된 간부회에서는 조선공산당의 지도정신 확립, 당원 교양, 파벌주의 박멸, 신간회와 조선공산당의 관계, 『대중신문(大衆新聞)』 발간 등이 토의되었다.

또한 도쿄에 한림(韓林)과 김한경을 각각의 책임자로 하는 2개의 야체이카(사회주의비밀결사체의 기본 단위인 세포)를 조직했고, 재일본조선노동총동맹, 재도쿄조선노동조합, 신간회, 도쿄지회 등에 당조직의 영향력 확대를 위해 노력했다. 이 시기 한림을 책임비서로 하는 고려공산청년회 일본부와 3개의 고려공산청년회 일본부 야체이카가 조직되었다. 1928년 2월 제3차 조선공산당 탄압사건 과정에서 주요간부가 검거되면서 조직이 파괴되었다.

1928년 2월 27일부터 열린 조선공산당 제3차 대회에서 제4차 조선공산당의 조직부장으로 선임된 김한경은 같은 해 4월 한림을 책임비서로 하는 일본총국의 결성을 지원했다. 일본총국 조직 후 한림은 도쿄의 야체이카를 기존의 2개에서 4개로 늘리고, 재일본조선노동총동맹, 신간회 도쿄지회, 재도쿄 조선노동조합 안에 프랙션(당원 조직)을 조직했다.

고려공산청년회 일본부도 8개의 야체이카와 도쿄조선유학생학우회, 신흥과학연구회, 재일본조선청년총동맹, 재도쿄조선노동조합 각 지부에 프랙션을 조직했다. 1928년 6월 한림이 검거되자 책임비서 김천해 체제로 개편했다. 이 시기 도쿄의 야체이카는 5개로 증가했고, 프랙션 활동도 활발했다. 1928년 7~12월 제4차 조선공산당 탄압사건으로 대대적인 탄압을 받은 일본총국은 재일본조선노동총동맹, 재일본조선청년총동맹, 근우회(槿友會) 도쿄지회, 신간회 각 지회 등의 해소실천이 끝난 1931년 10월 해체성명서를 발표하고, 일국일당(一國一黨)원칙에 따라 일본공산당에 흡수되었다.

1928년은 재일조선인 민족해방운동의 중앙조직인 조선공산당 일본총국의 지도 아래 단체 연합과 연대가 활발하게 진행되었다. 그 일환으로 그해 8월 국치일기념 투쟁을 조직적으로 전개하였다. 이때 김한경은 재일본조선노동총동맹의 간부로 국치기념일 투쟁을 주도하였다. 1928년 8월 29일 오후 약 150명의 조선인 노동자와 유학생들은 도쿄 무사시야[武藏屋]백화점 옆 공터에서 혁명가를 부르고 선전물을 살포하며 거리를 행진하였다.[30] 이때 재도쿄조선인단체협의회 이외의 3단체의 이름으로 '국치일에 즈음하여 전조선 2천 3백 만 동포는 일제히 무장하여 일대 폭동을 일으키자'라는 격문을 배포하였다. 여기에서는 국치일의 의미를 되새기고 동시에 독일과 러시아의 혁명세력과 단결을 강조하는 등 국제연대를 피력하였다. 이 사건 이후 일본 경찰은 대대적인 조선인 검거에 돌입하여, 조선공산당 일본총국 관련자 수십 명을 체포하고 김한경 등 30명을 치안유지법 위반으로 기소하였다.

후세는 변호인단을 조직하여 김한경 등의 변호에 나섰다. 그가 작성한 활동표에 의하면 후세는 1931년 10월 30일 1심 재판과 1931년 12월 18일, 1931년 12월 21일, 1932년 2월 10일, 1932년 2월 10일에 열린 2심 재판에 참여하였다.[31] 김한경은 동지들과 함께 옥중투쟁을 격렬하게 진행하였다. 1932년 4월 6일

---

30 김인덕·김도형, 2008, 『1920년대 이후 일본·동남아지역 민족운동』, 독립기념관 한국독립운동사연구소, 81-82쪽.
31 森正, 2014, 『評傳 布施辰治』, 日本經濟評論社, 648쪽.

도쿄공소원에서 열린 공판에서 김한경은 대표진술을 하며, 정치범인 즉시 석방, 1차 사건과 2차 사건의 통일 등을 주장 또 요구조건으로는 법정 내에서 조선어를 쓸 일, 형무소의 폭행간수 처벌 등을 제출하였다. 재판장은 심리를 중단하고 폐정하였다.[32]

재판부는 피고인들에 대한 극심한 탄압으로 일관하였다. 당시 변호인단으로 참여한 변호사는 이 재판에 대해, 일본 전국의 치안유지법 위반 재판에서 가장 반인도적이고 비인간적인 재판이었다고 회고하였다.[33]

> 1인씩 문자 그대로 분리, 비공개의 재판이었고, 동경지방재판소의 법정에 지하감방에서 법정의 책상까지 바로 출입할 수 있도록 설치한 덮개 문을 밀어올리고 1인씩 나왔다. 피고가 분리·비공개 재판에 항의하자, 재판장은 즉시 발언금지를 선언하고 피고가 그래도 발언을 계속하자 곧바로 퇴정(退廷)을 명하고 간수 수명이 이유를 묻지 않고 원래의 지하감방으로 끌고 갔다. 1인이 1분도 되지 않은 채 계속하여 '발언금지', '퇴정'의 연속이었다. 나는 흥분하여 본래 재판처럼 진행하고 싶다고 항의하자 재판장은 '변호인은 재판소가 무자비하고 불친절하다고 말하는 것인가'라고 노기(怒氣)를 띠며 나에게 말하고, 변호인인 나에게 '발언중지', '퇴정'을 명하였다. 당시 천황의 이름으로 행한 계급재판은 전부 매우 지독한 것이었는데, 조선의 피고 제군에 대한 재판장의 태도는 그 중에서도 최악이었다. 일본제국주의의 식민지지배의 전형적인 모습이라고 말해야 할 것이다.

---

32 『동아일보』, 1932년 4월 13일 "被告가 要求提出 審理不能으로 閉廷".
33 森正, 2014, 『評傳 布施辰治』, 日本經濟評論社, 651쪽.

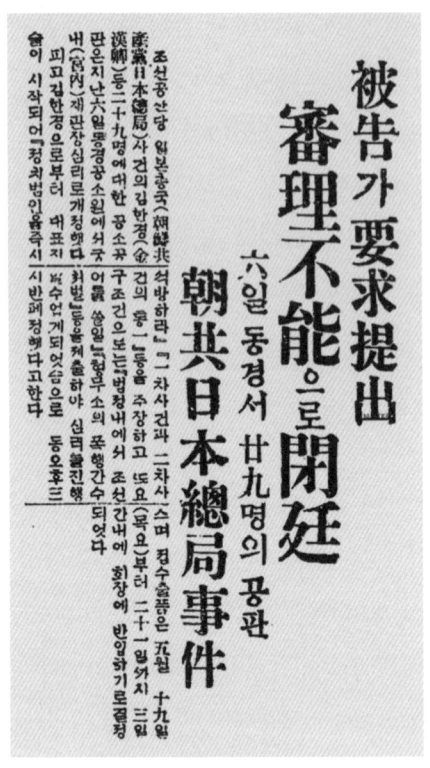

김한경 사건 보도기사
(『동아일보』, 1932. 4. 13.)

이처럼 최악의 제2심 공판은 1932년 8월 30일 피고인 선고와 함께 끝났다. 김한경 징역 6년, 이운수(李雲洙) 징역 5년 6월, 김학지(金鶴祉)·송창겸(宋昌濂) 징역 5년, 박득현(朴得鉉) 외 18명은 징역 2~3년이 선고되었다.[34] 김한경 등은 1심과 2심의 재판진행에 대하여 문제를 제기하고 대심원에 상고하였다. 상고 논지는 첫

34 『매일신보』, 1932년 8월 31일 "조선○○운동 김한경 등 판결"

째 공판 심리의 공개, 비공개문제, 방청권의 발행을 제한하는 것은 재판의 공개원칙에 위반되지 않는가, 둘째 피고가 소송진행 상 발언하는 것을 탄압하는 것은 불법이 아닌가 등이었다. 재판의 공개원칙 등 법률위반론을 전개한 것인데, 전문적인 법률문제이므로 아마도 후세의 도움을 받지 않았을까 추정된다.

이에 대해 1933년 9월 6일 일본 대심원은 새로운 판례로 판결하여 상고를 기각하였다.[35] 첫째 재판은 공개함을 원칙으로 하는 것이나 안녕질서를 방해할 염려가 있을 때에는 재판장의 권한으로 비공개를 할 수 있다는 것이다. 이어 1931년 4월 18일의 공개를 정지한 것은 재판장이 직권을 정당하게 행사한 것이고, 방청권을 교부한 것은 방청석의 혼잡을 피한 것이니 이것은 재판장의 권한인 법정질서 유지권을 행사한 것이지 공개심리를 유린한 것은 아니라고 하였다. 둘째 소송심리 중 재판장이 피고인의 발언을 허부(許否)함은 재판장의 권한에 속한 것이니 발언을 불허하였다고 해도 조금도 위법이 아니라는 것이다. 이러한 주장은 일제 사법당국이 조선 독립운동에 대해 얼마나 말도 안 되는 논리로 사법적 탄압을 가했는지 알 수 있게 해준다. 그러나 재일본조선인의 대표적 사회주의자로서 법정투쟁을 이끌었던 김한경은 결국 옥중에서 전향하고 말았으니, 못내 아쉬운 일이다.[36]

1931년 1월 18일 도쿄부 에바라마치[荏原町] 도고시[戶越]

---

[35] 『동아일보』, 1933년 9월 8일 "김한경 일파의 법률위반론과 대심원 신판례"
[36] 그는 출옥 이후, 1939년 내선일체(內鮮一體)를 표방하는 국민문화연구소 전무감사, 시국대응전선사상보국연맹(時局對應全鮮思想報國聯盟) 본부간사가 되었다. 8월 친일잡지사인 동양지광사(東洋之光社)에 입사했고 이후 『동양지광(東洋之光)』에 「동양문화와 일본정신」, 「현대 조선청년론」 등 친일 논조의 글을 다수 기고했다.(강만길·성대경. 1996, 『한국사회주의운동 인명사전』, 역사비평사).

1,370번지(현재의 시나가와구 북부)의 다하무길(多賀武吉) 집 2층에서 살인사건이 발생하였다. 피해자는 에바리경찰서의 고등계 순사 오자와 나가시케[小澤長重, 31세]이었다. 당시 그 집에는 조선인이 세를 살고 있었다. 다음날 『동경조일신문』에 "조선인의 숙소에서 형사가 교살되다. 범인은 극좌분자(極左分子) 무산자신문(無産者新聞)의 관계자"라는 제목의 기사가 실렸다.[37] 이어진 기사에는 조선인 유종환(劉宗煥, 22세)과 유녹종(劉祿鍾, 19세)의 실명을 싣고 범인으로 특정하였다. 이 기사는 경찰 내부에서 흘러나온 정보를 바탕으로 작성된 것이었다.

당시 일본 치안당국은 이른바 '적색(赤色)사냥'을 확대, 강화시키고 있었다. 이런 때에 교묘하게 감시임무를 수행 중인 일본인 경찰을 극좌분자인 조선인이 살해했다고 보도함으로써 민심과 경찰 내부를 자극시킨 것이다. 경찰은 사건 발생의 원인에 대해서, 유종환은 극좌익으로 항상 조선독립을 부르짖고 재일본조선인의 적화에 노력하고 있었던 자로서, 이번 살인은 어떤 대음모를 기획하다가 우연히 오자와 형사를 발견하고 교살에 이른 것으로 추정하였다. 즉 경찰은 이 사건의 배후에 지도자급 조선인이 있어, 조직적인 테러계획 등의 대음모를 의심했던 것이다. 일본 경시청에서는 관하 각 경찰서에 비상령을 내리고 범인의 검거에 총력을 기울였다. 경찰은 사건이 발생한 18일부터 19일까지 참고인 명분으로 조선인 60여 명을 마구잡이로 잡아들였다. 그 가운데 20명을 유치하고 취조를 계속하였다. 범인 검거에 혈안이 되었던 경찰은 결국, 1월 22일 가나가와현에서 조선인 함바와 친구 숙소에 숨어

---

37 森正, 2014, 『評傳 布施辰治』, 日本經濟評論社, 502-503쪽.

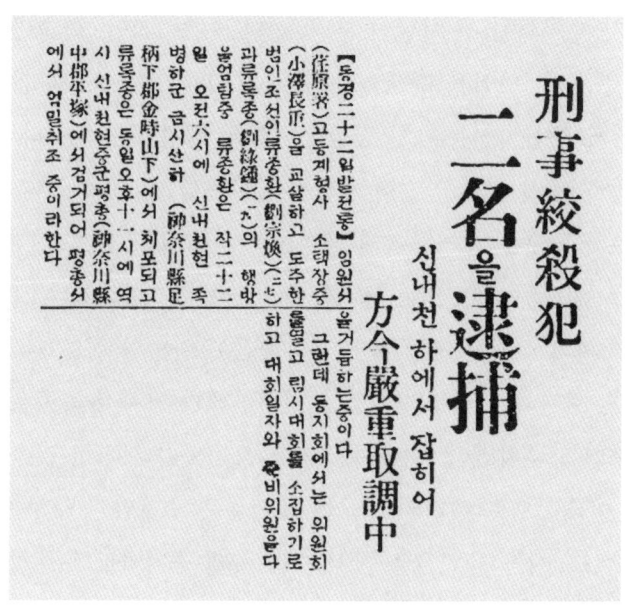

유종환·유녹종 사건보도
(『동아일보』, 1931. 1. 24.)

있던 유종환과 유녹종을 체포하였다. 일제 측의 기록에 의거하여 사건을 재구성하면 다음과 같다.[38]

유종환과 유녹종은 함남 영흥군 장흥면 출신으로 일본으로 건너와 노동에 종사하며 좌익운동에 참여하고 있었다. 일본 경찰은 이들의 행동을 항상 감시하고 있었다. 1월 18일 오후 3시 반경에 바리경찰서 고등계 순사 오자와 나가시케가 두 사람의 동정을 살피기 위해 다하무길 집 2층 방으로 들어왔다. 마침 비밀출판에 관계된 유인물을 작성하던 유종환은 유인물을 곧바로 책상 밑으로

---

38 독립운동사편찬위원회, 1978, 『독립운동사자료집 별집 3』, 113-115쪽.

숨겼다. 오자와는 두 사람의 본적·성명·연령·직업·학교관계 등을 심문한 뒤, 방안을 수색하던 중 책상 밑에 있던 유종환의 유인물과 『제2무산자신문』(일본공산당 기관지) 등을 발견하였다. 오자와는 두 사람을 붙잡고 강력히 경찰서로 동행을 요구하였다. 순간적으로 유종환은 오자와에게 덤벼들어 뒤에서 그의 목과 머리를 붙잡고 유녹종에게 그의 다리를 붙잡으라고 지시하였다. 유녹종이 오자와의 다리를 제압하자, 유종환은 오자와의 목을 넥타이로 졸랐다. 오자와가 저항력을 잃고 가사상태가 되자 유녹종은 현장으로부터 도주하였다. 이후 유종환은 오자와가 사망한 것을 확인하고, 아래층으로 내려와 입구에 벗어놓은 오자와의 구두를 2층에 감추고, 각종 유인물을 근처 볏짚 속에 은닉하고 도주하였다. 평소 경찰에 대한 극도의 반감을 품고 있던 이들이 와자와를 살해한 계기는 『제2무산자신문』의 배포처 보호, 비밀조직 보호, 경찰의 백색테러에 대한 자기 보호 등이라고 하였다.

2월 14일 유종환·유녹종은 치안유지법 위반 및 살인죄 등으로, 이들을 숨겨준 남성진(南成鎭)·안준호(安準鎬)·최수봉(崔守鳳)·정호룡(鄭虎龍)·안중활(安重活) 등은 범인은닉죄로 도쿄지방재판소 검사국에 송치되었다. 2월 24일 유종환·유녹종은 살인죄(치안유지법 위반 사건은 모두 불기소), 남성진·안준호·최수봉은 모두 범인은닉죄로 기소되었고 정호룡·안준호는 불기소 처분을 받았다.

이 사건이 재일본조선인 사회에 알려지자, 조선인과 노동단체들은 유종환·유녹종을 용감한 투사로 묘사하면서 비밀을 지키고 백색테러로부터 자신을 보호하기 위해서 취한 비상수단에 불과하다고 선전하였다. 나아가 '정당방위 오살(誤殺) 사건', '직장에서 양군(兩君)의 구원회를 만들자'고 주장하며 유종환·유녹종의 구명활동을 전개하였다.

이 사건은 예심을 거쳐 1932년 2월 3일 공판이 개시되었다.[39] 공판정 내외의 경계는 마치 공산당 공판과 같이 엄중하였다. 당연히 후세는 이 사건의 변호를 담당하였다. 후세는 사건발생부터 계속 관심을 가지고 조선인 관계자들과 일찍부터 상담하며 대책을 마련하는 한편 변호사들에게도 응원을 부탁하였다. 또한 변호사 3~4인과 변호사인단을 조직하여, 발군의 변호 능력을 발휘하였다.

우선 후세는 이 사건의 재판방식을 배심제로 추진하였다. 1923년 성립된 일본의 배심제도는 1928부터 1934년까지 실시되었다. 후세는 형사재판에서도 배심제도를 채택할 것을 주장하였다. 특히 치안유지법 사건에 배심제도의 도입을 주장하였으나 실현되지 못하였다. 피고들을 접견한 후세는 피고들에게 살의(殺意)가 없었음을 확인하고 배심재판을 권유하였다. 배심원 즉 여론에 호소하여 형을 가볍게 하려는 작전을 택한 것이다. 사실 두 피고는 예심에서 공소사실 중 살의가 있었음을 이미 인정하였다. 그런데 후세의 조언을 들은 두 피고는 공판준비 법정에서 살의를 부인하였다. 즉 살의가 있었다는 공소사실을 부인했던 것이다. 배심법 제7조에 "공판정, 공판준비 법정에서 공소사실의 승인이 있으면 사건을 배심에 부칠 수 없다"는 조항 때문이었다.

공판은 1932년 2월 3일 개시되었지만 곧바로 연기되었다. 그 이유 중 하나는 치안당국이 처음부터 주장했던 것처럼, 이 사건 배후에는 커다란 음모가 있으므로 이를 조사할 시간이 필요하다는 것이다. 또 하나는 재판방식을 배심제도로 결정하기까지 시간이 필요하

---

[39] 森正, 2014, 『評傳 布施辰治』, 日本經濟評論社, 504쪽.

였다. 결국 이 사건의 배후는 없었고, 재판방식도 배심재판으로 결정되었다. 드디어 역사에 남을 만한 배심재판이 시작되었다.

이 사건의 핵심 쟁점은 유종환·유녹종에게 처음부터 살의가 있었는가하는 문제이다. 살의가 있었다면 사형이 언도될 가능성이 높았고, 살의를 부정하면 상해치사죄가 되기 때문이었다. 살의가 있었다는 일본 검사 측의 주요 근거는, 첫째 피고인들은 관헌의 백색테러에 저항하기 위해 관헌을 죽여도 좋다는 적색자위단의 사상을 품고 있었다는 것, 둘째 비합법적인 좌익계 신문의 배포처 등의 비밀을 지킬 필요가 있었다는 것, 셋째 살인 후 도망쳤다는 것 등이었다.

이에 대해 후세는 첫째 국가는 개인의 사상을 벌할 수 없는데, 특정 사상을 가졌다는 이유만으로 살인을 주장하는 검사의 뇌구조를 이해할 수 없다는 것, 둘째 좌익계 신문의 배포처 등이 살인을 저지를 만큼 대단한 비밀이 아니라는 점, 셋째 우발적으로 사건이 일어났고 이로 인하여 사람이 죽었기 때문에 놀라서 도망간 것 등을 주장하며 반박하였다.

검사는 배심원에게 말하였다.

"피고들은 예심에서 이미 살의를 인정하였다. 또한 유종환이 형사 머리를 움켜잡고 있었던 시간은 3분, 유녹종이 형사의 발버둥치는 발을 억누르고 있었던 것은 5분간인데, 이렇게 긴 시간 동안 습격의 자세를 유지한 것이 바로 살의의 증거이다".

다시 후세는 배심원에게 다가가 다음같이 주장하였다.

"검사가 3분, 5분을 강조하는 것은 살의를 부각시키려는 모략이다. 두 피고가 소택 형사를 습격해 그 짧은 시간에 죽이겠다고 생각하는 것은 불가능하다"

그런데 갑자기 후세는 변론을 중지하고 침묵하였다. 재판장은 물론 배심원들도 어리둥절하여 후세의 언행에 집중하였다.
얼마간의 침묵을 깨고 입을 연 후세는 다음과 같이 말하였다.

"여러분 본 변호인이 지금 침묵하고 있던 시간이 얼마나 길었다고 생각합니까? 정확하게 말하면 약 30초입니다. 길어 봤자 2배 정도 되는 짧은 시간에 두 피고의 습격과 오자와 형사의 목뼈가 함몰이 일어났는데, 이 시간에 피고들에게 살의(殺意)가 있었다고 생각하는 것이 부자연스럽지 않습니까?"[40]

배심원에게 어떻게 그 짧은 시간에 살의를 품을 수 있겠냐고 되물었던 것이다. 피고들의 행동은 순식간에 일어난 정당방위였다는 말이다.
당시 변호인단에 참여했던 한 변호사는 이 침묵의 퍼포먼스에 감탄하였다고 한다.[41] 인간의 심성을 자극하는 심리학까지 동원한 변론이야말로 후세만이 가질 수 있는 법정투쟁에서의 최고의 기술이라고 평가하였다. 이어서 후세는 배심원들에게, '배심원 여러분이 배심재판의 공판주의에 철저히 임하여 공판에서 증거가 제출되어도 진실하다고 느껴지지 않는다면 어떠한 의견이나 상

---

40   布施柑治, 1974, 『布施辰治外傳』, 未來社, 192쪽.
41   布施柑治記念會 편, 1954, 『布施辰治抄集』, 164쪽.

유종환과 유녹종
(『조선일보』, 1931. 1. 26.)

상도 진실이 아닙니다'라고 배심원의 책무를 다시한번 강조하며, 마무리하였다.

공판은 1932년 2월 19일 피고인들에 대한 선고를 끝으로 종료되었다. 유종환은 무기징역(구형 사형), 유녹종은 징역 6년(구형 10년)이 선고되었다. 유종환에게 형법 제199조 '살인죄'가 적용되었지만, 다행히 무기징역형이 선고되었다. 아쉽게도 재판장은 살의를 인정한 배심원의 평결에 기초하여 살인죄를 적용한 것이다.

본 사건에서 피해자는 고등계 형사이었고, 가해자는 좌익 조선인 청년이었다. 게다가 가해자는 예심에서 살의를 인정하였기 때문에 매우 불리한 상황이었다. 후세는 배심재판에 피고들의 운명을 걸고 검사를 날카롭게 압박하고 배심원 한 사람 한 사람의 양심에 호소하고 또한 재판관의 마음을 움직여 사형을 면하게 하였다. 후세의 변론은 식민지 조선의 청년 노동자의 귀중한 생명을 구하였던 것이다.

변호사 자격 박탈, 형무소에 갇히다

후세가 조선공산당사건의 변호인으로 참여하면서 우려했듯이, 치안유지법의 광풍은 조선을 휩쓸고 일본에 상륙하였다. 후세 자신도 결국 치안유지법에 의해 희생되었고, 심지어 그의 아들까지 잃게 되었다.

치안유지법은 1925년 4월에 제정되어 1928년 6월 개정되었는데, 핵심은 '국체(國體)의 변혁(變革)' 조항이다.[42] 식민지 조선의 경우는 식민지 독립 기도 → 일본 영토의 참절(僭竊) → 천황 통치권의 축소 → 국체의 변혁이라는 도식으로 해석되었고, 일본의 경우는 일본공산당이 강령에 내건 '천황제의 폐절(廢絶)'이 '국체의 변혁'에 해당한다고 해석하여 치안유지법이 적용되었다.[43]

[42] 1925년 4월 제정된 치안유지법 제1조는 "국체를 변혁하거나 또는 사유재산제도를 부인하는 것을 목적으로 결사(結社)를 조직하거나 또는 그 사정을 알고 이에 가입한 자는 10년 이하의 징역 또는 금고에 처한다."이다. 1928년 6월 개정 치안유지법 제1조는 "국체를 변혁할 목적으로 결사를 조직한 자 또는 결사의 임원, 기타 지도자적인 임무에 종사한 자는 사형 또는 무기 혹은 5년 이상의 징역 혹은 금고에 처하며, 그 사정을 알고 결사에 가입한 자 또는 결사의 목적수행을 위해 행위를 한 자는 2년 이상의 유기징역 또는 금고에 처한다."이다. (鈴木敬夫, 1989, 『法을 통한 朝鮮植民地 支配에 관한 硏究』, 고려대 민족문화연구소, 참조)

[43] 水野直樹, 이영록 역, 2002, 「朝鮮에 있어서 치안유지법 체제의 식민지적 성격」,

잡지 『법률전선』

후세는 치안유지법 제정과정부터 인권을 유린하는 악법이라고 결사반대하였다. 이 법이 제정된 이후에도 후세는 신문 및 잡지 기고, 강연회 등을 통하여 지속적으로 반대하였다. 예컨대 1925년 5월 10일 일월회가 주최한 강연회에서 후세는 '치안유지법에 대하여'라는 주제로 강연하였다.⁴⁴ 후세는 치안유지법에 대항하기 위해 자신이 발행하는 생활운동사 기관지인 『법률전선』을 언론전선의 중요한 거점으로 삼았다. 이 잡지에서 노동자운동·농민운동·차가인(借家人)운동 등의 법률투쟁 전술, 관헌탄압 대상, 재판, 법률, 정치비판, 법률투쟁론의 제기 등을 다루었다. 동시에 각종 운동의 정보를 소개하고 또 운동을 제기하는 장으로서의 역할을 담당하였다. 잡지 『법률전선』은 치안 당국에게 위험한 잡지로 인식되어 빈번하게 발매금지 처분을 받았다.

후세는 각종 정치사회단체를 조직하고 동지들과 연대를 통하여 치안유지법에 저항하였다. 그가 주도하거나 참여한 정치사회단체를 열거하면 〈표 2〉와 같다.

천황제 국가였던 일본제국주의는 천황제를 부정하던 공산당 계열의 단체들에 대한 대대적인 탄압에 들어간다. 1928년 3월 15일 치안유지법 위반 혐의로 일본공산당과 노동농민당 관계자

『법사학연구』 26, 참조.
44 『동아일보』, 1925년 5월 18일 "在東京思想團體 一月會講演, 성황 중에 폐회"

〈표 2〉 치안유지법 제정을 전후하여 후세가 관여한 정치사회단체

시기	단체명, 직위
1926년	일본노동조합총연합회 회장, 노동농민당(勞動農民黨) 고문
1928년 4월	해방운동희생자구원회(解放運動犧牲者救援會) 결성, 법률부장
1931년 4월	해방운동희생자구원회변호사단 결성, 간사장.
1931년 9월	전농전국의회변호사단(全農全國會議辯護士團) 결성, 간사장
1933년 1월	해방운동희생자구원회변호사단과 전농전국회의변호사단을 합병하여 일본노농변호사단(日本勞農辯護士團) 결성

1,600명을 전국적으로 일제히 검거하였다. 이를 공산당 3·15사건이라고 한다. 1929년 4월 6일에도 제2차 일본공산당에 대한 탄압이 일어나, 전국적으로 약 5,000명이 체포되었다. 이를 공산당 4·6사건이라고 한다.

공산당 3·15사건이 발생하자 피고인의 법률 변호 및 가족들의 생계문제가 대두되었고, 이들을 구원하자는 사회운동이 일어났다. 후세는 자유법조단 회원들과 이 운동에 참여하여 마침내 해방운동희생자구원회를 결성하는 데 일조하였다. 1928년 4월 7일 해방운동희생자구원회의 결성대회가 도쿄의 협조회관에서 개최되었다. 여기서 후세는 법률부장에 선임되었다.[45] 이후 해방운동희생자구원회 조직은 급속도로 확대되어 갔다. 같은 해 6월에는 구원주간(救援週刊)을 설정하여 '노동자, 무산시민은 즉시 구원회로'라는 슬로건을 내걸고 전국적 운동을 전개하였다.[46]

45　森正, 2014, 『評傳 布施辰治』, 日本經濟評論社, 637-638쪽.
46　해방운동희생자구원회는 1930년 8월 非合法下에서 제2회 전국대회를 개최하고 국제적색구원회[모플, MOPR]에 가맹하는 것을 결정하여 정식명칭을 모플지부 일본적색구원회로 하였다. 다만 후세는 국제적색구원회와 관계를 맺는 것에 대해 반대한 것으로 보인다(森正, 2014, 『評傳 布施辰治』, 日本經濟評論社, 653-654쪽).

일본공산당사건 변호인단, 하단 중앙 후세

그런데 공산당 3·15사건으로 전국에서 1,600명이 검거되었기 때문에, 그 재판은 각 지방별로 진행되었다. 그 해 후세는 '극좌변호사'로 불릴 정도로 공산당사건 관련자들을 위한 변호활동에 열과 성의를 다하였다. 공산당 3·15 오사카사건 변호, 공산당 3·15 니가타사건 등 여러 지역을 뛰어다니며 최선의 변호활동을 전개하였다. 그런 그를 치안당국은 가만히 놔두지 않았다. 1929년 8월 13일 오사카지방재판소에서 공산당사건 변론 당시 피고인들이 격렬한 법정투쟁을 벌였다. 그러자 후세가 배후에서 이를 선동했다고 날조하여 도쿄공소원의 징계재판소에 기소하였다. 후세는 징계재판 진행 중에 또 다른 혐의로 추가 기소되었다. 즉 1930년 8월 『법률전선』 제8권 12호 「공산당사건법정투쟁 특집호」가 문제가 되어 신문지법 위반 혐의로 도쿄구재판소에 기소되었다. 특집에 수록된 후세의 논문 등이 안녕질서를 문란하게 한다는 것이었다. 후세는 기소된 이후 대심원까지 투쟁하였으나, 유죄가 확정된다.

1931년 4월 후세는 해방운동희생자구원변호사단을 결성하고 간사장이 되었다. 이 무렵 자유법조단은 거의 활동하지 못하고 있었다. 그 이유는 소속 단원 각자가 정치운동, 노동·농민운동의 각파에 소속되어 조직적 활동을 할 수 없었다. 게다가 단원 중 사회민주주의계열의 변호사들이 점차 전투성을 잃어가고 있었다. 또한 해방운동희생자구원회 측에서 본회 내에 변호사의 결성을 추진하였는데, 후세가 이를 거절하고 자신의 법률사무소 소속 변호사들을 중심으로 독자적인 변호사단체를 만들었다. 동년 9월에는 전농전국회의변호사단을 결성하고 간사장이 되었다.

그런데 1932년 11월 대심원 징계재판소에서 변호사제명의 판결이 확정되어 변호사직을 박탈되었다.[47] 1933년 1월 해방운동희생자구원변호사단과 전농전국회의변호사단이 합병하여 일본노농변호사단이 되었다. 같은 해 3월 신문지법 위반 혐의 역시 대심원에서 상고기각 되어, 금고 3개월이 확정되었다. 4월 5일 후세는 죄인의 신분으로 도쿄 도요타마(豊多摩)형무소에 수감되었다. 옥중에 있을 때 동료 변호사들이 전향했다는 소식을 종종 들었다. 그럼에도 후세는 "나는 이번 수감 생활로 파쇼에 반대하는 투쟁을 더욱 격렬히 하게 되었다"고 투쟁의지를 다졌다. 7월 20일 후세는 만기 출소하였다.

그러나 1933년 9월 일본노농변호사단이 치안유지법 위반 혐의로 일제히 검거되었다.[48] 후세 역시 체포되었다. 기소 이유는 그

---

47 『동아일보』, 1932년 11월 15일 "布施辰治辯護士 職權을 剝奪".
48 『동아일보』, 1933년 9월 14일 "警視廳特高課活動 赤色辯護士總檢擧 布施辰治等"

들이 일본공산당의 목적을 위해 변호했다는 것이었다.

후세는 처음 연행될 때부터 다음해 2월 이치가야형무소의 미결감방에 들어가서도 기소될 이유가 없다며 강력하게 항의하였다.

> 해방운동희생자구원변호사단과 전농전국회의변호사단에 공산당 프락치가 있든 없든 제 알 바 아닙니다. 제가 공산당사건 변호에 혼신의 힘을 기울인 것은 국가권력이 그들에게 인권 유린을 자행했기 때문입니다. 따라서 공산당사건에 깊은 관심을 보인 변호인을 치안유지법 위반으로 검거한다면 앞으로 이 사건을 변호할 사람은 아무도 없을 것입니다. 이는 공산당 피고에게서 변호인을 선임할 권리를 빼앗는 것입니다. 근대국가에서 도저히 용납할 수 없는 행위입니다.[49]

후세와 함께 기소된 변호사는 한두 명을 제외하고 '공산당의 목적을 수행하기 위해 변호사단을 결성하고 변호 활동을 했다'고 진술했다. 이처럼 기소된 변호사 대부분이 상대가 원하는 대로 인정하고 전향을 맹세해 제1심 판결에서 집행유예 판결을 받자 후세는 용기 없는 태도라고 비난했다. 그 사이 일본 황태자의 생일을 기념하여 행해진 사면에 의하여 변호사자격을 다시 회복하였다. 후세는 1935년 3월 보석으로 석방되었다. 이후 도쿄의 유명 가부키 극단인 전진좌(前進座)로부터 연극연구소 건설에 관한 법률 상담을 맡았다. 이때 친분을 맺은 연극 관계자들과 평생을 교류하며 지냈다.

1937년 11월 도쿄에서의 활동이 자유롭지 못하자 고향인 센

32명被逮".
49　후세 간지 지음, 황선희 옮김, 2011, 『나는 양심을 믿는다』, 현암사, 126-127쪽.

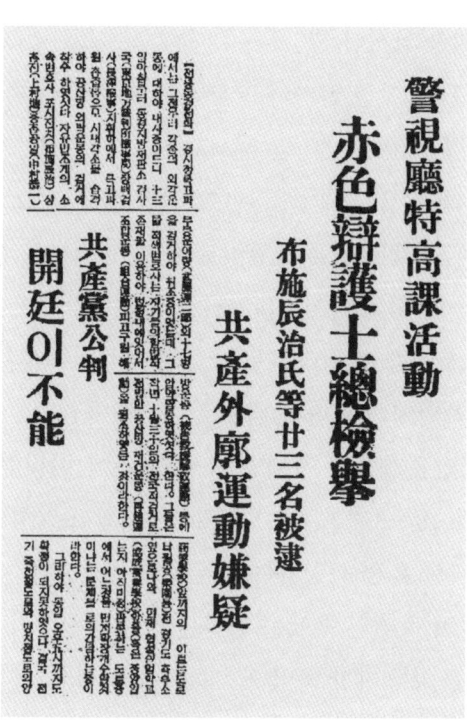

후세 다츠지 체포 기사
(『동아일보』, 1933. 9. 14.)

다이[仙台]변호사회에 등록하고 변호사로 활동하였다. 그러나 1939년 5월 일본노농변호사단의 치안유지법 위반사건이 대심원에서 상고기각 되어 징역 2년이 확정되었다. 이에 따라 6월 8일 센다이변호사회 변호사등록도 말소되었다. 6월 26일 지바형무소에 다시 수감된 후세는 1940년 7월 신무(神武)천황 즉위 기원 2000년을 기념해 특사로 감형되어 출옥하였다. 그는 출소하던 해에 환갑이 되었다. 출소하는 날 아침 "내가 여생을 바쳐 나라를 위하는 데 유일하고도 가장 크게 의지하는 것은 천고에 길이 빛날 양심의 빛이다."라는 말을 남겼다.

후세가 검거된 이후 일가의 생활비는 모두 아내 미츠의 노력으로 꾸려나갔다.[50] 1933년 9월 후세가 도쿄 다카다 조시가야의 사무소 겸 주택에서 검거되었을 때 그 집을 팔고 도쿄 도쓰카에 적당한 집을 산 뒤 남은 돈을 생활비로 썼다. 이후 집값이 계속 오르면서 두세 번 더 집을 사서 이사했고, 그때마다 상당한 차익을 남겼다. 1943년 여름 태평양전쟁을 피할 겸 가나가와현 즈시마치 시고츠보의 해안에 구입한 주택으로 이사했다.

그러나 치안유지법은 후세만을 노린 것이 아니었다. 1944년 2월 4일 그의 3남 모리오[杜生]가 치안유지법위반 혐의로 수감 중 교토형무소에서 옥중 사망하는 비극이 발생하였다. 이 시기 자식을 가슴에 묻어야 했던 후세는 전향을 강요하는 심리적 압박 속에 고독한 나날을 보내야만 하였다.

---

[50] 후세 간지 지음, 황선희 옮김, 2011, 『나는 양심을 믿는다』, 현암사, 130-131쪽.

6

해방 이후,
재일한국인의 동지이자
벗으로 살다

신생독립국 조선을 위해 헌법초안을 만들다

1945년 8월 일제가 패망하자 후세는 자유법조단을 재결성하고 고문에 선임되었다. 그해 10월 10일 정치범의 석방과 출옥을 환영하는 '자유전사출옥환영인민대회'가 도쿄 다무라에 있는 비행회관에서 열렸다. 후세는 개회인사를 하고 자신의 건재함을 세상에 알렸다.[1] 또한 12월 8일에는 도쿄에서 출옥한 박열을 위해 환영회를 열어주기도 하였다.

후세는 바쁜 와중이던 동년 12월에 「조선건국헌법초안사고」를 대외적으로 공개하였다.[2] 이 초안을 작성한 이유에 대해 후세는 "나의 독자적인 국가관과 세계관을 엮은 민주국가 건설의 구체적인 구상을 가장 자유로운 조선 건국의 헌법초안에 표현하고 싶다. 오랜 세월 조선의 독립운동에 협력하고 있었던 동지 중 한 단체가 조국 탈환의 환희를 조선의 삼천만 동포에게 전할 수 있는 최대의 선

1 후세 간지 지음, 황선희 옮김, 2011, 『나는 양심을 믿는다』, 현암사, 133쪽.
2 후세의 「조선건국헌법초안사고」에 대해서는 다음의 논문 참조. 김창록, 2015, 「후세 타쯔지(布施辰治)의 법사상」, 『法學研究』 제26권 제1호, 충남대학교 법학연구소 ; 정종섭, 2010, 「布施辰治의 「朝鮮建國憲法草案私稿」에 관한 研究」, 『서울대학교 法學』 제51권 제1호, 서울대학교 법학연구소.

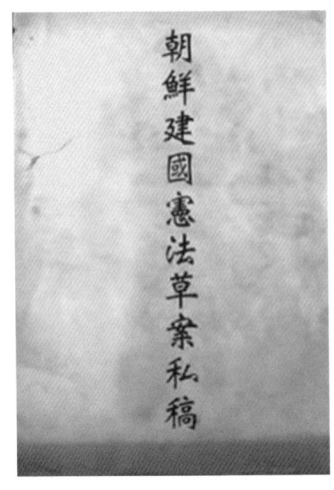

조선건국헌법초안사고

물로 가져가고 싶다는 의견이 일치하여 작성하게 되었다"고 밝혔다.[3]

「조선건국헌법초안사고」는 위에서 아래로 세로쓰기로 되어 있고, 각 조문에는 해당 조문의 취지를 해설로 붙여 놓았다.[4] 총 제7장 제63조로 구성되었다. 기본취지를 설명하는 서문에 이어 제1장 통치권, 제2장 대통령, 제3장 의회, 제4장 입법, 제5장 사법, 제6장 국민의 권리, 의무 제7장 회계 등 제7장 63개 조문으로 구성되었다. 각 조문마다 규정 취지가 부기되어 있으며, 전문과 부칙은 붙어 있지 않다.

다음에서는 초안 내용 중 제1장과 제6장을 번역하여 제시하였다(후세 본인이 첨가한 해설을 밑줄로 표시하였다).

---

[3] 布施辰治, 1947, 「朝鮮人民に與ふ-朝鮮獨立憲法草案について-」, 『國際』제2권 제6호.(布施辰治資料研究準備會, 2002, 『石卷文化センター所藏 植民地關聯資料 1 朝鮮編』, 83-87쪽)

[4] 원문은 『世界評論』 1946년 4월호에 처음 발표되었다. 여기서는 布施辰治資料研究準備會, 2002, 『石卷文化センター所藏 植民地關聯資料 1 朝鮮編』, 70-82쪽에 실린 것을 참조하였다.

제1장 통치권

본장에서는 헌법조항의 기반으로써 가장 중요한 통치권의 소재 및 통치권의 행사에 관한 근본방침을 규정한다.

제1조 조선국은 조선국민이 향유하는 통치권에 의하여 이를 통치한다.
　　본조는, 통치권이 국민에게 있음을 명확하게 하는 헌법민주화의 정문(正文)이다.

제2조 조선국민인 자격은 아래 각호에 따라 이를 정한다.
(1) 조선국민을 부(父)로 하여 조선국민인 모(母)에게 출생한 자(子)는 출생지가 조선국영토의 내외인지를 묻지 않고 이를 조선국민으로 한다.
(2) 조선국민을 부(父)로 하여 조선국민이 아닌 모(母)에게서 출생한 자(子)는 출생지가 조선국영토의 내인 경우에는 이를 조선국민으로 하고, 출생지가 조선국영토의 외인 경우에는 모(母)의 동의에 따라 이를 조선국민으로 한다.
(3) 조선국민이 아닌 자를 부(父)로 하여 조선국민인 모(母)에게서 출생한 자(子)는 부(父)의 동의에 따라 이를 조선국민으로 한다.
(4) 조선국민인 남자와 결혼한 여자는 조선국민으로 한다.
(5) 계속(繼續)하여 10년간, 단속(斷續)하여 20년간 조선영토 내에서 생활의 본거를 가지고 정주(定住)한 자는 이를 조선국민으로 한다.
(6) 조선국영토 내에 주된 사무소를 가진 법인(法人)은 이를 조선국민으로 한다.
　　본조는 민주적 헌법의 주권소재를 천명하는 국민의 자격에 관해, 인종 및 민족과 국민 자격의 관계를 가장 진보적 정치지리학적으로 규정한 정문이다.

제3조 통치권은 헌법의 조규(條規)에 의거하여 조선국대통령이 이를 행한다.
　　본조는 국민의 총의를 결집하는 국가는, 총합법인(總合法人)인 것을 명확하게 하는 동시에, 대통령은 그 기관이라는 점을 명확하게 한 정문이다.

제4조 대통령은 법률에 따라 체포, 감금, 심문, 처벌을 거부할 수 있다. 다만, 대통령은 국민생활의 의표(儀表)를 수범(垂範)할 자숙(自肅)을 요한다. 의회에 의하여 자숙의 불충분이 결의된 대통령은 본항의 거부권을 상실한다.
　　본조는 대통령의 불가침권을 신비한 것으로 보지 않고, 어디까지나 인간적으로 합리화한 창의적 정문이다. 단서는 대통령의 인격, 수양을 요망하고 국민생활이 의표하는 도의적 규정이다. 최후의 거부권상실에 관한 규정은 만일의 경우에 대비한 것이다.

제5조 조선국은 아래 열 가지 국시(國是)로써, 세계인류문화의 진전에 즉응(卽應)할 것을 통치방침으로 한다.
(1) 조선국민에 대한 내외폭력의 침압(侵壓) 방지
(2) 조선국민의 생활문화를 향상하는 복지 증진
(3) 인류양심이 지향하는 국가우호친애의 세계관 확립
(4) 생물본능이 지향하는 생명존중의 인생관 확립
(5) 인종적 차별의 편견을 철폐하는 인종평등관의 확립
(6) 민족정신의 특수성을 존중하는 민족협조의 세계문화 확립
(7) 세계 각국의 적지(適地), 적작(適作), 적종(適種), 적산(適産)의 경제물자를 유무상통(有無相通)하는 경제협조의 확립
(8) 적성적능(適性適能), 적재적소(適材適所)의 부서담당을 공통하는 노동협조의 확립
(9) 조선국민의 일시동인(一視同仁), 특권계급 시정(施政)의 철저한 배격
(10) 조선영토 내의 특수민정 및 특수지세(地勢)의 중시, 획일주의시설의 적의조정(適宜調整)

본조는 세계에서 참 민주주의적 조선의 독립건국을 선구(先驅)하고, 우애평화주의국가의 기치를 내건 조선국민의 양심적 숨결을 말하는 창의적 정문이다.

제6장 국민의 권리, 의무

본장에서는 국민의 권리, 의무를 규정한다.

제48조   조선국민은 조선국 영토 내에서 아래 각호의 권리를 향유(享有)한다.
(1) 조선국민은 통치권을 행사하는 국정에 참여하는 관청공서(官廳公署)의 부서(部署)에 취직할 자유
(2) 거주 및 이전의 자유
(3) 사법권의 행사에 의거하지 않은 체포, 감금, 심문, 처벌 및 거부권 행사의 자유
(4) 주거안정을 확보하는 침입거부 및 퇴거의 요구권을 행사할 자유
(5) 신서(信書)의 비밀 및 통신의 자유
(6) 신념 및 신교(信敎)에 관한 사상의 자유
(7) 언론 및 집회, 결사, 인행출판(印行出版)의 자유
(8) 생활필수물자 소비의 자유
(9) 입학, 전학, 퇴학의 자유
(10) 의원법(議院法)에 따른 건의권(建議權) 및 청원권(請願權) 행사의 자유

> 본조는 일본헌법과 같은 일권일조주의(一權一條主義)에 따르지 않고, 일조의 권리를 집약적으로 열거하는 주의를 채택한 것이다. 각종의 권리는 일독자명(一讀自明)하다고 생각하는데 (8)의 생활필수물소비의 자유는 소유권의 자유를 극한화(極限化)한 것이다. 또한 법률의 범위 내, 또는 법률이 정한 바에 따라서라고 말한 규정은 당해 법률의 필연효과로써 특별히 정문화할 필요 없는 것으로 그 문자를 배척한 것이다.
>
> 제49조 조선국민은 조선국 영토의 내외를 묻지 않고 세계 각국의 전인류에 공통하는 전조의 권리를 존중하고 양심적으로 행사할 자숙(自肅)의 의무를 진다.
> 본조는 조선민족이 세계적으로 발전하는 인간적 수양의 자숙에 의해 전세계의 인류에 대하여 세계 각국에서도 세계인으로써 대우받는 것을 목표로 하는 참다운 우호평화주의 조선국헌법의 창의적 정문이다.
>
> 제50조 조선국민은 조선국 영토 내에서 아래 각호의 의무를 부담한다.
> (1) 법률에 따른 납세의 의무
> (2) 법률에 따른 근로 봉사. 다만, 조선국 영토 외에서 납세 및 근로봉사의 의무는 별도의 법률로 정한다.
> 본조는 국민의 의무에 관한 규정이다. 병역의 의무는 없어졌는데, 근로봉사의 의무는 근로봉사법을 제정하여 그 남용을 막음과 동시에, 청년훈련을 위해 필요하다고 생각한 규정을 약속한 것이다. 단서는 섭외관계를 고려하여 이를 정하는 뜻으로 둔 규정이다.

제1장에서는 제1조에서 "조선국은 조선국민이 향유하는 통치권에 의해 이를 통치한다"라고 하여 조선국민이 통치권의 주체임을 밝히고, 제4조에서는 "대통령은 법률에 의한 체포, 감금·심문·처벌을 거부할 수 있다"고 하여 대통령의 면책특권을 규정하는 동시에, "단 대통령은 국민생활의 의표(儀表)를 수범하여 자숙할 것을 요한다. 의회에서 자숙이 불충분하다고 결의된 경우에는 대통령은 거부권을 상실한다"라는 단서 조항을 두었다.

제2장에서는 대통령과 부통령의 공선(제6조), 대통령의 4년 임기와 1회 연임(제7조), 대통령 궐위 시 부통령의 승격과 승격에

대한 의회의 신임투표(제8, 9조), 중앙 및 지방 행정기구 장관의 공선(제10조), 부통령을 수반으로 하고, "국민의 총의를 수렴한 정당"에 의해 구성되는 정부의 조직(제11조), 대통령의 의회 결의 거부권, 의회 해산권 및 의회 정회권(제14, 15, 16조), 대통령 및 정부의 의회에 대한 연대책임(제19조), 대통령의 국제분쟁에 관한 비상조치권(제20조) 등이 주목된다.

제3장에서는, 국민의 직접공선에 의한 1부와 시정촌(市町村) 및 경제, 문화 등 법적으로 인정된 단체의 공선에 의한 2부에 의한 의회의 1원2부제 구성(제22조), 의회의 대통령 불신임 및 정부 퇴양(退讓) 결의권(제33조), 재적의원 5분의 1이상의 다수에 의한 의사 결정(제37조), 의원의 면책특권(제39조), 본회의 일수 5분의 1이상에 해당하는 일수의 공개강연회 개최를 통한 의원의 의회활동 보고의무(제40조) 등을 담았다.

제4장에서는 법률은 대통령의 통치권을 행사하는 기본방침이며, 의회의 협찬을 얻어 제공한다라고 한 점(제41, 42조), 그리고 제5장에서는 사법 및 검사국의 장관 공선제(제46조) 등이 주요 골자이다.

제6장에서는 국민의 권리를 10개 항목으로 규정하였는데 그 중에 (8) 생활필수물자 소비의 자유, (9) 입학·전학·퇴학의 자유가 포함되어 있는 점(제48조), 국민의 의무로서 병역의 의무는 의식적으로 배제하고 납세와 근로봉사의 의무만을 규정한 점(제50조) 등이 주목된다. 제7장에서는 제63조에서 국민에게 비판의 기회를 부여한 다음 의회 재적인원 5분의 4 이상의 동의로 헌법을 개정할 수 있도록 하였다.

위 내용 중 '후세의 법사상'이라는 관점에서 특별히 주목되는 것은, 후세가 국시에 관한 규정에서 문화, 양심, 우호·친애, 생명

존중을 강조했다는 점이다. 이것은 묵자에게서 유래하는 겸애주의와 톨스토이에게서 유래하는 인도주의의 연장선상에 있는 후세의 세계관·인생관이 반영된 것이라고 보아 무리가 없을 것이다.[5] 그리고 병역의 의무를 의식적으로 배제한 점과 연관 지워 생각하면, 이러한 국시는 곧 평화주의로도 연결된다고 볼 수 있다.

실제로 후세는 1947년 6월 발표한 글에서 "너무 추상적인 표현이 많았다는 점을 반성한다"라고 하면서, 특히 국시 중 (3)과 (4)는 명백히 세계평화 확립을 위해 침략전쟁의 절멸을 의도한 것이라고 부연하였다. 그리고 일찍이 다른 나라를 침략한 적이 없는 조선의 민주헌법은 보다 적확하고 명확한 국시로서 (1) 생명본능이 지향하는 생명존중의 인생관을 기조로 하는 조선국민은, 국민의 생명을 경시하는 조국 승리 절대지상주의의 전쟁교육을 철저하게 금지하는 동시에, 전 세계의 모든 인류와 모든 국가에 대해 전쟁교육의 금지를 제창한다. (2) 인류 양심을 지향하는 친애의 세계관을 기조로 하는 조선국민은, 전 인류의 문화와 행복을 파괴하는 폭력지상주의에 의해 국가 간의 분쟁을 해결하고, 강자 절대의 국제질서를 강제하는 전쟁의 위하 및 그 준비와 실천을 가능하게 하는 일련의 전쟁행위를 절대적으로 포기하는 동시에, 전 세계의 모든 인류와 모든 국가에 대해 전쟁의 포기를 권유한다라는 규정으로 표현했어야 했다고 밝혔다.

후세가 신생독립국가인 조선국을 상정하고 구상한 헌법안은 조선국민이 주권자인 국민주권주의에 근거한 독립주권국가인 동시에 민주국가를 실현하는 것이었다.[6] 조선국이 추구하고 지향하

5 김창록, 2015, 「후세 타쯔지(布施辰治)의 법사상」, 『法學硏究』 제26권 제1호, 73쪽.
6 정종섭, 2010, 「布施辰治의 「朝鮮建國憲法草案私稿」에 관한 硏究」, 『서울대학교 法

는 국가적 기본가치를 국시(國是)라고 정하여 정상적인 국가가 추구하는 가치를 정하였다. 조선국이라는 명칭은 종래 조선시대부터 조선을 부르던 명칭이어서 이를 따른 것으로 판단된다.

이러한 주권적 독립국가에서 조선 국민은 헌법상의 참정권과 자유권을 보장받으며, 납세의무와 근로봉사의무를 부담하였다. 근로봉사의무는 사회주의나 공산주의계열에서 주장하던 내용이었다. 특히 기본권을 올바로 행사하여야 하는 의무를 두었다. 정부형태에서는 대통령 직선의 혼합제정부를 구상하였으며, 사법제도는 철저하게 배심재판제도로 하였고, 사법에 민주주의적 정당성을 부여하는 것에 큰 특징이 있다. 헌법의 개정은 국민투표가 아니라 의회에 의한 개헌방식을 취하였다.

이러한 점을 보면, 후세의 헌법안구상은 하나의 헌법안으로 기본적인 내용을 모두 포함한다고 할 수 있다. 전체 제1장 통치권, 제2장 대통령, 제3장 의회, 제4장 입법, 제5장 사법, 제6장 국민의 권리, 의무 제7장 회계 등 63개의 조항으로 이루어진 이 헌법안구상은 실제 헌법제정작업을 추진할 경우 이를 구체화할 후속작업만 보완하면 될 정도로 완성도 있는 법안이었다.

1945년 당시 대한민국임시정부는 1944년 4월 22일 제5차 개헌을 통하여 개정한 헌법이 있었고, 여기서도 국민의 권리와 의무를 보장하고 있었다. 당시의 헌법인 대한민국임시헌장은 전체 62개 조항으로 되어 있었는데, 제1장 총강, 제2장 인민의 권리의무, 제3장 임시의정원, 제4장 임시정부, 제5장 심판원, 제6장 회계, 제7장 보칙이다.[7] 이 헌법에서 인민의 권리와 의무를 규정하는 방식

學』제51권 제1호, 125-133쪽.
7   김광재, 2017, 『대한민국 헌법의 탄생과 기원』, 월비스, 104-112쪽.

은「대일본제국헌법」과 같이 개별 기본권과 의무를 각각 개별 조항으로 규정한 것이 아니라 기본권과 의무를 각각 하나의 조항에 통합하여 규정하는 방식을 취하였다. 이는 후세의 안과 동일하다.

후세 자신도「조선건국헌법초안사고」를 집필할 때, 이미 미합중국, 영국, 중국의 중경, 모스크바 등으로부터 귀환하는 조선의 독립운동지도자들이 각기 헌법초안을 작성하는 데 착수했다는 것을 듣고 일본에서 귀환하는 독립운동투사들도 헌법초안이 필요하겠다는 생각으로 이를 집필한 것이라고 밝혔다.[8] 따라서 건국 당시 1945년에 일본인이 조선의 헌법초안을 만든 사실이 의미 있는 것이 아니라, 재일조선인인 독립운동세력들이 구상하고 생각했던 헌법의 내용이 무엇이었던가 하는 점이 의미를 가진다고 할 것이다. 그것도 후세가 재일조선인 독립운동지도자들과 깊이 논의하고 검토했다는 전제 하에서 그러하다.

해방 직후 국내에서 헌법 초안을 만드는 작업은 대한민국임시정부의 내무부장 신익희가 행정연구위원회를 조직하여 헌법안과 정부조직법안 등 건국에 필요한 법안들을 준비하는 것으로 시작되었다. 이 행정연구위원회 헌법분과위원회는 바이마르헌법과 중화민국헌법초안 이외에 외국의 많은 헌법을 참고하여 헌법안을 구상하였다.[9] 따라서 해방 당시 우리의 지도자들은 이미 후세보다는 더 나아간 헌법실천의 경험을 가지고 있었을 뿐 아니라, 권력구조 문제에서도 중국에서 활동한 조소앙, 신익희, 김구 등을 위시한 독립운동지도자들이나 미합중국에서 활동한 이승만, 안창호 등을 위시한 독립운동지도자들이 후세보다 더 깊이 이 문제

---

8 「朝鮮建國憲法草案私稿」序文 참조.
9 김수용, 2008,『건국과 헌법』, 경인문화사, 21쪽

에 대하여 생각하여 왔다고 보아야 할 것이다.

이런 점에서 후세의 「조선건국헌법초안사고」에서는 그 내용이 가지는 의미를 분석해보는 것이 더 의미가 있다. 후세의 「조선건국헌법초안사고」에서 무엇보다 눈에 띄는 것은 권력구조에서 민주주의 원리를 매우 강조하여 이를 관철하는 정부형태를 구상한 점과 당시에는 흔치 않던 혼합제정부를 구상한 점이다.[10] 다만 이러한 구상이 후세 혼자 생각한 것인지 아니면 다른 사람과 논의를 거쳐 구상된 것은 분명하지 않다.

후세의 「조선건국헌법초안사고」는 불충분한 점이 발견되기는 하지만, 헌법이 담아야 할 기본적인 내용을 대부분 포함하고 있을 뿐만 아니라, 상당히 체계적으로 성문화되어 있다는 점에서 주목되어야 할 것이다.[11] 그리고 무엇보다, 패전 직후의 시점에서 "조선의 독립건국에 한 초석을 이루는 헌법 제정에 협력하는 것은, 30년의 변함없는 교의(交誼)를 맺어온 조선의 여러 동지에게 보답하는 나의 환희와 일생의 영광이며, 조선독립건국의 완성을 기원하는 마음"으로 '조선'의 헌법초안을 만들고 제시할 수 있는 일본인은 후세 이외에는 없었다는 사실은 분명하다.

후세는 「조선건국헌법초안사고」를 집필할 무렵에 패전한 일본의 헌법에 대해서도 집필하였다. 1946년 1월 1일자로 『타도? 지지? 천황제 비판 헌법개정(私案)』(이하 『헌법개정안』)을 출간하여[12] 일본헌법의 개정안을 제시하였다. 『헌법개정안』은 천황제를

[10] 정종섭, 2010, 「布施辰治의 「朝鮮建國憲法草案私稿」에 관한 硏究」『서울대학교 法學』제51권 제1호, 142쪽.
[11] 김창록, 2015, 「후세 타쯔지(布施辰治)의 법사상」『法學硏究』제26권 제1호, 충남대학교 법학연구소, 76쪽.
[12] 布施辰治, 1946, 『打倒? 支持? 天皇制 批判 憲法改正(私案)』, 新生活運動社.

설명한 서문과 8개 장 58개 조문으로 구성되었다. 전체적으로 보면 천황제를 채택한 점을 제외하고는 「조선건국헌법초안사고」와 거의 유사하다.

『헌법개정안』의 핵심은 '제3장 천황'이다. 일본 패망 전의 대일본제국헌법에서는 제1장에서 천황을 광범위한 대권을 가진 존재로 규정하였다. 이에 비해 『헌법개정안』에서는 '제2장 의회' 다음인 제3장에서 다루는 한편, 천황대권은 모두 배제되었다. 제3장에 규정된 천황의 권한은 "국민의 독행(篤行)에 대해 직접 상을 주거나 정부에 상을 제의하는 것과 정부에 은사의 실시를 제의하는 것" 뿐이라는 점에서 분명 현저한 변화를 담고 있다. 하지만, 통치권을 행사하는 정부는 '의회 및 천황에 대해' 책임을 지도록 되어 있고, 조약은 '천황의 비준'을 거치도록 되어 있다. 뿐만 아니라 천황의 장 첫머리에 "천황은 만세일계(萬世一系)의 황남자손(皇男子孫)이 이를 승계한다"라고 규정되어 있다. 이 점은 패망 전과 연속되어 있다고 볼 수 있다.

후세의 『천황제 비판』

패전 후 일본사회는 신헌법제정을 추진하였는데, 핵심은 천황제와 민주주의를 어떻게 다룰 것인가 하는 사상적 논쟁이었다. 첫째는 천황=국체호지(國體護持)사상이고, 둘째는 국체개혁사상이며, 셋째는 국체폐절(國體廢絶)사상이다. 당시 지식인과 대다수 국민들은 국체개혁사상에 기반한 국민주권을 지양하는 일본적 민주주의론을 내세운 이른바 상징(象徵)천황제를 지지하였다. 후세 역시 이와 유사한 입장에 서 있었던 것으로 보인다.

후세는 헌법에서 천황제를 규정한 이유에 대해 『헌법개정안』의 앞에 실은 「타도? 지지? 천황제의 비판」이라는 글에서 설명하고 있다. 즉 일본의 민주화와 국체호지의 조정이라는 부제의 글에서 천황제는 궁극적인 소멸될 것이 자명하다고 하였다. 다만 일본에서의 데모크라시의 생장의 시대차이를 고려하여 군(君)과 민(民) 두 마음이 일체를 이루는 일본적 민주주의의 정치이념, 곧 일본의 민주주의와 국체호지를 조정하는 데 도움이 되는 군주입헌정체로서의 천황제를 주창하였다. 그 배경에는, 일본인들을 전쟁으로 몰아간 군벌과 관료, 재벌의 폐악을 억누르고 1억 국민을 전쟁 참화의 희생으로부터 구해내기 위해 종전(終戰)의 성단(聖斷)을 내린 폐하의 성심(聖心)은 1억 국민이 감사·감격을 금할 수 없는 천은(天恩)이고 황은(皇恩)이었다는 인식이 자리잡고 있었다.[13]

게다가 후세는, 천황제의 타도를 이론적으로 수용하는 국민이 10명 중 1명인 현실 속에서, 천황제가 다수 일본인의 미신적인 지지 속에 존재하는 신성이념임을 고려할 때, 전면적 천황제 타도론은 사상대책의 방법론이 될 수 없으며 관념좌익의 소아병적 유희에 불과하다고 생각하였다. 그래서 후세는 천황제 타도로 나가기 위해서는 '전술'이 중요하다고 여겼다. 즉 일본국민의 사상진화에 대한 믿음을 전제로, 자신의 조정론에 의한 실질적인 천황제 타도를 계몽하면서 천황제가 불필요하다는 사실을 실감하게 하여 천황제 지지자의 미신적 집착을 해소하고, 의심을 품은 자들을 천황

---

13 김창록, 2015, 「후세 타쯔지(布施辰治)의 법사상」 『法學硏究』 제26권 제1호, 충남대학교 법학연구소, 78-79쪽.

제 타도론으로 이끄는 사상대책의 전술로서, '약한 천황제'를 주장한 것이었다. 그리고 약한 천황제는 결국 황남자손인 가계 계승자가 없는 경우, 상하 모두 현실적인 천황제의 폐지를 받아들이게 될 것이라고 전망하였다.

 당시 일본 국민의 여론에서 천황제 존치가 절대적으로 우세하였다. 그러한 상황에서 후세의 『헌법개정안』은 비교적 합리적이고 온건한 헌법안이라고 볼 수 있다.[14] 하지만 천황제는 일본제국주의의 뿌리였다. 일제의 침략전쟁과 식민지 지배는 천황의 이름으로 이루어진 것이었고, 천황이 없었으면 불가능한 것이었다. 그럼에도 후세는 누구보다도 앞서 일본제국주의를 비판했고, 천황의 이름 아래 탄압받는 식민지 조선인들을 적극 옹호, 변호한 인물이었다. 게다가 후세 자신이 천황을 떠받드는 국체 유지를 위한 치안유지법 때문에 옥고를 치렀다. 뿐만 아니라 아들 역시 이 법 때문에 옥사하는 쓰라린 아픔까지 경험하였다. 따라서 후세의 '약한 천황제'는 메이지시대에 태어나 '다이쇼 데모크라시'를 경험한 세대가 가진 한계일지도 모른다. 현재 일본 상황은 후세의 '전술'과 '전망'과는 달리 천황제와 군국주의를 지향하는 극우세력이 일본 사회를 이끌고 있다. 그가 만약 살아있다면 이를 어떻게 해석할지 궁금하다.

---

14 김창록, 2015, 「후세 타쯔지(布施辰治)의 법사상」 『法學硏究』 제26권 제1호, 충남대학교 법학연구소, 79쪽.

재일한국인의 권리획득운동과 연대

해방 이후 후세는 새로운 평화헌법의 보급과 계몽에 힘쓰고 미점령군과 일본 정부의 횡포로부터 재일한국인의 권리를 보호, 획득하려는 투쟁에 온힘을 쏟았다. 밀조주(密造酒)사건(일명 막걸리 사건), 조선국기게양사건 등 재일한국인과 관련된 다수의 사건에서 변호활동을 하였다. 재일한국인에게 선거권과 피선거권을 주어야 한다고 주장하며, 재일한국인과 변함없는 연대투쟁을 전개하였다. 그 가운데 후세와 재일동포사회에 지대한 영향을 끼친 사례가 한신(阪神)교육투쟁 사건이다.[15]

패전 직후 일본에 있던 약 200만 명의 조선인은 140만이 귀국하고 60만이 일본에 남게 되었다. 잔류를 선택한 60만의 재일조선인들에게는 그들 나름대로 이유가 있었다. 도일 후의 생활이 오래 되다보니 조선에서의 생활 기반이 취약하여 선뜻 귀국을 선택할 수 없는 불안 요인이 존재하였다. 게다가 재일조선인들이 어렵사리 모은 재산을 반출할 수 없도록 한 미군정의 자본 반출 제한

---

15   김경해 저, 정희선 등 번역, 2006, 『1948년 한신(阪神) 교육 투쟁-재일조선인 민족교육의 원점』, 경인문화사, 참조.

재일본조선인연맹 중앙본부

정책도 문제였다.[16] 또한 귀국을 하던 일본에 남던 조선어를 모르는 아이들에게 조선어를 가르칠 필요가 있었다. 이에 임시방편으로 일본 각지에 국어강습소를 열고 어린이들에게 조선어를 가르쳤다. 그리고 이를 조직화한 것이 재일본조선인연맹이다.

재일본조선인연맹(이하 조련)은 1945년 10월 15일 히비야[日比谷]공회당에서 결성대회를 열고 출범하였다.[17] 조련은 1945년 11월 각 지방본부 문화부장 앞으로 「문화활동에 관한 지지」를 발송하고, 민족교육의 내용을 담은 한글 교재를 제작, 배포하였다. 아울러 한글 강사 지도반을 조직하여 한글강사를 양성하였다.

16 김태기, 1999, 「GHQ・SCAP의 對 재일한국인정책」, 『국제정치논총』 38-3, 한국국제정치학회, 251쪽.
17 이하는 다음의 논문을 참조하였다. 김인덕, 2006, 「해방 공간 재일본조선연맹의 결성에 대한 연구」, 『한일민족문제연구』 10, 한일민족문제학회.

민족학교를 설립하기 전 재일조선인은 국어강습소를 통해 민족교육을 진행하였다. 1946년 1월 조련은 강습소 방식의 한글 교육을 학교 교육 형식으로 재편할 것을 고민하였고, 이에 따라 교재 편찬을 본격적으로 추진하였다. 제2회 중앙위원회에서 문화부 내에 초등교재편찬위원회를 신설하기로 결정하고, 같은 해 2월 초등교재편찬위원를 정식으로 설치하였다. 이렇게 하여 조련 창립과 함께 재일한국인 민족교육은 학교 중심 교육의 조직화, 교사 교육, 교재 편찬 등이 시작되었다.

조련의 민족교육은 청년교육 강화에 주목하였다. 그 방법으로 초등학원을 신설하고, 조련 내부에 정치학원을 설치하여 중등교육을 강화하였다. 그 성과는 1946년 3월 오사카건국공업학교, 오사카조선사범학교, 9월부터 10월까지는 교토, 오사카, 도쿄 등지에 중학교가 개교하는 것으로 나타났다. 그리고 고베에서는 1946년 6월부터 중학교가 만들어졌다. 이 가운데 도쿄조선중학교는 1946년 5월 개교하였는데, 병기창 자리에 철조망을 울타리로 하여 교사를 마련하고 창립되었다. 이렇게 학교는 시작되었으나 학교란 이름뿐이고 칠판도 책상도 걸상도 없는 상태였다. 비라도 내리면 천장에서 빗물이 새는 교실에서 학생들은 공부를 하였다.

조련은 1945년 10월 결성 이후 약 1년 동안 초등학교를 비롯한 학교 교육체계를 확립하였고, 한글 교과서를 사용하여 교육대책위원회 조직을 통해 민족교육 사업을 조직하는 데 성공하였다. 1946년 현재 전국에 500여 개 학교, 학생 수는 6만 명에 달했다.

그런가 하면 1946년 10월 7일 도쿄, 오사카에서 재일조선인생활옹호 전국대회가 열렸다. 이후 재일조선인 사회는 본격적으로 정주(定住)를 통한 일본사회 속의 삶에 주목하게 된다.

재일조선인 사회가 일본 내의 삶에 관심을 갖게 되면서 조련도 민족교육과 계몽에 총력을 쏟았다. 제3회 조련 전체대회에서는 문맹 퇴치, 초등학교와 학교관리조합의 조직 강화 등이 거론되었다. 이에 따라 어린이들을 '진보적 건국이념과 조국애가 넘쳐나는 민주시민으로 양성하는 것'을 목적으로 하는 초등학원의 교육방침을 확정하였다. 즉 조련은 전인교육을 통한 새로운 젊은 세대에 대한 교육을 주장하였다. 다음해인 1947년 1월 조련은 문화부를 문교국으로 승격하고, 문화·학무·출판·조직·서무의 각 과를 두었다. 학무과에서는 교육 사무 전담과 교육 관련 기구 정비를 담당하였다. 그리고 민족교육의 제일주체인 교사 조직으로 재일본조선인교육자동맹을 결성하기로 하는 한편, 초등교육기관의 명칭을 조련초등학원으로 일원화하였다. 이와 함께 조련 제9회 중앙위원회는 교육강령과 교육의 기본이념을 발표하였다.

  조련은 교육강령을 통해 제도화된 교육을 목표로 하였고, 교육의 기본이념에서는 세계시민적 관점에서 민주교육과 노동중시, 남녀평등 문제 등을 거론하였다. 그리고 민족교육을 활성화시키기 위해 교재 편찬의 방침을 정하고, 새로운 기획에 따라 교재를 만들기 시작하였다. 이와 함께 조련 제9회 중앙위원회는 재일본조선인교육자동맹의 결성을 재차 확인하고, 8월 28일 도쿄조선중학교에서 재일본조선인교육자동맹을 출범시켰다. 이 조직의 출범에는 전국의 교원조합 대의원 156명 중 104명이 참가하였다.

  한편 조련은 1947년 7월 신학기부터 일본의 학제에 맞추어 6·3제를 취할 것과 전 4장 46조의 교육규정을 결정하고, 교육의 행정과 운영의 전반적인 방침을 확정하여, 이것을 전국의 조선인학교에 공통된 기준으로 삼았다. 제도적 관점에서 볼 때 재일조선인의 민족교육은 1년 반의 전사를 거쳐 1947년 신학기 시점에서 체계성과 통일성을 갖추게 되었던 것으로 설명할 수 있다.

제4회 조련 전체대회는 1947년 10월 15일부터 17일까지 열렸다. 이 대회의 교육활동에 대한 보고는 교육 강령 다섯 가지를 규정하였다. 그 내용은 첫째, 반항구적 교육정책 수립, 둘째 교육시설 충실, 교육 내용 민생 중심으로 수행, 셋째 일본 민주교육자와 적극적 제휴 협력 넷째 교육행정을 체계적으로 세우자, 다섯째 교육재원의 확립이었다. 이러한 교육 강령에 기초하여 조련은 학교 설비의 확충, 교육체제의 확립, 교육의 내실화를 진행하였다. 이렇게 재일조선인 민족교육 운동은 조련의 주도 아래 내용적 진전을 보았고, 교육규정을 통해 제도적인 정비도 도모되었다. 아울러 새롭게 학기체제를 확립하면서 교육의 질적 향상을 추진해 갔다.

한편 일본 정부는 1947년 5월 2일자로 '외국인등록령'을 제정하였다. 그리고 재일조선인을 당분간 외국인으로 간주한다고 발표하였다. 이는 기존에 재일조선인을 일본인으로 간주해 왔던 것과 모순되는 일이었다. 이런 가운데 연합국 군최고사령관 총사령부(GHQ, General Headquarters of the Supreme Commander for the Allied Powers)는 1947년 10월 재일조선인 학교도 일본 문부성의 지시를 받도록 지시하였다. 즉 연합국 군최고사령관 총사령부는 '조선인 모든 학교는 정규 교과 추가과목으로 조선어를 가르치는 것을 허락하는 예외를 인정하는 것 외에는 일본의 모든 지시를 따르도록 일본 정부에 지령한다'고 하였다.

민족교육에 대한 본질적인 탄압이라고 여겨지는 연합국 군최고사령관 총사령부의 이러한 지시는 '조선어'를 정규 과목으로 하지 않고 추가 과목으로, 즉 과외로 가르친다면 조선인학교를 예외로 인정한다는 내용이었다. 또한 과외 과목의 경우 '조선어' 이외는 일본 문부성의 지시에 따르라는 의미로 해석된다. 이러한 문부성의 지시는 일본 교육법을 실시하기 위한 준비 과정에서 나온 것으로, 재일조선인을 위한 교육 때문은 아니었다.

1948년 1월 24일 문부성의「조선인 설립 학교의 취급에 대해서」라는 통달(通達)을 통해 일본 정부는 재일조선인의 자주적인 민족교육을 억압하는 정책을 공식적으로 표명하였다. 통달의 주요 내용은 다음과 같다. 1) 조선인의 자녀일지라도 학령에 해당하는 자는 일본인과 같이 시정촌립(市町村立) 또는 사립소학교나 중학교에 취학시키지 않으면 안 된다. 2) 사립소학교의 설치는 학교교육법이 정한 바에 따라 도도부현(都道府縣) 등 감독청인 지사의 인가를 받아야 한다. 3) 학령 아동 또는 학령 학생의 교육을 위한 각종 학교의 설치는 인정하지 않는다. 사립소학교 및 사립중학교의 설치 및 폐지, 교과서, 교과내용 등에 대해 학교교육법의 총칙 및 소학교와 중학교에 관한 규정이 적용된다. 4) 조선의 정치·사회에 대해 가르치는 것은 교육기본법의 정치교육 조항에 저촉된다. 5) 다만, 조선어 교육은 과외 시간에 한하여 실시하는 것을 허용한다.

다시 말해, 재일조선인 자녀는 법적 기준에 합당한 학교에 취학할 것과 교사는 일본 정부가 정한 기준에 합당한 사람만 강의하도록 했다. 그리고 일본인 학교 건물을 빌려 쓴 조선인학교는 철수하고, 학교 교육법에 따라 교과 내용은 모두 일본어로 교육하고, 조선어는 과외로 학습할 수 있다고 규정하였다. 결국 일본의 교육법에 따르라는 지시였다. 나아가 각 조선인학교에 대해 사립학교 인가 신청을 요구하였고, 이 요구에 응하지 않을 경우 폐쇄할 계획임을 밝혔다.

조련은 1948년 1월 27일 제13회 중앙위원회에서 일본 정부의 통달에 대해 전면 반대를 표명하고, '3·1독립운동 투쟁기념일'에 맞추어 민족교육을 수호하는 투쟁을 전국적으로 전개할 것을 호소하였다. 그럼에도 일본 정부는 1948년 3월 24일 다시 1월 24일의 통달에 복종하지 않으면 학교를 강제로 폐쇄하겠다고 했다. 일본 전역에 있는 재일조선인의 민족학교에 강제적 폐쇄명령이 내려졌다.

재일조선인 민족교육의 탄압, 즉 학교폐쇄에 대해 최초로 반대 투쟁이 크게 일어났던 곳은 야마구치현[山口縣]이었다. 당시 야마구치현에는 귀환하려는 조선인 1만 명 이상이 모여 있었는데, 야마구치현 지사가 3월 31일까지 학교를 폐쇄한다고 통고를 했다. 여기에 대해 1만 명이 넘는 조선인은 현청 앞에 모여 교섭과 철야시위 투쟁을 전개했다. 결국 현 당국은 통첩을 철회했다. 이후 4월에 들어서는 히로시마, 오카야마, 효고, 오사카 등지로 투쟁이 확산되었다. 가장 격렬하게 투쟁한 곳이 오사카와 고베이다. 이를 '한신교육투쟁'이라고 부른다.[18]

오사카에서는 1948년 4월 23일 부청 앞 오테마에[大手前]공원에서 조선인학교 폐쇄 반대 및 교육 자주권 옹호를 위한 인민대회가 개최되어 3만여 명이 집결하였다. 무장 경관에 의한 무자비한 진압으로 23명이 중상을 입고, 200여 명이 체포되었다. 그리고 오사카 시내의 경찰서에 분산 유치되었다. 4월 24일에는 검거

---

18 이하는 다음 글을 참조하였다. 김경해 저, 정희선 등 번역, 2006, 『1948년 한신(阪神) 교육 투쟁』, 경인문화사.

된 사람들의 석방을 요구하며 아침부터 체포자를 구금한 오사카 시내의 경찰서 앞에서 조선인들이 파상적인 데모를 일으켰고, 다시 체포자가 속출했다. 이에 오사카의 재일조선인 민족교육대책위원회는 동포를 대거 동원하여 시위를 하면서 부(府) 당국과 교섭했다.

4월 26일에도 조선인학교 폐쇄 반대 인민대회가 열렸다. 그러자 3분 이내에 해산하라는 해산 명령이 내려졌다. 인민대회에 참여한 1만여 명이 3분 이내에 해산한다는 것은 불가능한 일이었다. 오사카 경찰은 집회를 탄압하기 위해 경찰학교 생도를 포함하여 8천 명을 동원하였다. 일본 경관의 발포로 소년 김태일(金太一)이 사망하였고, 검거자는 군사재판에 회부되었다. 며칠 후 오사카에서는 김석송과 일본공산당원 등 수십 명이 체포되어 미군의 군사재판에 부쳐졌다. 이 가운데 재일조선인 김석송은 강제 추방당했다.

고베 시내에서는 4월 7일 조선인학교 폐쇄 명령이 내려졌다. 고베시가 학교 폐쇄를 집행하려 하자 조선인 학부모와 학생들이 이에 대항하며 저지하였다. 니시고베[西神戶] 조선인소학교에서는 학부형이 몸으로 교문을 막고 항거했다. 이 사건은 이후 주요 투쟁의 고리가 되었다. 4월 7일 이후에도 고베시에서는 저항이 지속되었는데, 특히 4월 24일 조선인학교 폐쇄에 항의하는 조선인들이 효고 현청 앞에 결집하여 '학교 폐쇄 명령 철회' 등을 기시다 사치오[岸田幸雄] 지사에게 요구하였다.

학교 폐쇄 명령의 철회에 대해서는 약 1시간 반에 걸쳐 교섭이 계속되었고, 효고현과 고베시 당국은 학교폐쇄 명령을 철회한다는 문서에 조인하고 서명하였다. 첫째, 학교폐쇄령은 중지한다,

오사카 소재 조선인학교에서 교실 밖으로 끌려나오는 아이들

둘째, 차용하고 있는 일본학교는 그대로 계속 사용한다, 셋째, 15일에 피검된 63명은 즉시 석방한다, 넷째, 이후의 일은 양측에서 대표를 통해 협의한다, 다섯째, 본일 교섭회장에 대한 책임을 재일조선인에게 부과하지 않는다는 내용이었다.

그러나 그날 밤 11시 30분 효고현 군정부가 고베 일대에 전후 유일한 비상사태를 선포하고 효고현 지사가 서약한 사항을 모두 무효라고 선언하였다. 이어 미군과 일본 경찰을 동원하여 조선인 및 일본인 지지자를 무차별 검거하였다. 검거자 총수는 3,076명, 기소자 212명, 1948년 조사 현재 수형자 36명이었다. 총동원자는 1,003,000명, 부상자 150명, 사망자 1명 등이었다. 체포자 중 A급은 9명으로 군사위원회 재판에, B급 12명은 일반군사 재판에,

시위대를 진압하는 오사카경찰

C급 52명은 지방재판소의 재판에 회부되었다.

한편 1948년 4월 말 도쿄에서는 재일조선인 민족교육을 지키는 운동을 적극적으로 지원하기 위한 일본 각계 인사의 회합이 있었다. 여기에서 고베 및 오사카 교육 투쟁의 실정을 조사하기 위한 '재일조선인학교사건 진상조사단'이 결성되었다.[19] 후세 다츠지(자유법조단)를 비롯한 히라노(중국문제연구소장), 오가타(세계경제연구소이사), 가지(일본민주주의 문화연맹), 와타베(산별회의간사), 타지마(전노연정보부), 와타나베(세계노련 가입촉진위원회 총서기) 등이 조사단의 주요 구성원이었다.

5월 2일 아침, 조사단은 한신 지방으로 출발하기에 앞서 기자회견을 했다. 조사단을 대표하여 후세는 다음과 같이 말했다.

---

19 김경해 저, 정희선 등 번역, 2006, 『1948년 한신(阪神) 교육 투쟁』, 경인문화사.

고베 등 비상사태선언 보도한 일본 신문

매일같이 신문, 라디오에서 조선인학교 문제가 보도되어 조선인이 마치 법을 지키지 않는 폭도처럼 선전되었지만, 누구나 조금이라도 양심이 있는 사람이라면 이러한 선전이 사실을 가장한 것이며 일본 인민과 조선 인민을 반목시키려는 의도에서 나온 것이라는 것을 알 수 있다. 우리들은 인류 정의와 세계평화를 사랑하는 민주 진영을 대표로 하여 그 진상을 철저하게 조사하고 공정한 입장에서 종래에 유포되었던 편파적인 보도를 시정할 것이다.

조사단은 5월 2일부터 6일까지 5일간 여러 각도에서의 조사와 약 1,000매가 넘는 설문조사를 하고 사건의 내용을 분석한 다음 8일, 기자회견을 통해 다음과 같이 발표하였다.

문제의 근본은 재일조선인 거주자에게 조선인 교사와 조선어 교과서에 의한 그들의 자주적인 민족적 교육을 허락할 것인지 안 할 것인지에 있는데, 당국은 조선인이 일본에 있는 한 "일본의 교육법에 따라야한다."는 이유로 이를 금지했다. (중략)

우리들의 조사 결과, 일본공산당원 뿐만 아니라, 인민이나 모든 단체의 지원이 있었던 것은 사실이지만 앞에서 밝혔듯이 시위는 조선인의 사활에 대한 자발적인 것이었다. 일본 각 단체의 지원은 각지의 조선인 사이에 감동을 일으켰다. 이 양국 인민의 융화에 대해 이해하기는커녕 사태의 원인을 은폐하고, 조선인에 의한 '치안파괴'라고 국민 대중에게 알리려고 한 당국의 이간적 태도는 장래 양국 인민의 평화적인 관계에 위험한 암영을 던지는 것이다. 또한 이를 이용해서 요즘 점점 현저히 되어가고 있는 경찰국가 재현의 조건이라는 경향은 민주 일본에서 서서히 암영을 던지는 것이라고 말하지 않으면 안 된다.

여기에서 조사단은 정부 당국의 반동 문교정책에 대해 인민 전체의 힘을 가지고 강력하게 저지할 필요를 호소한다. 일은 단순히 조선인 학교 사건이 아니라 일본인의 문제이며 그리고 세계 평화와 관련한 중대한 문제이다.[20]

---

20 『해방신문』, 1948년 5월 15일.

진상조사가 완료된 뒤, 5월 16일에 도쿄 간다[神田] 히도츠바시[一橋] 교육회관에서 '한신 조선인학교사건 보고대회'가 열렸다. 오후 1시부터 민주단체, 유명인사, 각 신문 기자들, 도쿄를 비롯한 각 현의 동포들 등 약 1,000명이 모였다. 이 자리에서 와타나베는 '세계 노련의 깃발 아래로!'의 입장에서 조선에 있는 조선노동조합 전국평의회의 형제들로부터 '일본 놈들아, 또 그랬냐!'라는 반감을 주지 않도록, 이러한 총과 곤봉의 행정에 대해 비록 일본인의 비난을 받을 지라도 조선 인민과 함께 투쟁하지 않으면 안 된다는 것을 강력히 연설하고 조선과 일본 인민이 공동투쟁의 스크럼을 짤 것을 호소하였다. 그리고 후세는 법적 견해에서 사건에 대해 보고하면서 다음과 같이 말하였다. "나의 최고 양심을 가지고 나에게 맡겨진 희생자 탈환을 위한 공판투쟁에 전력을 다할 것을 선언한다."

후세를 포함한 진상조사단의 정력적인 활동과 함께 일본의 각계각층의 사람들이 각종 집회나 좌담회, 조사논문 발표, 격려의 편지 등 다양한 형태로 재일조선인의 민족교육 옹호투쟁을 지원하였다.

한신교육투쟁이 일어난 지 1개월 후인 5월 20일 오전 9시 A급 9명에 대한 제1회 군사재판이 구(舊)고베시 상공회의소 빌딩에서 열렸다. 아침 일찍부터 400여 명의 조선인 학부형과 동포들이 모여들었으나 극히 일부 동포들만 들어갈 수 있었다. 5월 24일 제2회 공판이 열렸다. 이날은 사건의 중심인물인 기시다[岸田幸雄] 지사에 대한 후세의 날카로운 반대 심문이 있었다. 이 심문으로 사건의 장본인이며 명령자가 연합국 군최고사령관 총사령부(GHQ)라는 사실이 명백해졌다. 또한 범죄사실의 출발점이 된 감금 행위가 없었다는 점, 고의의 폭동도 없었다는 점을 당사자인 기시다 지사가 밝힘으로써, 기소 내용의 기본적인 사실이 완전히 부정되어 범죄가 성립되지 않았다. 그러나 피고 9명 전원에게 중노동 25년이 구형되었다.

후세는 전 인류의 보편적인 양심에 호소하며 다음과 같이 최후 변론을 하였다.[21]

> 특히 변호인이 강조해 두고 싶은 것은 전 인류의 양심적인 이 사건에 대한 비판입니다. 조국애는 그 정도를 지나칠 경우, 독선의 미몽에 빠집니다. 일본제국주의와 같이 세계제패의 야망을 기획한 것과 같은 것은 두려워해야 합니다. 하지만 자연발생적인 정치지리학적 민족의 독립, 국가의 독립이란 문제에 관련해서 그 민족을 지키고 조국을 사랑하는 마음은 이는 존중해야만 합니다. 그리고 민족과 조국의 독립을 매우 명백하게 상징하는 것은 국어입니다. 국어가 있는 국가입니다. 조선의 3천만 동포는 36년간 그 나라를 빼앗겼고 국어를 말살당하고 있었던 것입니다. 이것이 진주점령군(進駐占領軍)의 양심적인 보장에 의해, 카이로, 포스담선언의 조국해방을 약속한 기쁨은 무엇과도 대신할 수 없는 기쁨이었습니다. 이는 말로써는 표현할 수 없는 감사입니다. 이 감사와 기쁨을 진주점령군에게 올리고 또한 이 감사와 기쁨을 계속 유지하기 위해 조선인학교를 경영하여 국어를 학동에게 가르친다는 열의가 이 학교문제로 나타났다는 것을 인정해주십시오. 이러한 피고 제군의 양심적인 활동은 특히 조선 3천만 민족의 양심을 대표하는 것입니다. 이러한 피고 제군의 양심적인 행동은 세계 전 인류의 양심적 지지와 협력으로 보장되어야만 한다

---

21 布施辰治資料研究準備會 편, 2006, 「神戶軍事委員會における布施辯護士の最終辯論」 『石卷文化センター所藏 植民地關聯資料 2 朝鮮·臺灣編』, 88-96쪽.

고 믿습니다. 그러므로 나는 위원 여러분의 양심과 나의 양심적 변론에 의해 본건의 진상파악이 일치하는 것으로 믿고, 피고 제군의 무죄를 주장하고 잘못된 검사의 기소입증과 25년이란 터무니없는 중형은 위원회의 공정한 재판에 의해 분쇄될 것을 기대하는 바입니다.

하지만 6월 30일 선고공판에서 A급 9명 중 7명에게 중노동 15년~10년이 각각 선고되었고, 2명만 무죄가 선고되었다. 많은 희생을 치른 투쟁이었지만, 1948년 5월 3일 조선인교육대책위원회 책임자와 일본의 문부대신 간에 "교육기본법과 학교교육법을 따른다", "사립학교의 자주성 범위 내에서 조선인의 독자적인 교육을 위해 사립학교 인가를 신청한다"는 각서가 교환되어 조선인학교는 지켜졌다. 그러나 이듬해 1949년 10월 다시 학교 폐쇄 명령이 내려져 전국 대부분의 조선인학교가 탄압, 폐쇄되었다.

한신교육투쟁의 빌미가 되었던 연합국 군최고사령관 총사령부(GHQ)와 일본 정부의 민족학교 탄압은 준비된 것이었다고 할 수 있다. 여기에 대해 재일본조선인연맹은 조직적으로 대응했고, 재일조선인은 일본 전역에서 전면적인 반대 투쟁을 전개했다.[22] 이것은 해방 이후 재일조선인에 의한 전면적인 반일 투쟁으로 이념의 벽을 넘은 전 민족적인 투쟁이었다. 이 사건에 대해 재일본조선인연맹은 4월 24일을 우리말, 우리글을 지킨 '교육투쟁 기념일'로 정하였다. 그리고 '민족학교' 문제는 오늘날까지도 현재진행형으로 계속되고 있다.

---

[22] 한편 한신교육투쟁에 소극적이었던 재일본조선거류민단은 그 발생원인에 대해, "지나치게 배타적인 일본 정부와 대중의 희생을 통해서 무리하게 문제를 해결하고자하는 조련이 도화선을 제공"했다고 평가하였다. (이행화·이경규, 2019, 「미군정기의 재일조선인 관련 신문 기사와 이데올로기-4·24 한신교육투쟁을 중심으로-」, 『일본근대학연구』 64, 한국일본근대학회. 206-207쪽).

조선의 벗이자 동지, 후세 영원히 잠들다

1949년 11월 12일 '변호사 후세 다츠지 탄생 70년 축하 인권옹호 선언대회'가 후세의 모교인 도쿄 메이지대학에서 개최되었다. 쏟아지는 폭우 속에서도 일본인뿐만 아니라 재일조선인 약 800명 등 총 3,000여 명이 참석하였다. 대회 중에 재일조선인 고봉득(高鳳得)은 대중을 향해 다음과 같이 말하였다.[23]

후세 다츠지 선생님의 투쟁심은 조선인에게만 한정된 것은 아닙니다. 그것은 자유, 독립, 평화, 평등, 호혜의 정신에 기초한, 진정한 정의를 사랑하는 선생님의 세계관에서, 용솟음치는 인류애에서 나왔다고 저는 확신하고 있습니다. 타민족의 마음을 존중하지 않는다면 자민족의 독립과 인권은 결코 존중받을 수 없습니다. 타민족의 독립과 문화를 존중하지 않고 오히려 유린하는 사람은 자민족 문화와 교육도 유린하는 사람입니다. 이런 의미에서 조선의 애국자를 도와주신 선생님에 대해, 또 일본의 독립을 위해 일본 인민의 기본적 인권 옹

---

[23] 이규수, 2003, 「후세 다츠지(布施辰治)의 한국인식」, 『한국근현대사연구』 25, 407-408쪽.

호를 위해 싸워 오신 선생님에 대하여 진심으로 경의를 표합니다.

그의 말처럼 후세는 1949년부터 1950년대 초반까지 재일조선인의 인권옹호와 권리획득운동은 물론 일본인의 인권옹호에 여념이 없었다. 이 무렵에 그가 관심을 가진 사건은 미타카사건[24]과 마츠카와사건[25] 등이었다. 결론적으로 말하면 이 두 사건 모두 노동운동과 공산당 탄압을 의도한 모략사건이었다고 한다. 후세는 70세라는 적지 않은 나이에도 불구하고 연일 법정투쟁을 전개하였다.

1953년 봄, 몸에 이상을 느낀 후세는 의사를 찾아갔다. 건강진단에서 위에 이상이 보여 단속적으로 검사를 반복하였다. 그런 가운데도 재일조선통일민주전선이 주최하는 3·1혁명기념대회에서 오른손을 높이 쳐들며 열렬한 연설을 하였다. 1953년 5월 초순 위암 진단을 받은 후세는 나가노조합병원에 잠시 입원했다가 그 후 자택에서 요양하였다. 5월 12일 손 쓸 수 없는 지경까지 온몸에 암이 퍼져 누워 지내야 했다.

같은 해 6월 병석에 누운 후세는 외국인등록령 위반으로 기소된 이구호(李九鎬)사건의 재판관에게 상신서(上申書)를 쓰고 있었다.[26] 후세는 이구호의 변호인으로서 법정에서 쓰러질지언정 출

---

[24] 1949년 7월 15일 동경의 미타카역 구내에서 발생한 무인열차폭주사건이다. 이 사건에서 수사당국은 국철노동조합원인 일본공산당원 9명과 비공산당원 1명에 의한 공동모의라고 했지만, 결과적으로 공동모의는 인정되지 않았고, 법원은 일본공산당원 9명에 대하여서는 무죄판결을 선고하였고, 비공산당원 1명에 대해서는 그의 단독범행으로 인정하여 사형선고를 하였다.

[25] 1949년 8월 17일 아오모리[青森]를 출발한 우에노[上野]행 기차가 후쿠시마[福島]에서 탈선하여 전복한 사건이 발생하였다. 수사당국은 이 사건이 東芝 마츠가와공장의 노동조합과 국철노동조합, 일본공산당의 모의에 의하여 발생한 것으로 판단하여 마츠가와공장의 노동조합원과 국철노동조합원 20명을 체포했지만, 모의한 사실이 인정되지 않아 최고재판소에서 모두에 대하여 무죄판결이 선고되었다.

[26] 森正, 2014, 『評傳 布施辰治』, 日本經濟評論社, 1038-1039쪽.

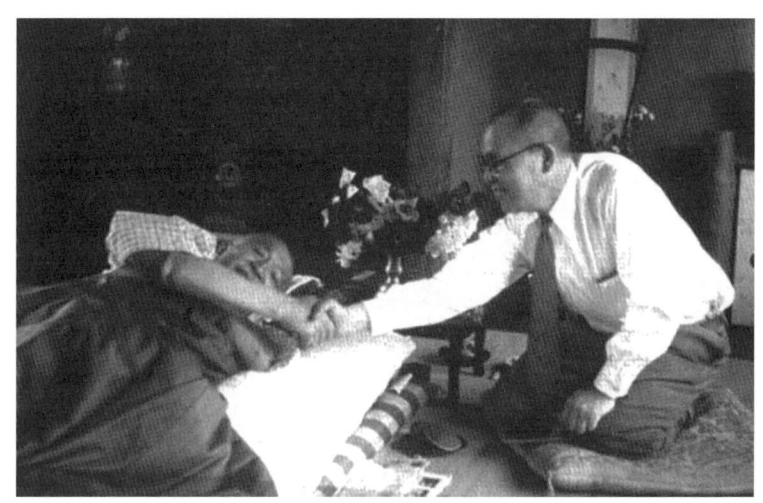

병석에 누운 후세

석의 의무와 책임을 다하고 싶지만, 그럴 수 없는 자신의 처지를 알렸다. 이어서 사건의 원인을 일제의 식민지 지배까지 소급하며 이구호의 국외 퇴거는 곧 죽음을 의미한다는 점을 재판관의 양심에 호소하였다.

후세가 병상에 있을 때 동지들이 찾아올 때면 "일선에서 뛰어야 '후세'라는 내 이름에 걸맞을 텐데. 이렇게 가만히 누워 있으면 나에 대한 기억도 내 존재도 잊히겠지. 쓸쓸해도 어쩔 수 없는 일이라고 각오했는데, 뜻밖에 많은 동지와 친구가 찾아오니 무척 기쁘다."고 하며 반가워했다.[27] 이는 진정한 의미에서 후세의 마지막 말이었다고 할 수 있다.

일본 패전 직후 후세의 행동은 주변을 실망시켰다. 그는 점령군

---

27 후세 간지 지음, 황선희 옮김, 2011, 『나는 양심을 믿는다』, 현암사, 139쪽.

도쿄 일연정종상재사 소재 후세 집안 묘 및 후세의 묘비

사령관 맥아더에게 '진주군 환영 민중대회' 개최 기안을 보내 의견을 구하는가 하면, 전쟁을 끝내준 천황과 진주군에 대한 감사 표시로 황거(皇居) 앞 광장에서 종전 감사 국민대회를 개최하는 등 외로운 늑대와 같은 행동을 하였다.[28] 그래서 대중적인 신망을 잃어 많은 변호사들을 비롯한 친우들로부터 경원시되기도 하였다.

몹시 더웠던 1953년 9월 13일 밤 도쿄 시부야구 요요기본정 자택에서 온몸을 휘감는 고통을 진통제로 억누르던 후세는 72세를 일기로 생애를 마쳤다.[29] 후세는 유언으로 암에 대한 연구 등 의학 발전을 위해 본인 시신을 해부용으로 기증한다는 말을 남겼다. 그의 시신은 9월 14일 암연구소부속병원회에서 해부되었다. 그의 유해는 도쿄 도시마구[豊島区] 소재 일연정종상재사(日蓮正宗常

28　森正, 2014, 『評傳 布施辰治』, 日本經濟評論社, 959-960쪽.
29　후세 간지 지음, 황선희 옮김, 2011, 『나는 양심을 믿는다』, 현암사, 139쪽.

이시노마키시 아케보노미나미공원에 있는 후세의 현창비

在寺)에 안장되었다.

1953년 9월 24일 오후 1시부터 도쿄 히비야[日比谷]공회당에서 후세의 고별식이 엄수되었다. 장례식에는 많은 재일조선인이 고별식 장례위원으로 참석하였다. 한 재일조선인은 그의 추도식 석상에서 다음과 같이 말했다.[30]

> 선생님은 우리 조선인에게 있어 정말로 아버지와 형 같은 존재이고, 구조선(救助船)과 같은 귀중한 존재였습니다. 지금 여기서 우리가 영원히 선생님과 이별할 수밖에 없게 된 것은 가슴이 찢어질 정도로 슬픈 일입니다.

후세는 당시 조선인들에게 다양한 명칭으로 불렸다. '일본 무

---

[30] 森正, 2014, 『評傳 布施辰治』, 日本經濟評論社, 1084쪽.

산운동의 맹장', '우리들의 변호사', '좌익변호사', '사회주의변호사', '인권변호사' 등 각각의 명칭은 후세의 삶을 평가하는 의미 있는 것들이다. 현재 일본에서 후세에 대한 평가는 다양한 것 같다. 비판적 입장에서는 특정 당파적 계급관에 의거해 전시체제하 '전향'과 '비전향'의 기준으로 볼 때 후세는 '리버럴리스트' 혹은 '풍운아'였다고 폄하하였다.[31] 반면 상당수는 후세가 변호사로서의 실천 활동과 특히 식민지 민중과의 우정과 연대를 맺으며 전개한 투쟁은 '인권·민중변호사'로 손색이 없다고 평가한다. 이러한 엇갈린 반응에 대해, '편협한 내셔널리즘 중심의 일본 근현대사'를 뛰어넘어 '동아시아 근현대사'의 입장에서 후세를 평가할 것을 제안하기도 했다.[32] 최근에는 후세의 사상적 기반을 인도주의로 보고, 평생을 일본, 식민지 조선 및 대만의 민중의 인권옹호를 위해 투쟁하며, '반권력적', '계급적' 요소를 가미하면서 진화한 '전투적 인도주의자'로 평가되기도 한다.[33] 후세의 일생을 조선과 관련된 활동을 중심으로 되돌아볼 때, 그는 인간 양심의 소리에 따라 고통 받던 식민지 조선과 조선인에 대해 인류의 보편적 가치인 박애주의와 인도주의를 실천한 변호사이다. 무엇보다 중요한 것은 평생을 조선의 독립과 조선 민중의 인권옹호를 위해 변함없는 지지와 투쟁을 함께 전개했다는 사실이다.

2004년 10월 12일 대한민국 정부는 후세 다츠지를 독립운동 유공자로 인정하여 일본인 최초로 "건국훈장 애족장"을 추서하였

---

31 青柳盛雄, 1987, 『治安維持法下の辯護士活動』, 新日本出版社.
32 이규수, 2003, 「후세 다츠지(布施辰治)의 한국인식」, 『한국근현대사연구』 25.
33 森正, 2014, 『評傳 布施辰治』, 日本經濟評論社.

다.³⁴ 2004년 12월 21일 도쿄 한국대사관에서 거행된 훈장 전달식에서 주일대사는 "외국인을 탄압하는 사람들은 자국민에 대해서도 같은 짓을 한다. 그러므로 후세 선생은 일본에서도 진정한 애국자이다. 훈장 수여는 한일간의 새로운 협력시대를 열어간다는 한국의 맹세이다"라고 후세를 칭송하였다. 후세를 대신해 훈장을 받은 그의 외손자 오오이시 스스무[大石進]는 "피해자인 한국 정부로부터 가해국인 일본의 한 시민에게 이와 같은 명예를 주신 것은 기적"이라고 기뻐하며 감사의 말을 전했다고 한다.³⁵ 후세와 조선인의 관계는 한일 연대 투쟁의 귀감이다. 후세는 식민지 민중의 '벗'으로서, 때로는 '동지'로서 영원히 조선인들에게 기억될 것이다.

묘비에 새겨진 것처럼 "살아야 한다면 민중과 함께, 죽어야 한다면 민중을 위해"라는 신념을 가졌던 변호사 후세 다쓰지는, 식민지 조선 민중과 함께 역사를 헤쳐 나간 "우리들의 변호사"였다고 평가하고 싶다.

---

34 국가보훈처 독립유공자공적조서(공훈전자사료관, http://e-gonghun.mpva.go.kr)
35 大石進, 2006, 「敍勳に對する謝辭」『石卷文化センター所藏 植民地關聯資料 2 朝鮮·臺灣編』, 3쪽.

연보

1880년　11월 13일. 일본 미야기현 오시카군 에비타촌 농가(農家)에 부친 후세 에지로와 모친 기에 사이에 둘째 아들로 출생
1887년　에비타 진조소학교 판교분교 입학
1891년　에비타 진조소학교 졸업. 이후 마을 부근의 한학숙(漢學塾) 입학하여 주경야독하며 청소년기를 보냄 이때 묵자의 겸애사상에 큰 영향을 받음
1899년　4월. 도쿄로 상경
　　　　9월. 메이지법률학교 입학
1902년　7월. 메이지법률학교 졸업
　　　　11월. 판사검사등용시험 합격
　　　　12월. 사법관시보로 도치기현의 우츠노미야지방재판소 및 검사국에 부임
1903년　8월. 「사직의 글[桂冠의 辭]」을 발표하고 사법관시보 사직
　　　　11월 13일. 도쿄에서 변호사등록 및 도교변호사회 가입, 활동
1904년　2월 10일. 도쿄시 고이시카와구 하츠네쵸오에서 처음으로 법률사무소 개업
1905년　3월경. 히라사와 미츠와 비밀결혼(혼인신고일은 1906년 12월)
1906년　도쿄시 전차운임 인상반대 소요사건의 변호단 일원으로 변론 참가, 사회운동문제로 법정에 선 최초의 사건
1911년　도쿄시 요츠야구 아라키쵸오에 서양식 건물인 법률사무소를 신축하고 이사「조선의 독립운동에 경의를 표함」을 집필하여 검사국의 조사를 받음
1917년　독자적으로 보통선거운동 시작, 각지에 개인연설회 개최
1918년　이른바 쌀소동 사건 변호
1919년　3월. 도쿄 2·8독립선언 주도자 최팔용·백관수 등의 제2심 재판에 변호 참여
1920년　9월. 개인잡지 『법정에서 사회로』 창간하고 「자기혁명의 고백」 발표, 민중변호사 선언 조선인의 이익을 위해 투쟁 선언
1921년　10월경. 변호사단체 자유법조단 결성에 참여, 본격적인 인권변호 활동
1922년　10월. 도쿄 차가인동맹을 결성하고 주관
1923년　7월 30일~8월 12일. 1차 조선방문(북성회의 초청 '하기순회강연회' 연사로 방문하여 서울 및 광주·대구·진주·마산 등에서 식민통치 비판 강연. 의열단원

김시현 등 변호, 김해 형평사분사 창립 축하 및 강연)
9월, 귀국 후 관동대지진의 조선인학살사건을 조사, 고발 활동
도쿄의 조선인 유학생이 결성한 '동경지방이재조선후원회' 고문
'피살동포추도회' 연사로 참여하여 조선인 학살 규탄
'대역사건'의 박열·가네코 후미코의 변호인 선임

1924년 9월, 일본 황궁에 폭탄을 던진 의열단원 김지섭 변호
1925년 2월, 재일본조선노동총동맹 창립에 관여
5월, 도쿄 일월회 주최 강연회에서 "치안유지법에 대하여" 강연
7월, 조선의 '을축년 대홍수'에 대한 일본 조선수해이재민구원 운동 전개
10월, 조선인 폭동을 상정한 오타루고등상업학교의 군사교련에 대한 항의 운동
1926년 1월, 일본노동조합총연합회 회장, 미에현 기노모토쵸오의 조선인 학살사건을 조사 및 규탄
2월, 대심원에서 박열·가네코 후미코의 '대역사건' 변호
3월 4일~11일, 2차 조선방문(전남 나주군 궁삼면의 동양척식주식회사 토지수탈 사건 조사 활동, 대구·광주·이리·전주·서울 등에서 식민통치 비판 강연회를 계획, 당국의 금지로 모두 취소)
관동대지진 조선인학살에 대한 '사죄문'을 『조선일보』와 『동아일보』에 발송
귀국 후 4월, 도쿄에서 '조선문제강연회'를 개최하고 조선농촌문제는 일제의 식민정책 결과라고 발표
5월, 조선문제검토회 주최 연설회에서 "조선 총독정치와 사회운동" 연설
1927년 9월, 도쿄 조선인 주최 '조선총독 폭압정치 비판연설회' 연사로 참가
10월 8일~16일, 3차 조선방문(조선공산당사건의 변호 활동, '법률강화회'와 '언론집회폭압대연설회'의 개최 및 연사 참여 계획, 당국의 금지로 취소, '공산당사건피고가족위안회' 주최, 고문경찰관 독직죄 등으로 고소, 대구형무소의 진우연맹사건 수감자 위문면회)
귀국 후 10월 28일, 도쿄에서 조선총독부 정무총감 유아사 구라헤이 항의 방문

　　　　　11월 19일~21일. 4차 조선방문(조선공산당 사건의 최후 변론 참여)
1928년　4월. 해방운동희생자구원회 결성 및 법률부장
1929년　8월. 일본공산당 3·15사건에 대한 오사카지방재판소에서 변호활동이 부당하다고 도쿄공소원의 징계재판소에 기소
　　　　　조선인과 함께 '재일조선인노동산업희생자구원회' 결성
1930년　6월. 잡지『법률전선』의 신문지법위반으로 기소
　　　　　7월. 에이치현 산신철도쟁의사건의 조사 및 조선인 노동자 학대 폭로
1931년　4월. 해방운동희생자구원변호사단 결성 및 간사장
　　　　　9월. 전농전국의회변호사단 결성 및 간사장
　　　　　10월. 조선공산당 일본총국사건 김한경 등의 치안유지법 위반사건 변호
1932년　2월. 조선 청년 유종환·유녹종의 일본 고등계형사 살해사건 변론 참여
　　　　　11월. 대심원 징계재판소에서 변호사제명 판결확정
1933년　1월. 해방운동희생자구원변호사단과 전농전국회의변호사단이 합병하여 일본노동변호사단 결성
　　　　　3월. 신문지법 위반사건 상고기각으로 금고 3개월 확정
　　　　　4월 5일. 도쿄 도요타마형무소 수감
　　　　　7월 20일. 출옥
　　　　　9월 13일. 일본노농변호사단의 치안유지법 위반 혐의에 연루되어 구속
　　　　　12월. 황태자탄생 은사(恩赦)로 변호사자격 부활
1934년　3월. 치안유지법 위반 혐의로 기소 및 구류
1935년　3월. 보석 석방
1937년　11월. 센다이변호사회에 변호사등록
1939년　5월. 일본노농변호사단의 치안유지법위반 사건이 상고기각 징역 2년 확정
　　　　　6월 8일. 변호사 등록 말소
　　　　　6월 26일. 지바형무소에 수감
1940년　7월 29일. 은사로 감형되어 출옥.
1943년　가나자와현 즈시마치 시고츠보로 소개(疏開)
1944년　2월 4일. 3남 모리오가 치안유지법 위반으로 구류 중 감옥에서 사망
1945년　변호사자격 부활. 자유법조단 재결성 및 활동 재개
　　　　　12월.「조선건국헌법초안사고」발표
1946년　1월.「헌법개정사안」발표
1948년　한신(阪神)교육투쟁 지원 및 관련자 변호

1949년 11월. 메이지대학기념강당에서 "후세 다츠지변호사 탄생 70년기념 인권 옹호선언대회" 개최
1953년 9월 13일. 도쿄 자택에서 암으로 별세
2004년 10월 15일. 대한민국 정부에서 건국훈장 애족장 추서

참고문헌

자료

『매일신보』, 『동아일보』, 『조선일보』, 『조선신문』

慶尙北道警察部, 1934, 『高等警察要史』.

朴慶植, 1979, 『在日朝鮮人運動史-8.15解放前』, 三一書房.

布施辰治, 「辯護士の新使命-金炯斗, 韓根祖兩君に宛て」, 『亞細亞公論』 8호, 1922년 12월.

布施辰治, 明治大學史資料センター 監修, 2007~8, 『布施辰治著作集』(全16卷と別卷), ゆまに書房.

布施辰治記念會, 1974, 『布施辰治對話抄集』.

布施辰治資料硏究準備會, 2001, 「石卷文化センター所藏, 『辯護士布施辰治誕生七十年記念人權擁護宣言大會關聯資料集」.

布施辰治資料硏究準備會, 2002, 『石卷文化センター所藏 植民地關聯資料集 1 朝鮮編』.

布施辰治資料硏究準備會, 2006, 『石卷文化センター所藏 植民地關聯資料集 2 朝鮮·臺灣編』.

한국역사연구회 편, 1992, 「北星會巡廻講演團ニ關スル件」 『日帝下社會運動史資料叢書』 4권, 高麗書林.

단행본

가네코 후미코 지음, 정애영 옮김, 2012, 『무엇이 나를 이렇게 만들었는가』, 이학사.

강만길·성대경, 1996, 『한국사회주의운동 인명사전』, 역사비평사.

김경해 저, 정희선 등 번역, 2006, 『1948년 한신(阪神) 교육 투쟁』, 경인문화사.

김도연, 2004, 『나의 人生白書: 常山回顧錄』(增補版), 常山回顧錄出版同志會.

김수용, 2008, 『건국과 헌법: 헌법논의를 통해 본 대한민국건국사』, 경인문화사.

김용달, 2017, 『살신성인의 길을 간 의열투쟁가 김지섭』, 독립기념관.

김인덕, 1996, 『식민지시대 재일조선인운동연구』, 국학자료원.

김인덕, 2012, 『극일에서 분단을 넘은 박애주의자 박열』, 독립기념관.

김학준, 1988, 『가인 김병로 평전』, 민음사.

김형윤, 1973, 『馬山野話』, 泰和出版社.
김희곤 등 역주, 2010, 『국역 고등경찰요사』, 선인.
다테노 아키라 편저, 오정환 등 역, 2006, 『그때 그 일본인들』, 한길사.
안재성, 2017, 『박열, 불온한 조선인 혁명가』, 인문서원.
야마다 쇼지 저, 정선태 역, 2003, 『가네코 후미코 : 식민지 조선을 사랑한 일본 제국의 아나키스트』, 산처럼.
염인호, 1993, 『김원봉연구』, 창작과 비평사.
이규수, 2011, 『식민지 조선과 일본, 일본인』, 다할미디어.
이인, 1974, 『반세기의 증언』, 명지대학출판부.
임경석, 1993, 『한국사회주의세력의 형성』, 역사비평사.
전병무, 2012, 『조선총독부 조선인 사법관』, 역사공간.
정근식 등, 2016, 『검열의 제국-문화의 통제와 재생산』, 푸른역사.
최승만, 1985, 『나의 회고록』, 인하대학교 출판부.
한인섭, 2012, 『식민지 법정에서 독립을 변론하다-허헌·김병로·이인과 항일 재판투쟁』, 경인문화사.
한인섭, 2017, 『가인 김병로』, 박영사.
허근욱, 2001, 민족변호사 허헌, 지혜네.
후세 간지 지음, 황선희 역, 2011, 『나는 양심을 믿는다-조선인을 변호한 일본인 후세 다쓰지의 삶』, 현암사.
후세 다츠지 외, 박헌석 옮김, 2017, 『운명의 승리자 박열』, 玄人.

ドキュメンタリー映画「辯護士布施辰治」製作委員會, 2010, 『辯護士布施辰治を語る 韓國併合100年に際して』, 日本評論社.
高史明 외, 2008, 『布施辰治と朝鮮』, 高麗博物館.
大石進, 2010, 『辯護士布施辰治』, 西田書店.
大石進, 2011, 『改訂版 辯護士布施辰治』, 西田書店.
東京辯護士会 편, 1980, 『東京辯護士会百年史』, 東京辯護士会.
明治大學百年史編纂委員會, 1992, 『明治大學百年史』 제3권 通史編 1, 明治大學.
朴慶植, 1981, 『在日本朝鮮人 私の青春』, 三一書房.
本多久泰, 小生夢坊・本多定喜, 1997, 『全民衆の味方 吾等の辯護士布施辰治・涙を憤りと共に-布施辰治の生涯』, 大空社.
山泉進・村上一博 編, 2010, 『布施辰治研究』, 日本經濟評論社.

森正, 2014, 『評傳 布施辰治』, 日本評論社.

三阪佳弘, 2014, 『近代日本の司法省と裁判官』, 大阪大學出版會.

石卷市史編纂委員會, 1989, 『石卷の歷史』 4권, 石卷市.

鹽田庄兵衛 外編, 1986, 『日本社會運動人名辭典』, 靑木書店.

自由法曹團 編, 1976, 『自由法曹團物語』, 日本評論社.

再審準備會 編, 1977, 『金子文子·朴烈裁判記錄：最高裁判所藏』, 黑色戰線社.

天野郁夫, 2007, 『受驗の社會史』(增補版), 平凡社.

靑柳盛雄, 1987, 『治安維持法下の辯護士活動』, 新日本出版社.

村上一博, 2007, 『日本近代法學の搖籃と明治法律學校』, 日本經濟評論社.

布施柑治, 1963, 『ある辯護士の生涯』, 岩波書店.

布施柑治, 1974, 『布施辰治外傳』, 未來社.

布施辰治·張祥重·鄭泰成, 1946, 『運命の勝利者 朴烈』, 世紀書房.

後藤守彦, 2010, 『只, 意志あらば-植民地朝鮮と連帶した日本人』, 日本經濟評論社.

논문

김경남, 2017, 「大原社會問題硏究所와 재일 한인 독립운동」, 『한국독립운동사연구』 57, 한국독립운동사연구소.

김명섭, 2001, 「1920년대 초기 재일 조선인의 사상단체-흑도회·흑우회·북성회를 중심으로」, 『한일민족문제연구』 창간호.

김명섭, 2014, 「박열의 일왕폭살계획 추진과 옥중투쟁」, 『한국독립운동사연구』 48.

김인덕, 2008, 「1948년 한신(阪神)교육투쟁과 재일조선인 역사교육」, 『한일민족문제연구』 15, 한일민족문제학회.

김창록, 2004, 「일본의 사법시험제도」, 『서울대학교 法學』, 서울대학교 법학연구소.

김창록, 2015, 「후세 타쯔지(布施辰治)의 법사상」, 『法學硏究』 261-1, 충남대학교 법학연구소.

박철하, 1998, 「북풍파 공산주의 그룹의 형성」, 『역사와 현실』 28.

水野直樹, 이영록 역, 2002, 「朝鮮에 있어서 치안유지법 체제의 식민지적 성격」, 『법사학연구』 26.

이규수, 2000, 「전남 나주군 '궁삼면'의 토지소유관계의 변동과 동양척식회사의 토지집적」, 『한국독립운동사연구』 14, 한국독립운동사연구소.

이규수, 2001, 「일제하 토지회수운동의 전개과정-전남 나주군 궁삼면의 사례」, 『한국독립운동사연구』 16, 한국독립운동사연구소.

李圭洙, 2003, 「후세 다츠지(布施辰治)의 한국인식」, 『한국근현대사연구』 25, 한국근현대사연구회.

이규수, 2017, 「인권변호사 후세 다츠지와 한국의 독립운동가들-한국 언론의 보도를 중심으로-」, 『윤봉길의사 순국 85주년 한/일공동학술회의 윤봉길의거와 세계평화운동』 발표집, 독립기념관. 2017. 12. 3.

이병용, 1977, 「한국법조인열전(11)-봉곡 한근조 변호사」, 『대한변호사협회지』, 1977년 2월호.

이행화·이경규, 2019, 「미군정기의 재일조선인 관련 신문 기사와 이데올로기-4·24 한신교육투쟁을 중심으로-」, 『일본근대학연구』 64, 한국일본근대학회.

임경석, 2000, 「박헌영과 김단야」, 『역사비평』 53.

장신, 1998, 「1920년대 민족해방운동과 치안유지법」, 『학림』 19.

전명혁, 1997, 「1920년대 전반기 까엔당과 북풍회의 성립과 활동」, 『成大史林』 12·13합집.

전병무, 2020, 「변호사 후세 다쓰지(布施辰治)와 이인」, 『애산학보』 47.

정종섭, 2010, 「布施辰治의 「朝鮮建國憲法草案私稿」에 관한 硏究」, 『서울대학교 法學』 51-1, 서울대학교 법학연구소.

정혜경, 1998, 「1920년대 일본지역 조선인노동동맹회 연구」, 『한국민족운동사연구』 18.

최재성, 2011, 「일제 식민지기 李如星의 민족운동」, 『史林』 39, 수선사학회.

함한희, 1992, 「조선말·일제시대 궁삼면 농민의 사회경제적 지위와 그 변화」, 『한국학보』 66.

廣瀨貞三, 2001, 「三信鐵道工事と朝鮮人勞働者-『葉山嘉樹日記』を中心に-」, 『新潟國際情報大學情報文化學部紀要』 4.

金一勉, 1974, 「布施辰治辯護士と在日朝鮮人」, 『日朝關係の視覺』, ダイヤモンド社.

吉川圭太, 2007, 「第一次大戰後における辯護士布施辰治の思想と行動」, 『歷史』 109.

渡邊研治, 1983, 「三河地方における朝鮮人の鬪い-1930年の三信鐵道工事爭議-」, 『季刊三千里』 36.

明治大學史資料センター, 2016, 「人權派辯護士硏究會シンポジウム記錄」, 『大學史紀要』 21, 明治大學校.

裵姈美, 2010, 「一九二二年'中津川朝鮮人勞働者虐殺事件」, 『在日朝鮮人史硏究』 40, 在日朝鮮人運動史硏究会.

裴姶美, 2013, 「雜誌『亞細亞公論』と朝鮮」, 『コリア研究』 4, 立命館大學コリア研究センター.

森正, 1980, 「法律家 布施辰治による「憲法改正私案」と「朝鮮建國憲法草案私稿」」, 『研究紀要』 29, 明治大學校.

森正, 1994, 「布施辰治の業績と研究の現代的意義」, 『法律時報』 66-1.

小林勇樹, 2012, 「布施辰治の戰後構想-憲法案を中心として」, 『日本歷史』 770.

水野直樹, 1983, 「辯護士 布施辰治と朝鮮」, 『季刊 三千里』 34.

岩根謙一, 2011, 「布施辰治を突き動かしたもの」, 『歷史地理教育』 2011년 7月 增刊號.

佐藤泰治, 1985, 「新潟縣中津川 朝鮮人虐殺事件」 『在日朝鮮人史研究』 15, 在日朝鮮人運動史研究会.

參長英三郎, 1956, 「布施辰治(人權擁護運動史上の二先達-その2)」, 『法學セミナー』 9.

川口祥子, 2012, 「一九五一年 東京朝鮮人中高級学校事件-戰後の布施辰治と朝鮮人(その1)」, 『在日朝鮮人史研究』 42, 在日朝鮮人運動史研究会.

川口祥子, 2013, 「布施辰治と朝鮮共産黨事件」, 『東アジア研究』 59, 大阪経済法科大学アジア研究所.

川口祥子, 2015, 「姜德相氏に聞く: 布施辰治宅訪問のことを中心に」, 『東アジア研究』 63, 大阪経済法科大学アジア研究所.

川口祥子, 2016, 「巢鴨事件-戰後の布施辰治と朝鮮人(その2)」, 『在日朝鮮人史研究』 46, 在日朝鮮人運動史研究会.

川口祥子, 2017, 「巢鴨事件の在日朝鮮人群像」, 『在日朝鮮人史研究』 47, 在日朝鮮人運動史研究会.

平林久枝, 1977, 「三信鐵道爭議について」, 『在日朝鮮人史研究』 1, 在日朝鮮人運動史研究会.

向武男, 1984, 「布施辰治の懲戒裁判」, 『法學セミナー』 32.

기타

KBS, 〈역사스페셜〉 「조선의 독립운동에 경의를 표함-일본인 변호사 후세 다츠지」(2012. 3. 1. 방영).

MBC, 〈PD수첩〉 「발굴 일본인 쉰들러 후세 다츠지」(2000. 2. 29. 방영).

池田博穗 감독, 영화 「변호사 포시진치」(DVD).

사진출처

1장. 근대 자유민권운동의 격랑 속에서
18쪽, 후세 다츠지의 생가(후세 간지 지음, 황선희 옮김, 2011, 『나는 양심을 믿는다』, 현암사, 화보)

19쪽, 후세 다츠지의 출생지 기념비(후세 간지 지음, 황선희 옮김, 2011, 『나는 양심을 믿는다』, 현암사, 화보)

2장. 철학 지망생에서 법률가로
36쪽, 1902년경 청년 후세(大石進, 2010, 『辯護士 布施辰治』, 西田書店, 23쪽)

43쪽, 후세의 대학 졸업증서(森正, 2014, 『評傳 布施辰治』, 日本經濟評論社, 103쪽)

48쪽, 사직의 글[挂冠の辭] 원고(森正, 2014, 『評傳 布施辰治』, 日本經濟評論社, 125쪽)

51쪽, 1904년경 후세 다츠지(森正, 2014, 『評傳 布施辰治』, 日本經濟評論社, 157쪽)

53쪽, 후세 부인 히라사와 미츠코(森正, 2014, 『評傳 布施辰治』, 日本經濟評論社, 345쪽)

56쪽, 1911년 신축한 양식풍의 후세 법률사무소(大石進, 2010, 『辯護士 布施辰治』, 西田書店, 86쪽)

59쪽, 『일본변호사총람(1911년)』에 실린 후세(森正, 2014, 『評傳 布施辰治』, 日本經濟評論社, 205쪽)

60쪽, 후세의 「사법기관개선론」(森正, 2014, 『評傳 布施辰治』, 日本經濟評論社, 277쪽)

62쪽, 1918년경 후세 다츠지(森正, 2014, 『評傳 布施辰治』, 日本經濟評論社, 313쪽)

3장. '민중변호사' 선언, 그리고 민중과 함께
68쪽, 잡지 『법정으로부터 사회로』 창간호(森正, 2014, 『評傳 布施辰治』, 日本經濟評論社, 355쪽)

73쪽, 2·8독립선언 주도자들(독립기념관 소장)

78쪽, 법복을 입은 후세(大石進, 2010, 『辯護士 布施辰治』, 西田書店, 51쪽)

82쪽, 서대문형무소에 수감된 김약수(국사편찬위원회 소장)

122쪽, 관동대지진 조선인 학살(KBS 1TV, 「역사저널 그날」, 2019.4.21. 방영)

4장. 조선의 독립과 조선인의 인권을 위해 투쟁하다

147쪽, 흑우회 기관지 『후테이센징(太い鮮人)』(박열의사기념관 소장)

164쪽, 가네코의 유해를 받으러 온 형 박정식(중앙), 후세 다츠지(오른쪽), 조카 박형래(왼쪽)(안재성, 2017, 『박열, 불온한 조선인 혁명가』, 인문서원, 124쪽)

170쪽, 『운명의 승리자 박열』 표지(布施辰治 外, 1946, 『運命の勝利者朴烈』, 世紀書房)

171쪽, 박열후원회본부 결성회(박열의사기념관 소장)

178쪽, 상주보통학교 교사 시절의 김지섭(독립기념관 소장)

180쪽, 조선총독부 판사 백윤화(사법협회, 1936, 『사법대관』, 13쪽)

181쪽, 중년의 김지섭(독립기념관 소장)

187쪽, 법정에 출두한 김지섭(우측)(독립기념관 소장)

195쪽, 후세가 동생 김희섭에게 보낸 편지(독립기념관 소장)

223쪽, 박헌영, 강달영, 권오설(국사편찬위원회 소장)

229쪽, 변호사 이인(『신동아』, 제5권 제5호, 1936.5)

243쪽, 법률강화회 금지의 건(국사편찬위원회 소장)

247쪽, 언론집회폭압탄핵 대연설회 참가자와 후세(허근욱, 2001, 『민족변호사 허헌』, 지혜네, 화보)

256쪽, 후세가 조선공산당사건 수감자 김재봉에게 보낸 엽서(국사편찬위원회 소장)

5장. 재일조선인의 인권옹호 투쟁과 변호사 자격 박탈

271쪽, 외무성의 재일본조선노동총동맹 보고(국사편찬위원회 소장)

304쪽, 잡지 『법률전선』(森正, 2014, 『評傳 布施辰治』, 日本經濟評論社, 157쪽)

306쪽, 일본공산당사건 변호인단, 하단 중앙 후세(森正, 2014, 『評傳 布施辰治』, 日本經濟評論社, 671쪽)

6장. 해방 이후, 재일한국인의 동지이자 벗으로 살다

323쪽, 후세의 『천황제 비판』(森正, 2014, 『評傳 布施辰治』, 日本經濟評論社, 963쪽)

343쪽, 병석에 누운 후세(후세 간지 지음, 황선희 옮김, 2011, 『나는 양심을 믿는다』, 현암사, 화보)

찾아보기

ㄱ

가네코 기쿠[金子菊] 144
가네코 후미코[金子文子] 135, 136, 138, 143~146, 150, 153~159, 162~172, 245
가와사키조선소 70
간노 스가[管野スガ] 55
간다[神田] 36, 72, 142, 149
갑오농민전쟁 27
강달영 223, 239, 250
강상호 114
강세형 110, 115, 231
강철 291
『개벽』 280
「개새끼」 146
겸애사상(兼愛思想) 26
겸애주의 27, 49, 52
경선궁(慶善宮) 206
경성고등보통학교 140, 141, 142
경성공업전습소 179
경성공회당 244
경성무산청년회 99
경성전수학교 180
경성지방법원 107, 109, 114, 180, 224, 231, 245, 250, 256, 261
경성회당 239
고려공산청년회 222, 223, 291

고마키 오오미[小牧近江] 85
고모리 소스케[小守壯輔] 59, 60
고문경찰관 253, 255, 259
고바야시 칸이치[小林寬一] 181, 183, 192
고바야시 히라키[小林開] 181, 183, 192
고봉득 341
고이시가와[小石川] 51
고이케 무보[小生夢坊] 216
고토쿠 슈스이[幸德秋水] 42, 52, 55, 141
곤노 겐노조[今野賢之丞] 26, 27, 31
공산당 3·15사건 305, 306
공산당 4·6사건 305
공산당사건 227, 229, 230, 232, 234, 241, 243, 247, 254, 256, 257, 261
관동대지진 121, 123, 131, 153, 155, 173, 175, 180, 266, 268, 270, 272, 274, 284
광독사건(鑛毒事件) 42
광주노동공제회 105
광주노동연맹 214
광주지방재판소 213
광화신숙(廣化新塾) 176
교우라[清浦奎吾]내각 182
교토형무소 310
구로시마 리교우[黑島里經] 181, 183, 192

구리하라 가즈오[栗原一男] 147
국민영학회(國民英學會) 50
국민징용령 268
궁삼면 농민회 210
궁삼면 소작쟁의 210
궁장토(宮庄土) 206
권승렬 231
권오설 223, 250
권평원 209, 211
극동민족대회 179
극동인민대표대회 180
근우회(槿友會) 도쿄지회 291
금산구 재판소 177
금요회 215
기독교청년회관 85, 104, 110, 283
기시다[岸田幸雄] 338
기에[きえ] 13, 19, 21, 23
기타잇키[北一輝] 153
기타하라 다츠오[北原龍雄] 88, 94, 98, 103, 104, 106
김경삼 114
김경서 222
김구 321
김구현 204
김균 289
김달환 281
김도연 73, 74
김두전 81, 95
김두형 110
김두환 114
김두희 81
김면규 252

김명구 278, 284
김병두 175
김병로 115, 226, 231, 242, 244, 245, 247, 250, 253
김병황 175
김사국 83
김상덕 73
김석송 333
김시현 107, 116, 118, 150, 178, 180, 188
김약산 95
김약수 81, 82, 85~89, 95, 96, 101, 143, 239
김완섭 200
김용무 231
김용식 275
김우영 109, 110
김원봉 81, 95, 179, 180
김원우 142
김응섭 176, 177, 178
김재봉 179, 228, 255
김정규 290
김종범 85, 87, 98, 103, 104, 106, 111, 114
김중한 151, 153, 154
김지섭 176, 177, 181~183, 185~188, 191~193, 197, 198, 200~204
김진봉 110
김찬 103
김찬영 231
김천해 291
김철수 73, 74

김태영 226, 242, 244, 247, 253
김태일 333
김학지 294
김한경 257, 258, 289~292, 294, 295
김해청년회 113
김형두 85, 89, 90, 111, 112, 216, 230~232
김형원 148
김회두 216
김희섭 179, 186, 195, 204

ㄴ

나가노조합병원 342
『나가자』 259
나경석 85
나재기 209
나주궁삼면항일농민운동기념비 221
나카무라 히코타로[中村彦太郎] 181
나카오카 구마오[長岡熊雄] 198, 201
난바 다이스케[難波大助] 181
남대관 276, 277
남성진 298
『노동동맹(勞動同盟)』 87
니가타현 조선인노동자문제 조사회 85
니가타현 조선인학살사건 조사회 85
니가타현 학살사건 85
니시간다[西神田] 경찰서 72, 73, 149
니시고베[西神戶] 조선인소학교 333
니야마 하츠요[新山初代] 147
니이가타 조선노동조합 286
니주바시투탄의거 175, 181, 182
니카타현 조선인학살 90

니콜라이당(Nikolai堂) 30, 36, 37
니혼대학 82

ㄷ

다구치[田口]경찰서 286, 288
다나카 쇼조[田中正造] 23, 42, 47
다물단(多勿團) 153
다이쇼 데모크라시(Democracy) 58
다카노[高野實] 277
다카츠 마사미치[高津正道] 82, 85
다카하시[高橋武夫] 115, 116
다케우치[竹內金太郎] 284
다테마츠 가이세이[立松懷淸] 155
다하무길 296
단발사건 149
대구경찰서 106, 210
대구노동공제회 106
대구형무소 253
대심원 202
「대일본제국헌법」 45, 321
『대중신문(大衆新聞)』 257, 291
대한광복회 95
대한민국임시정부 320
덴조산마루[天城山丸] 181
도라노몬사건 181
도요타마(豊多摩)형무소 307
도쿄공소원 62, 193, 197, 293, 306
도쿄전문학교 36, 39
도쿄조선기독교청년회관 72
도쿄조선노동동맹회 87, 270
도쿄조선무산자청년동맹회 283
도쿄조선유학생학우회 291

찾아보기 361

도쿄조선중학교 328, 329
도쿄지방재판소 154, 155, 182, 184, 186, 190, 298
도항증명제도 266
도호쿠 대지진 14
동경도하 노동조합 277
『동경일일신문』 276
『동경조일신문』 296
동경지방재판소 74
동대문경찰서 96, 101
『동아시론(東亞時論)』 78
『동아일보』 93, 96, 99, 101, 104, 123, 131, 148, 149, 182, 201, 282
동양척식주식회사 206
동양청년동지회 78
동우회 143
동운사 17
동일본 대지진 14
동척 207~212

ㄹ
러시아 정교회 30
「러일비전론」 51, 57
러일전쟁 51, 52

ㅁ
마산노농동우회 111, 112
마츠카와사건 342
마츠타니 요지로[松谷與二郎] 184, 185, 188, 190, 191, 197, 255
마키노 기쿠노스케[牧野菊之助] 158
만경관(萬鏡館) 106

『만조보(萬朝報)』 47
메이지대학 89, 90, 216, 341
메이지법률학교 38, 39, 43
명월관 239
모리야마[森山] 197
모리오[杜生] 58, 310
모리오카 15
모플 216, 230
무산소년단 112
무산자동맹회 99
미쓰비시조선소 70
미야다케 가이코츠[宮武外骨] 63, 78
미에현사건(三重縣事件) 280, 281, 284
미에현 조선인 학살사건 285
미와 와사부로[三輪和三郎] 103, 252, 256
미츠야[三矢] 107
미츠이[三井]물산 181
미타카사건 342

ㅂ
바이마르헌법 321
박광해 286
박낙종 257, 290
박노영 141
박득현 294
박승효 209
박열(朴烈) 81~83, 85, 86, 135, 136, 138, 139, 140~173, 181, 200, 227, 245, 248, 313
박장길 270
박정식 140, 165
박준식 81

박지수 138
박헌영 223, 229, 240~242
박형래 245, 248
방한상 253
배상도 278, 279, 284
백관수 73
백광흠 242
백남훈 74
백무(白武) 85, 87, 104, 106, 270, 277
백운영 179
백윤화 109, 179, 180, 187, 189, 198, 199
101인 사건 224
『법률신보』 259
『법률전선』 70, 259, 288, 304, 306
법률전선사(法律戰線社) 243
『법정으로부터 사회로』 67, 70
「변호사의 신사명(新使命)」 89
변희용 73, 85, 87
보성전문학교 141, 289
부국강병론 29, 30
북성회(北星會) 81, 86, 87, 89, 94, 95, 98, 101, 104, 105, 110, 270
불령사(不逞社) 86, 143, 147, 148, 153, 154

ㅅ
사립합성학교 113, 114
사법권침해 탄핵연설회 241, 243
사에키 분이치[佐伯文一] 144
사카이 도시히코[堺利彦] 143
사카이 카즈오[境一雄] 275, 276

사카이 토시히고[界利彦] 52, 82
산신철도 286
삼월회 283
3·1운동 72, 79, 80, 81, 95, 96, 142, 178, 180, 208, 223, 224, 272
상주보통학교 176
서대문형무소 239, 245, 255
서울청년회 99, 110
서춘 73, 74, 76
설병호 239
세이소쿠[正則]영어학교 142, 144
센다이[仙台]변호사회 308
센슈[專修]학교 39
『소작쟁의 법정진술 교과서』 221
송계백 73, 77
송봉우 87, 96
송장복 87
송창겸 294
시로가미 유키치[白上佑吉] 109, 191, 200
시마쿠라 기헤[島倉儀平] 60
시바공원[芝公園] 277
시전자치회(市電自治會) 283
신간회 257, 291, 292
신만청년회 222
신사상연구회 99
『신에이치신문』 288
신의주경찰서 222, 223
신익희 321
신재용 281, 283
『신조선(新朝鮮)』 77~79
신태악 281, 282, 283

심상봉 231
쑨원[孫文] 52

ㅇ
아나키스트 151, 181
아나키즘 143, 148
아마노 스에지[天野末治] 287
아베 다츠고로[安倍辰五郎] 30, 31
아베 이소[安部磯雄] 42
『아세아공론(亞細亞公論)』 89
아시오동산[足尾銅山] 42
『아카하타[赤旗]』 90, 91, 127
아키타형무소 168
안광천 87, 270, 277, 290
안준호 298
안중활 298
안창호 321
안효구 114
야마구치 요시죠[山口義三] 55
야마나시 한조[山梨半造] 260
야마모토[山本權兵衛] 181
야마자키 게사야[山崎今朝彌] 70, 185, 191, 197, 280
야마카와 히토시[山川均] 82
야스노츠[安濃津]지방재판소 284
야와타[八幡]제철소 173
언론폭압 탄핵연설회 240, 241, 243
에이치현 경찰부 288
에이치현 산신[三信]철도쟁의 사건 285
에지로 19, 24
연합국 군최고사령관 총사령부 330
연희전문학교 141

오모리 히데오[大森秀雄] 252
오사카건국공업학교 328
오사카조선노동동맹회 87, 270
오사카조선노동조합관서연합회 281, 284
오사카조선사범학교 328
오사카지방재판소 306
오스기 사카에[大杉榮] 63, 64, 78, 143
오월여조 286, 288
오자와 나가시케[小澤長重] 296, 297, 298, 301
오츠키 다카시 29
오타루고등상업학교 273, 274
오타루노동조합 275
오타루시상업회의소 276
오타루재향군인단 274
와세다대학 140
와타나베 335, 338
와후츠[和佛]법률학교 39, 40
외국인등록령 330, 342
요시노 도조[吉野藤藏] 252
요츠야[四谷] 52, 53, 153
요코야마 겐노스케[橫山源之助] 42
우마노[馬野] 109
우시고메구청[牛込區役所] 162
우자와 소메이 74, 75
우츠노미야[宇都宮]지방재판소 47
우츠노미야형무소 163
우치무라 간조 35
원심창(元心昌) 165
원종린 143
유녹종 296, 297, 300

유상범　284
유석현　107, 179, 180
유아사 구라헤이[湯淺倉平]　124, 257
유아사 다이라　289
유종환　296, 297, 298, 300
유태경　89
6·10 만세운동　223
육홍균　147, 165
윤길헌　157
윤병구　179
윤자영　179, 180, 183
윤정진　284
윤창석　73
의열단　94, 106, 107, 109, 114, 150, 172, 175, 179~181, 198
이구호　342, 343
이기윤　278, 279, 284
이달(李達)　73, 78
이도술　284
이도전주청년회　215
이동재　77, 78, 79, 210
이동휘　149
『이론투쟁』　289
이르쿠츠크파 고려공산당　179
이림자당(二林蔗糖) 농민조합 소요사건　221
이명건　95
이봉수　290
이순의　139, 140
이승우　231
이시노마키　15~17, 19, 24~26, 30, 37
이시노마키항　15

이시다[石田]　185
이시야마 신이치로[石山愼一郎]　50~52, 54
이여성　95, 96, 270, 283
이와사 사쿠타로[岩佐作太郎]　143
이인(李仁)　105, 110, 115~118, 226, 228, 229, 231, 240, 244, 247, 250, 253
이종근　73
이준태　250
이중교폭탄의거　175
2차공산당사건　250
이치가야형무소　54, 77, 149, 154, 158, 163, 182, 193, 194, 202, 308
2·8독립선언　72, 76, 78, 94
이호(李浩)　105, 239
이화춘　209, 211
인동철　114
일본공산당　292, 303, 304
일본노농변호사단　307, 309
일본노동조합전국협의회　286
일본노동총동맹　270, 283
일본변호사시험　89, 90, 216
일본변호사협회　62, 194
일시귀선증명서제도　267
일연정종상재사　344
일월회(一月會)　277, 281~283, 304
일화일선(日華日鮮)청년회관　270
일화(日華)청년회관　126
임병주　283
임형관　222, 223

ㅈ

자경단(自警團) 122, 129
자기혁명의 고백 67, 81, 87, 90
자유민권사상 23, 31
자유민권운동 23
자유법조단(自由法曹團) 70, 124, 127,
    184, 185, 193, 194, 197, 233,
    235, 255, 257, 277, 280, 282,
    283, 287, 305, 307, 313
장건상 179
장곡천정(長谷川町)공회당 105
장덕수 149
장병천(張炳天) 96
장상중 147, 157, 280
장인환 73
재경일본인사회주의단 99
재도쿄조선노동조합 291
재도쿄조선인단체협의회 292
재일본조선노동총동맹 257, 270, 272,
    276, 277, 281, 283, 289~292
재일본조선노동총동맹준비회 270
재일본조선인교육자동맹 329
재일본조선인연맹 327, 340
재일본조선청년총동맹 291
재일조선동포피학살진상조사회 126
재일조선인 민족교육대책위원회 333
재일조선인학교사건 진상조사단 335
재일조선통일민주전선 342
전농전국회의변호사단 307, 308
전북청년연맹 215
전성창 206
전정관 250

전조선청년당대회 후원회 289
전주구재판소 177
전주신문배달인조합 215
전주양화직공조합 215
전주여자청년회 215
전주인쇄공조합 215
전주철공조합 215
전진좌(前進座) 308
정구영 231
정선동 138
정연규 124
정우영 145, 146
정운해 85, 106, 290
정치연구회 274~276, 283
정태성 83, 147
정태신 87, 104, 106, 114, 118
정호룡 298
제1차 조선공산당 223
『제2무산자신문』 298
제2차 공산당사건 224
제2차 일본공산당 305
제2차 조선공산당 290
제2차 조선공산당 사건 223
제3차 조선공산당 291
제4차 조선공산당 291
조선공산당 223, 227, 230, 235, 289,
    290, 291, 292
조선공산당사건 216, 226, 232, 233,
    255, 257~261, 289, 303
조선공산당사건재판 224
조선기독교청년회 74, 192
조선기독청년회 90

『조선노동』 272
조선노동공제회 81
조선노동구제회 270
조선노동연맹회 99, 104, 105
조선노동총동맹 272
조선변호사 자유법조단 256
조선변호사협회 224, 239
조선인교육대책위원회 340
『조선일보』 83, 85, 131, 182, 287
조선청년독립단 72, 73
조선청년연합회 180
조선총독부 80, 101, 107, 141, 198, 200, 201, 208, 220, 257, 259, 266, 267, 268, 272, 280, 289
조선혁명자구원회 216, 230
조소앙 321
조이환 242
조헌영 157, 257, 258
종로경찰서 103, 107, 110, 230, 244, 245, 250, 255
중앙기독교청년회관 239, 244
『중학세계』 29
중화민국헌법초안 321
지건홍 87
지나카조네[字中埣] 17
지바형무소 163, 166, 168, 202, 309
진우연맹(眞友聯盟) 226
진조고등소학교 26
진조[尋常]소학교 25, 38

ㅊ

『척후대(斥候隊)』 87

『청년조선(青年朝鮮)』 146
청일전쟁 27, 29
최석수 113
최수봉 298
최영복 276
최영환 153
최원택 290
최익한 291
최종하 286
최진 231
최팔용 73, 74, 76
치안유지법 226, 233, 262, 292, 298, 299, 303, 304, 307, 309

ㅋ

카사마츠[笠松] 17
코마츠가와서[小松川署] 124
코스모구락부 82
키시모토 다츠오[岸本辰雄] 39, 40

ㅌ

탑골공원 141
토요회 99
토지개량사업 62
토지조사사업 207, 265
토지탈환투쟁 206
토지회수동맹 209
토지회수운동 206, 208, 219
톨스토이 51, 52, 57, 58, 71, 319
「톨스토이옹(翁)의 일로전쟁론(日露戰爭論)」 52

ㅍ

「판사검사등용시험규칙(判事檢事登用
  試驗規則)」 45, 46
평문사(平文社) 270
평민사(平民社) 52
『평민신문』 51, 52
평양지방재판소 177
포시가누대지묘(布施家累代之墓) 17
풍교(豊橋)합동노동조합 286

ㅎ

하나이 다쿠조 74, 75
하동교육회 111
하동유학생간친회 110
하동청년회 110
하마마츠 악기쟁의 232
한국종 231, 240, 253
한근조 89, 90
한상억 231
한신교육투쟁 332, 338, 340
한신국도[阪神國道] 268
함창보통학교 138, 139
해방운동희생자구원변호사단 307, 308
해방운동희생자구원회 305, 307
허헌 226, 231, 245, 247, 250, 253
『헌법개정안』 324, 325
혁청단 289
형평사(衡平社) 93, 148
혼다 츠네토라[本田桓虎] 44
홋카이도 오타루고등상업학교의 상정
  사건 276

홍덕유 250
홍범식 177
홍인표 277
홍종우(洪鍾祐) 107
홍진(洪震) 177
홍진유 147, 153
황상규 95
황옥 110, 116, 180, 187~189, 198,
  199
황옥 경부 폭탄사건 107, 150
후루야 사다오[古屋貞雄] 226, 240,
  242, 244, 245, 247, 253
후루카와[古河] 42
후세 도키치[布施東吉] 17
후세 에지로[布施榮治郎] 13, 18, 21
후세 쥬사부로 18
후세 후지소우[布施藤藏] 17, 18
후세 후지요시 18, 19, 21, 23
후세 후지우치 18
후지사와 마사히로[藤澤正啓] 54
후쿠자와 유기치[福澤諭吉] 22
『후테이센징[太い鮮人]』 86, 87, 143, 146
흑도회 82, 85, 86, 143, 146
흑우회 86, 143, 146, 153, 165, 280,
  282
히데시마 고지[秀島廣二] 181, 183, 192
히도츠바시[一橋] 338
히라사와 미츠코[平澤光子] 52, 54
히라사와 야스타로[平澤億太郞] 53
히라야마(平山) 114
히비야[日比谷]공회당 327, 345

한국학 총서 | 항일변호사 평전 ❸

후세 다츠지 평전
조선의 독립운동을 지지한 일본의 양심

초판 1쇄 인쇄 2022년 2월 13일
초판 1쇄 발행 2022년 2월 23일

지은이 전병무
펴낸이 주혜숙
펴낸곳 역사공간
등록   2003년 7월 22일 제6-510호
주소   04000 서울특별시 마포구 동교로 19길 52-7 PS빌딩 4층
전화   02-725-8806
팩스   02-725-8801
이메일 jhs8807@hanmail.net

ISBN 979-11-5707-450-1 03990

- 책값은 뒤표지에 있습니다. 잘못된 책은 바꾸어 드립니다.
- 이 저서는 2016년 대한민국 교육부와 한국학중앙연구원(한국학진흥사업단)의 한국학 총서사업의 지원을 받아 수행된 연구임.(AKS-2016-KSS-1230002)